現代 福祉学

竹原健二 編著

Kenji TAKEHARA

学文社

執筆者

渡辺　一城　天理大学（序章）
松原浩一郎　吉備国際大学（第1章）
＊竹原　健二　岐阜大学（第2章，第8章）
神谷　和孝　東海学院大学（第3章1節）
谷口　正厚　沖縄大学（第3章2節）
竹下　徹　F・C渕上医療福祉専門学校（第4章）
山下利恵子　九州保健福祉大学（第5章1節）
水田　和江　西南女学院大学短期大学部（第5章2節）
岡崎　幸友　吉備国際大学（第5章3節，第6章）
黒木　茂夫　九州保健福祉大学（第5章4節）
尾島　豊　長野県短期大学（第5章5節）
福島　知子　吉備国際大学（第5章6節）
髙橋　睦子　吉備国際大学（第5章7節）
田中　禮子　吉備国際大学（第7章）

（執筆順・＊は編者）

はじめに

　福祉政策は，1970年代になると「福祉切り捨て」時代となる。やがて1990年代になると，生存権としての社会福祉体系を否定する弱肉強食の市場原理主義が導入され，金儲け福祉（筆者の説から考えれば，準余剰価値の拡大を図っていく福祉）に変質してくる。

　こうした福祉政策の状況であるにもかかわらず，福祉政策そのものを理論的にしかも批判的に研究したものがほとんどないといっても過言ではない。そして，現代の福祉政策を理論的かつ批判的に研究していく場合，科学的（科学的とは，社会福祉活動・社会福祉労働・社会福祉調査・社会福祉文献等によって得た知識を整理・分析・総合して，概念や仮説をつくり，それを社会福祉実践によって検証し，社会福祉の本質的関連・法則を明らかにし，その本質的関連・法則に基づいて社会福祉現象を説明する理論体系を構築していくことである）な研究対象的認識（研究テーマの研究端緒とは何か等）と科学的な福祉実践的認識（どうすれば福祉利用者の社会問題としての生活問題を生存権的平等保障の観点から打開していけるか）との統一がますます重要となってくる。そして，ひとが生きていることを実感できるのは，日常の生活や社会活動を十分に行っている時の方が多い。また，社会福祉はノーベル経済学賞の受賞者のアマルティア・センが述べているように，福祉利用者が実際に成就するもの――彼／彼女の「状態」（being）はいかに「よい」（well）ものであるか――に関わっているものであるから，福祉サービス（手段）等の不足・欠如のみの評価に固執すると，手段を目的（福祉利用者が手段である福祉サービスの固有価値を使用して，人間らしい健康で文化的な生活の実現および享受すること）に変換していく潜在能力の不足・欠如を見過ごしてしまう。それゆえ，社会福祉の評価においては，それぞれの福祉利用者が人間らしい健康で文化的な生活が可能と

なる福祉サービス（手段）の量的および質的保障の側面（福祉政策的実践）と，福祉サービス（手段）の固有価値を活かして，福祉利用者が人間らしい健康で文化的な生活が可能になるような日常の生活活動（福祉利用者の潜在能力の発揮）の支援の側面（福祉臨床的実践）の統一的実践の評価を看過してはならない。

　本書は，こうした視点を踏まえて，社会福祉の過去と現在，展望を見据えつつ，これからの社会福祉を学ぼうとする学生，市民，社会福祉関係者等にとって，その案内役をつとめることができればと思い，企画した。

　しかし，こうした企画が成功したかどうかは読者の判断に委ねるとして，本書との出逢いによって，少しでも勉学・研究の一助となり，新しい関心を呼び起こし，地域での社会福祉活動や社会福祉労働に役立つことができれば，執筆者らにとっては望外の喜びである。

　そして，本書は必ずしも社会福祉において共通認識をもっている者で執筆している訳ではないが，少なくとも社会福祉の発展を願っていることは断言できる。また，本書は，それぞれの執筆者が現在関心のある，しかも専門とするところを分担し，それぞれの執筆者の持ち味を活かせるように編集している。それゆえ，少々の考え方の不統一はそれぞれの執筆者の持ち味を活かすためであると理解していただきたい。

2008年3月

自宅書斎にて　竹原　健二

目　次

はじめに　i

序章　社会福祉の基本的理念と人権………………………………………1
　第1節　社会福祉とは何か　　1
　　1．社会福祉の必要性　1／2．社会福祉は何をするのか　2
　第2節　社会福祉の基本的理念　　3
　　1．地域自立生活支援　3／2．ノーマライゼーション　4／3．ソーシャル・インクルージョン　4
　第3節　社会福祉の基本的人権　　5
　　1．権利と人権　5／2．憲法に規定された人権　5／3．権利擁護　7
　第4節　コミュニティケアの理念と公的責任　　8
　　1．コミュニティケアとは何か　8／2．行政の公的責任　8／3．住民参加によるインフォーマルケアの必要性　9
　第5節　社会福祉の新しい理念に向けて　　9

第1章　社会福祉の発達史……………………………………………………13
　第1節　日本の社会福祉発達史　　13
　　1．古代社会と福祉　13／2．中世封建社会と福祉　14／3．近世封建社会と慈善救済　15／4．明治期の救済事業　15／5．大正期の救済事業　17／6．昭和前期の救済事業　18／7．第二次世界大戦後の社会福祉成立期　20／8．高度経済成長の終焉と社会福祉　23
　第2節　イギリスの社会福祉発達史　　26
　　1．中世封建社会と福祉　26／2．絶対王政の貧困対策　27／3．市民革命後

の貧困対策　28／4．新救貧法の成立　30／5．社会事業の成立　31／6．社会改良立法と公的扶助　33／7．社会保障制度の確立　35／8．福祉国家の見直し　38

第3節　アメリカの社会福祉発達史　39
1．植民地時代から独立まで　39／2．資本主義の成立と救貧対策　41／3．社会保障法の成立とソーシャルワークの発展　44／4．社会福祉の展開　46／5．新保守主義の台頭：レーガノミックスと高齢化対策　47

第2章　社会福祉対象の生活問題 ……………………………51

第1節　はじめに　51

第2節　生活問題とは何か　53

第3節　従来の社会福祉対象の生活問題論　57
1．孝橋正一の社会福祉対象論　58／2．岡村重夫の社会福祉対象論　59／3．三浦文夫の社会福祉対象論　60

第4節　社会福祉対象論の課題　61

第3章　社会福祉の法律と行財政 ……………………………68

第1節　社会福祉の法律　68
1．生存権の生成と法的性質　68／2．社会福祉関係法の法体系　71／3．社会福祉行政の関係法制　80

第2節　社会福祉の行財政　82
1．国と地方自治体の社会福祉行政　82／2．社会福祉における国と地方自治体の負担関係　84／3．自治体の社会福祉財政（民生費）　86／4．社会福祉財政の動向　88

第4章　社会福祉専門職とマンパワー ………………………92

第1節　社会福祉専門職とは何か　92
1．社会福祉専門職のとらえ方　92／2．専門性の要件と倫理　93

第2節　社会福祉専門職の資格と教育　94
1．社会福祉従事者の現状　94／2．社会福祉専門職の資格　95／3．社会福祉専門職の教育　99

第3節　社会福祉専門職と関連従事者　100

第 4 節　社会福祉専門職の課題　101
　1．専門性の維持・向上　101／2．社会福祉専門職の労働条件　102／3．教育・養成体制の整備　103

第 5 章　社会福祉の諸分野 …………………………………………… 105

第 1 節　生活保護　105
　1．貧困（生活）問題への現代的視点　105／2．生活保護の概念　106／3．生活保護の内容　106／4．生活保護の現状と問題点　114／5．生活保護の課題　115

第 2 節　家族・児童福祉　117
　1．家族・児童の生活問題の現代的視点　117／2．家族・児童福祉の概念と施策の動向　121／3．家族・児童福祉制度の現状　126／4．家族・児童福祉の現状と問題点　131／5．家族・児童福祉の課題　133

第 3 節　障害のある人の社会福祉　133
　1．「障害のある人」への福祉の基本的視座　133／2．障害のある人のための法律と政策　138／3．障害者福祉のこれから―「あたりまえ」の生活を目指して　142

第 4 節　高齢者福祉　142
　1．高齢者の生活問題への現代的視点　142／2．高齢者の社会福祉の概念　145／3．高齢者の社会福祉の内容　147／4．高齢者の社会福祉の現状と問題点　150／5．高齢者の社会福祉の課題　152

第 5 節　地域福祉　154
　1．地域社会における生活問題への現代的視点　154／2．地域福祉の概念　158／3．地域福祉の内容　161／4．地域福祉の現状と問題点　163／5．地域福祉の課題―地域福祉活動に携わる人びとの専門性とは何か　165

第 6 節　医療福祉　166
　1．はじめに　166／2．わが国における医療保険制度の成立とその変遷　167／3．医療福祉の実践―医療ソーシャルワーク　174／4．医療サービス利用者と医療福祉実践の関係性とその課題　177

第 7 節　国際社会福祉　179
　1．国際社会福祉問題への現代的視点　179／2．国際社会福祉の概念と内容　180／3．国際社会福祉の現状と問題点　183／4．国際社会福祉の課題　187

第6章　社会福祉政策と諸サービス　……………………………… 195

第1節　社会福祉政策の動向　195
　1．現在の社会福祉政策の動向　195／2．法律と福祉サービス　196

第2節　公的サービス　197
　1．国家責任としての福祉サービス　197／2．厚生労働省の役割　197／3．地方自治体の役割　199

第3節　社会福祉サービスの体系　200
　1．市場原理の導入と課題　200／2．公的サービス　201／民間サービス　202

第7章　社会福祉援助技術　……………………………………… 205

第1節　社会福祉援助技術の概念・視点・範囲　205
　1．社会福祉援助技術の概念　205／2．社会福祉援助技術の視点　206／3．社会福祉援助技術の範囲　206

第2節　社会福祉援助技術の類型　207

第3節　社会福祉援助の方法　208
　1．社会福祉援助技術の共通基盤と体系　208／2．直接援助技術　209／3．間接援助技術　211／4．関連援助技術　213

第4節　社会福祉援助における福祉資源　216
　1．社会福祉援助における福祉資源の必要性と位置づけ　216／2．福祉資源の内容　216

第5節　社会福祉援助技術の価値と倫理　217
　1．社会福祉援助技術の価値と倫理　217／2．倫理綱領　217

第6節　社会福祉援助技術の過程　218
　1．医学モデルから生活モデルへの移行　218／2．初期：開始　218／3．進行期：目標に向かう援助　219／4．終結期：共同作業と援助関係を終わらせる　219

第7節　社会福祉援助技術の課題　220

第8章　社会福祉の課題　………………………………………… 223

第1節　はじめに　223

第2節　社会福祉の課題　224
　1．社会福祉の利用者の権利保障の課題　224／2．社会福祉の地方主権化の確立の課題　228／3．社会福祉と関連領域との連携の課題　230

索　引……………………………………………………………………… 237

序章　社会福祉の基本的理念と人権

第1節　社会福祉とは何か

1．社会福祉の必要性

　さまざまな暮らしにかかわる問題は，かつては都市あるいは農村においても，自分と他者の存在を前提とした，その地域あるいは村による共同体によって解決されてきた。こうした課題を解決する共同体による相互扶助的慣習が未だに残っている地域もある。こうした共同体には「たすけあい」とか「相互援助」という人間の生活に利益をもたらすシステムがある反面，身分区別，年功序列，地域における役割の呪縛など共同体ならではのルールがあることも事実である。しかし，近代以降，市場経済や都市化の進展によって共同体社会は崩れ，こうしたルールから解放され，人間は個人として自由を享受することができるようになる。その自由の享受とともに，個人には「自己責任」が伴うようになる。
　ただ，そのような中で，生きて行くうえで，人間は何らかの生活上の困難を抱えることがある。岩田正美はその生活困難を，誰にでも起こりうるものと，特定集団・地域・個人などに現れるものと2つに分けて説明している[1]。まず，誰にでも起こりうるものとは，たとえば，高齢による介護や世話の必要や所得保障，子どもの養育上の困難，経済変動による失業など定型のリスクである。人間誰しも加齢に伴う変化が生じる可能性をもち，ライフサイクルに関連して親の介護や子どもの養育などの問題が生じやすい。また病気の可能性あるいは雇用されていれば何らかの事情で失業する可能性もある。
　2つめの特定集団・地域・個人などに現れるものとは，たとえば，在日外国人の生活困難，児童や高齢者への虐待，災害の発生に伴う生活困難，高齢者が

多い団地における孤独死など，特別な病気や障害の発生による問題などである。特にたとえば家計を支える夫が重篤な病気を患った場合，病気の治療だけでなく，就労困難，失業，家計・経済，子どもの教育などさまざまな問題を抱えることになり，このようにあらゆる生活困難が特定の個人や家庭に集中する恐れもある。

　こうした生活困難を抱えた場合，個人の自己責任では対処することはできなくなる。また，家族や友人によるたすけあいでも当然限界がある。生活上の困難は，多種多様なものがあるし，問題が大きくなることによって，社会問題と化していく。ここに，何らかの支えるための公的な仕組みと援助方法が必要となる。そのひとつが社会福祉である。

2．社会福祉は何をするのか

　それでは，社会福祉ではどのように生活困難を抱えた人びとを支援するのだろうか。大橋謙策によれば，社会福祉とは，「人間が有している特性を最大限に発揮した自立生活を営めるよう幸福を追求する過程において，万が一その自立生活追求にある種の欠損，不足，停滞などに伴う生活困難が生じたとき，それを補い，より増進させ，豊かな自立生活が営めるよう直接的な対人援助を軸として社会的に援助・増進させる制度の確立・活用およびそれに必要な環境醸成をはかることを総合的に展開する援助方法」である[2]。

　つまり，社会福祉とは，生活困難を抱えた人が自立した生活を営めるようにすることであり，それに対して何をするのかというと，① 直接的な対人援助，② 制度の活用，③ 環境醸成を行うことになる。先に取り上げた家計を支える夫が重篤な病気を患った場合，ソーシャルワーカーの直接的な対人援助（面接など）によってその家庭の生活問題や必要なこととは何かを十分にアセスメントし，必要ならば生活保護などの所得保障や妻の就労支援などで制度の活用を行うとともに，子どもに対する日中の支援（学童保育などの活用）などを考える必要がある。またこの家庭を支える学校，地域のネットワークづくりやこうした問題を抱えた家庭への支援がより効果的となるような法制度の整備・改善

などといった環境整備が必要となる。

第2節 社会福祉の基本的理念

こうした社会福祉を進めるうえでの基本的理念として次の3つをあげておきたい。

1．地域自立生活支援

1998年6月，中央社会福祉審議会社会福祉構造改革分科会はその中間報告書である『社会福祉基礎構造改革について（中間まとめ）』において，新たな社会福祉の理念を，「個人が人として尊厳をもって，家庭や地域の中で障害の有無や年齢にかかわらず，その人らしい安心のある生活が送れるよう自立支援することにある」とした。社会福祉はこれまで特別養護老人ホームや障害者施設など施設ケアを中心に援助を展開してきたが，1970年代後半から先進自治体において実験的に取り組まれてきた住み慣れた在宅のままで専門的なケアを提供しようという在宅福祉と，これを法定化した1990年の社会福祉関係八法改正の考え方をさらに進め，この社会福祉基礎構造改革で上記のような「地域自立生活支援」の考え方を提起したのである。

この理念は，2000年に制定された社会福祉法にも反映され，その第3条「福祉サービスの基本的理念」として，「福祉サービスは，個人の尊厳の保持を旨とし，その内容は，福祉サービスの利用者が心身ともに健やかに育成され，又はその有する能力に応じ自立した日常生活を営むことができるように支援するものとして，良質かつ適切なものでなければならない」とする規定が盛り込まれた。

この新たな理念は抽象的なものとして考えるのではなく，今後の社会福祉・ソーシャルワークにおけるニーズのとらえ方や視点の転換をも促す事項としてとらえていかなければならないだろう。この点について大橋謙策は，従来は，所得が低いかどうか，あるいは身体的な動作能力の不十分さを尺度として，生活自立能力を考えサービス提供の妥当性を判断し，専門家の判断による治療や

訓練という考え方でサービスが提供されていたが，これが，前述の1990年の八法改正および社会福祉法制定以降は，地域における自立生活を考えると，本人の居住環境や地域環境などの生活環境，家族関係，近隣との関係などを考えながらサービスの提供を考えなくてはならない，としている[3]。地域自立生活支援という際には，本人の状況だけでなく，それを取り巻く環境まで視野に入れた援助が求められるのである。

2．ノーマライゼーション

ノーマライゼーションは，今日の社会福祉に対して最も影響を及ぼした理念である。直訳すると「正常化」「通常化」となるが，障害者や高齢者でも誰もが普通の生活をしたいという願いを実現するために，社会を「正常化」しようという考え方である。健常者だけでなく障害者が存在することが「普通」であり，こうした特定の人間を疎外することなく，誰もがあたりまえに暮らしていくことができるよう，その条件を平等化しようというものである。

代表的な提唱者として，1959年デンマークにおいて知的障害者福祉法の制定を通してノーマライゼーションが打ち出された当時，同国の社会省社会福祉局長だったバンク-ミケルセンや，スウェーデンのベンクト・ニーリエがいる。

この理念は国際障害者年の取り組みを通じ世界共通の福祉理念として浸透していった。この理念の意味は，優生思想という誤った考え方を否定した当事者運動に基づいていることにあるとされる[4]。優生思想とは，人間を優れた生と劣った生に分け，子孫の素質を優れたものにするため，劣った生を排除しようという思想で，反福祉的な思想ということができる[5]。そういう点から考えれば，ノーマライゼーションとは，単にあたりまえの生活の保障という原則を打ち出したばかりでなく，人間存在そのものの普遍的価値を前提にした思想であるといえる。

3．ソーシャル・インクルージョン

インクルージョンには，「包み込む」という意味がある。すなわち，社会的

に疎外あるいは排除されやすい人たちを社会の一員として「包み込み」，それぞれの違いを認め合いながら社会づくりをしていこうという理念である。

具体的には，ホームレス，さまざまな問題を抱えた若年層（フリーター，ニート，引きこもり，低所得など），多重債務者，アルコール依存症，在日外国人，被虐待者など，社会的な孤立あるいは孤独，排除されている人びとの権利を回復させるため，相談支援，ケアやサービス，公的扶助，就労支援などの体制整備を求めるものである。

第3節　社会福祉の基本的人権

本節では社会福祉において求められる基本的人権について概観してみたい。

1．権利と人権

加藤博史によれば，権利とは，「関係上保持している自己の権能を，周囲の人々にともに承認してもらう道理」としている[6]。簡単にいえば，人が何らかの行為を行ったとしてもそれが当然のこととして周囲に認められる道理をいう。

一方，人権とは，人が生まれながらにして保持する権利をいう。加藤は，「人が人であるという，そのことのみを条件として普遍的に付与されている権能」とし，① 個人として尊重されること，② 支えあい連帯して生きられること，③ 公平対等に遇せられること，によって構成されるとしている[7]。人間の存在それ自体を価値あるものとする認識がその根底にあることはいうまでもない。

2．憲法に規定された人権

人権については，18世紀後半に制定されたペンシルヴァニア州などアメリカ諸州の憲法，1789年制定のフランス人権宣言を始まりとし，1948年の国際連合の第3回総会で採択された世界人権宣言，1966年に採択された国際人権条約など，これまで各国の憲法や人権に関わる宣言・条約で明文化されてきた。わが国においてこうした人権を明文化したのは，1947年に施行された日本国憲法で

ある。この憲法によって規定されている権利のうち，憲法第25条すなわち生存権，憲法第13条すなわち幸福追求権について考えていきたい。

(1) 憲法第25条「生存権」

憲法第25条は，「すべて国民は，健康で文化的な最低限度の生活を営む権利を有する」（第1項），「国は，すべての生活部面について，社会福祉，社会保障及び公衆衛生の向上及び増進に努めなければならない」（第2項）として，生存権の保障を規定する。この規定こそ，戦後社会福祉を公的責任において展開していく際の重要な法源として位置づけられてきたものである。しかし，この生存権に関する法律論上の学説は，憲法第25条の規定を国民の生存を確保すべき政治的・道義的義務を国に課したにすぎず具体的な権利を保障したものでないとする「プログラム規定説」，憲法の抽象的規定をより具体化する立法を予定し当該立法によって初めて具体的な権利となるとする「抽象的権利説」，国が生存権を具体化する法律を立法しない場合は不作為の違憲確認訴訟を可能とする「具体的権利説」があり，意見が対立している[8]。これに関連して社会福祉サービスを利用する権利は国や地方公共団体による制度やサービスの実施によって初めて生ずるという，いわゆる「反射的受益」論などもあり，国が生存権保障を具体化するための制度化を積極的に進めない限り，憲法第25条の抽象的な規定のみを取り上げて議論をしても問題性は強く残る。

(2) 憲法第13条「個人としての尊重，幸福追求権」

そこで，近年，社会福祉に関わる人権や法的根拠に関わる議論として展開されているのが，第25条のみではなく，第13条，第14条を含めて考慮していこうという考え方である。

憲法第13条は，「すべて国民は，個人として尊重される。生命，自由及び幸福追求に対する国民の権利については，公共の福祉に反しない限り，立法その他の国政の上で，最大の尊重を必要とする」として，個人の尊重およびいわゆる幸福追求権を規定している。一方，第14条は，「すべて国民は，法の下に平

等であつて，人種，信条，性別，社会的身分又は門地により，政治的，経済的又は社会的関係において，差別されない」とし，「法の下の平等」理念を謳っている。

特に第13条の「幸福追求権」は個人の尊重とともに，人間一人ひとりの存在と「その人らしい」個性を認めた，より高次な権利保障の規定であると解される。さらに，幸福追求に不可欠な自己決定，自己選択，自己実現，QOL（Quality of Life：生活の質）の向上といった社会福祉を展開する上での重要なキーワードにもつながる。

3．権利擁護

憲法第25条にしても第13条にしても，その具体化は国や地方公共団体による法制度の整備によってなされるものであるため，その実現に関わる公的責任は今後も追及されなければならない。その一方で，問題を抱えた人びとを支援する各種の社会福祉従事者も，公的に整備された制度やサービスを活用しながら，本人の自己決定や自己実現に向けた支援を行っていかなければならない。

権利擁護という点に関しては，従来より社会福祉協議会によって地域福祉権利擁護事業（現在は「日常生活自立支援事業」，社会福祉法上は「福祉サービス利用援助事業」）が1999年から実施されている。これは認知症高齢者や知的障害者など判断能力が十分でない人びとを対象に，日常的金銭管理や書類管理，福祉サービスの利用援助を行おうとするものである。ただ，この事業を実施することで対象者の権利がすべて守られるのかといえば必ずしもそうではない。また高齢者や児童への虐待に対する対応が市町村行政，地域包括支援センター，児童相談所等で取り組まれており，こうした権利侵害から本人を守ることが権利擁護の中核だが，権利擁護とはそれだけでもない。岩間伸之が指摘するように，本人の生活ニーズを充足し，あるいは権利侵害から本人を守るなどの支援が「狭義の権利擁護」とすれば，さらに進めて本人の個性を尊重しその人らしい生活を支え，自己実現を進めるといった「積極的権利擁護」が求められることになろう[9]。

第4節 コミュニティケアの理念と公的責任

1．コミュニティケアとは何か

　わが国ではこれまで，高齢者や障害者など長期的かつ継続的なケアを必要とする人びとに対し，施設入所という形態で専門的サービスを提供してきた。

　しかし，そうした中，支援を必要とする人びとの生活を施設入所という形ではなく，それまでの生活を在宅のままで継続させることが望ましいとする考え方が主流となってきた。この背景には，施設ケアを進めることについての財政面あるいは施設における集団的処遇の限界，先に述べたノーマライゼーション理念の進展などがあげられる。

　本節のテーマであるコミュニティケアもこのような背景の中で生成されてきたものである。そもそもコミュニティケアの考え方は，1950年代頃からイギリスの特に精神障害者の領域において始まっている。後に，この考え方が高齢者や障害者の領域にも適用されるようになり，1960年代に入り，1968年シーボーム報告，1970年地方自治体社会サービス法，1982年バークレイ報告，1988年グリフィス報告，1989年コミュニティケア白書，1990年国民保健サービスとコミュニティケア法などといった，イギリスにおける一連の報告書や法律において重点的な政策目標のひとつとされるようになった。

　1989年に出されたイギリスの政府文書"Caring for People"(『コミュニティケア白書』)は，「高齢者，精神障害，精神発達遅滞あるいは身体障害や感覚障害といった問題を抱えている人が，自宅，もしくは地域の中の家庭的な環境のもとで，できる限り自立した生活ができるよう，必要なサービスや援助をすること」と，コミュニティケアを定義づけている[10]。

2．行政の公的責任

　こうしたコミュニティケアを実現するためには，問題を抱えた人びとを支える社会サービスが整備されるとともに，ニーズ把握やそれをサービスにつなげ

必要に応じてパッケージ化して提供していくことができるシステムが不可欠である。先進自治体では，地域福祉計画策定等の機会を契機に，地域をいくつかの福祉エリアに区分しそれぞれの福祉サービス拠点を置き，保健・医療・福祉サービスの充実とシステム化を図っている。こうしたコミュニティケアシステムを効果的に進めるためには，公的責任によってサービスやシステムを充実させるばかりでなく，社会福祉行政組織の再編などを行い，利用者の必要と求めに応じる体制を構築しなければならない。介護保険法に基づく地域包括支援センターなどの相談支援体制の充実，サービス供給主体の多元化に伴うそれらの調整機能の発揮はもとより，社会福祉協議会など関係機関や住民組織との協働も今後求められてこよう。

3．住民参加によるインフォーマルケアの必要性

コミュニティケアの実現には，社会サービスを十分に整備するばかりでなく，利用者が地域社会で孤立することのないよう住民等によるインフォーマルケアを充実整備していく必要がある。インフォーマルケアとは，行政等による制度的なサービス（フォーマルサービス）ではなく，家族，地域住民，ボランティアなどによる支え合い，たすけあいによる自然発生的なケアをいうものである。制度的なサービスとインフォーマルケアの連携により，"care in the community"ではなく"care by the community"が目指されなければならない。そのような住民参加が促進されるように，住民の主体形成が求められる。

第5節　社会福祉の新しい理念に向けて

これまで社会福祉の考え方や理念についてみてきたが，それらを踏まえて今後の社会福祉の方向性を示し，そこから見定めるべき新たな社会福祉の理念構築に向けた私見を述べてみたい。

第1に，これからの社会福祉を展開する体制を，「福祉国家」から「福祉社会」に転換していく必要がある。福祉国家，福祉社会の概念を簡単に規定することは困難だが，単なる行政のみが問題解決の主体となる「福祉国家」ではな

く，住民組織，NPOを含め多様な主体が協働によって取り組む「福祉社会」のシステムづくりが必要となる。

第2に，「憲法25条型」福祉から「憲法13条型」福祉への転換である。「福祉国家」から「福祉社会」へ転換するに伴い，憲法第25条に規定される生存権を法源とした国の公的責任に基づく社会福祉の体制から，その公的責任は保持させながらも，憲法第13条すなわち国民の個人としての尊重および幸福追求権，すなわち利用者の自己実現や自己決定が尊重される体制への転換が求められる。

第3に，「与えられる」福祉から，「参加する」「たすけあう」「学びあう」福祉への転換である。コミュニティケアの実現に向けて，住民参加によるインフォーマルケアやまちづくりが必要である。これまでの受動的な福祉のあり方から，住民が地域の主人公であり主体であるという意識を醸成しまたそれが可能な福祉に転換していかなければならない。

こうした住民による福祉活動を支える精神としてボランタリズム（Voluntarism）がある。これは行政などの既存権力に対して対抗し代案を提示していこうという民間団体（ボランタリーアソシエーション）の活動を支える理念である。住民一人ひとりの力は弱い。ならば，こうしたアソシエーションという形で力を結集し行政の対抗勢力を形成し実践することが今後は求められる。それにより社会福祉における新たな公共を形成することができるのではないだろうか。

〈注〉
1) 岩田正美「生活と社会福祉」岩田正美・武川正吾ほか編『社会福祉基礎シリーズ① 社会福祉の原理と思想』有斐閣，2003年，pp. 10-11
2) 大橋謙策編『社会福祉論』NHK学園，2003年，p. 34
3) 大橋謙策「地域福祉の歴史的発展と考え方」福祉士養成講座編集委員会編『新版社会福祉士養成講座7 地域福祉論（第4版）』中央法規出版，2007年，pp. 24-25
4) 永岡正巳「社会福祉の思想と価値」岩田正美・武川正吾ほか編，前掲書，p. 124
5) 加藤博史「社会福祉の理念」菊池正治・清水教恵編著『基礎からはじめる社

会福祉論』ミネルヴァ書房，2007年，p. 36
6) 同上書，p. 25
7) 同上書，p. 25
8) 大澤理尋「福祉権利　第2節社会福祉における権利の考え方」日本社会福祉士会編『新社会福祉援助の共通基盤　(上)』中央法規出版，2004年，p. 18
9) 岩間伸之「積極的権利擁護」ソーシャルワーク研究所編『ソーシャルワーク研究』vol. 33, 2007年, p. 1
10) The Secretaries of State for Health, Social Security, Wales and Scotland by Command of Her Majesty, *Caring for People: Community Care in the Next Decade and Beyond,* HMSO, 1989.（小田兼三監訳『英国コミュニティケア白書』中央法規出版，1991年，p.1）

〈必読文献〉
・岩田正美・武川正吾ほか編『社会福祉基礎シリーズ① 社会福祉の原理と思想』有斐閣，2003年
　　社会福祉を現代社会という広い視野からとらえ，その思想と原理を体系的に提供した社会福祉原論のテキストである。
・日本社会福祉士会編『新社会福祉援助の共通基盤　(上)』中央法規出版，2004年
　　日本社会福祉士会による社会福祉士向けの生涯研修テキストの改訂版で，実践分野を超え横断的な内容となっており，上巻の冒頭に「福祉権利」が解説されている。
・足立叡『新・社会福祉原論』みらい，2005年
　　社会福祉基礎構造改革を踏まえ，人間理解の視座を関係性に転換することを示唆した社会福祉原論のテキストである。

〈もっと学習したい人のために〉
・バーバラ・メレディス（杉岡直人・平岡公一・吉原雅昭訳）『コミュニティケアハンドブック』ミネルヴァ書房，1996年
　　1990年代のイギリスにおけるコミュニティケア改革を踏まえ，どのようなサービス実践が求められるかについて解説したハンドブックである。
・小田兼三監訳『英国コミュニティケア白書』中央法規出版，1991年
　　1989年にイギリスにおいて発表されたコミュニティケア白書を翻訳したものである。本書はイギリスのコミュニティケア改革を進めていくうえで重要な道標となった。

・岡村重夫『地域福祉論』光生館，1974年
　　地域福祉論の古典ともいうべき文献で，地域福祉を構成する要素をコミュニティケア，組織化活動，予防的社会福祉の3つに分け解説している。

第1章　社会福祉の発達史

第1節　日本の社会福祉発達史

1．古代社会と福祉

(1) 慈善救済

　原始以来，日照りや風水害，または地震などの災害により多くの人びとが飢餓の危機にさらされてきた。生産力が低い状態では，人びとは互いにたすけあう「相互扶助」が必然であり，共同で狩猟や採集あるいは農作が営まれた。

　わが国においては，仏教的な慈善思想に基づき聖徳太子によって「四箇院」が設立され，その中のひとつ「悲田院」では貧窮者や孤児を収容した。また，行基は「布施屋」を設置して，貧しさや疲労から行き倒れになった者たちの救済にあたった。

　6世紀末から奈良時代にかけては，盛んに「賑給」が行われた。これは天皇によって，窮民救済のために布や稲や粟などの施しを行ったものである。

　701（大宝元）年に制定された大宝律令によって律令国家が成立する。農民には「口分田」が与えられたが，その反面，「租」「庸」「調」「雑徭」などの税の徴収や労役が課せられ，その負担が人びとの生活を圧迫した。その後の養老律令（718年）では，わが国初の公的救済制度として「戸令」がつくられた。これにより「鰥寡孤独貧窮老疾，不能自存者」[1]が救済された。

　また，天変地異などへの対策として，「義倉」「常平倉」などの備荒制度も設けられた。[2]

2．中世封建社会と福祉

(1) 鎌倉・室町時代の救済

この時代，律令体制にかわって「荘園制」が始まる。貴族の権力が弱まり荘園を警備していた武士団が台頭して政治の実権を握った。源頼朝が鎌倉幕府を開き，風水害などの天変地変の際には救済米を支給したり，未納年貢免除（1186年）を実施した。また，源実朝による非人施行（1213年），北条泰時による風水害の際の領民救済（1231年）など，幕府による救済が行われた。

室町時代になると農民たちは弱体化した荘園領主に反抗し，「惣(そう)」という村落共同体の相互扶助組織を形成するようになり，集団で年貢の減免を求めたりした。また，惣は自衛組織を兼ね，入会地(いりあいち)・灌漑・治水などの決定や管理も行った。またいくつかの惣が結合して「郷村(ごうそん)」に拡大発展したものもあった。

(2) 仏教による救済

これとは別に，荒廃した社会を救うために鎌倉新仏教が隆盛した。親鸞や法然あるいは一遍などは身分の上下に関係なく仏教信仰をとおして積極的に慈善救済活動に尽力した。また，相互扶助の枠の外におかれていた被差別民へも積極的に救済の手をさしのべた。重源(ちょうげん)は囚人保護活動や湯屋を設置し，叡尊(えいそん)は非人救済にあたり，忍性(にんしょう)はハンセン病者救済施設である癩宿(らいやど)をつくった。

(3) 戦国時代の救済

戦国時代になると，庶民の生活は戦争により疲弊し，重税や自然災害により貧困はますます深刻になり，浮浪化する貧民が続出した。こうした時代にも，上杉謙信や武田信玄は自然災害による領民の飢餓に対して，米などの施しをした。これらの政策は，民を導くためには道徳に重きをおき，情け深いことこそ政治の中心である，という儒教的徳治主義に基づく実践であった。

またこの時期キリスト教が伝来し，慈善活動・矯風活動などを行った。ポルトガル商人ルイス・アルメーダは，私財を投じて大分に育児院（1555年）とハ

ンセン病の救済を含む総合病院（1557年）を設立して，西洋の救済活動や西洋医学を伝えたのである。

3．近世封建社会と慈善救済

(1) 江戸幕府による救済

　江戸時代になると，将軍を頂点に各藩の大名がそれに従うことを基本とする幕藩体制が整えられて，強力な領主権により土地や人民が統治された。農民は重税により貧窮化し，堕胎・間引き・捨て子などをやむなく行った。また，享保の大飢饉（1732年），天明の大飢饉（1782～87年）や天保の大飢饉（1833～39年）は各地に大きな被害をおよぼし，農民はしばしば百姓一揆を起こして租税の減免などを要求した。

　このような江戸時代にもいくつかの改革が行われた。8代将軍吉宗の享保の改革では，1722年東京小石川薬園内に小石川養生所が設立され，貧しい人びとの治療に貢献した。また，松平定信による寛政の改革では，石川島の沼地を埋め立てて「人足寄場」が設置された。[3] さらに，窮民救済と低利の資金融通を目的として「七分積金制度」が1791年に制定された。[4] これらの施策とは別に，飢餓などに際して臨時に収容ないし施粥施設となった救小屋や，出身地への送還困難な浮浪者の恒常的な収容施設としての非人小屋なども設立された。また，庶民の相互的金融組織として「頼母子講」「無尽」[5]，農村の協同労働組織である「ゆい」[6] などによる相互扶助も行われた。

4．明治期の救済事業

(1) 恤救規則による救済

　明治政府の最重要課題は，殖産興業・富国強兵政策であった。江戸時代に比べて都市部への人口流入はさらにすすみ，産業革命の担い手である賃金労働者が大量につくられたのである。

　このような社会状況の中，窮民対策は政府にとっても政治課題となった。そこで1874（明治7）年「恤救規則」が発布された。これは明治政府による公

的救済制度であったが，十分なものではなかった。この規則による，救済は「人民相互ノ情誼ニ因ッテ」なされるべき，つまり従来の血縁や地縁による共同体内部での相互扶助を優先するもので，国家はあくまでも恩恵として「無告の窮民」（誰の助けも期待できない困窮者）へほんのわずかな米代を支給するだけのものであった。

(2) 民間の慈善救済事業

このような政府による救済だけでは対処できない状況を補うように，各地で慈善救済事業が開花するのであった。特に宗教思想に裏付けられた各種の事業が活発に展開された。

キリスト教宣教師による児童の養育事業として横浜慈仁堂（じじんどう）（1872年），浦上（うらかみ）育児院（1874年），築地（つきじ）孤児院（1875年）などや，日本人の手による事業として石井十次（いしいじゅうじ）の岡山孤児院（1887年），石井亮一による滝乃川学園（1897年）[7]などが創設された。また，仏教に基づく事業として福田会育児院（1879年）や大勧進養育院（1882年）も開始された。くわえて幕末明治期に創唱された新興宗教教団の中でもいくつかの施設が創設され，天理教養徳院（1910年，現・天理養徳院）も孤児収容を始めた。保育分野での事業は，新潟静修学校に付設された保育事業がわが国最初のものといわれている。その後に野口幽香（のぐちゆか）が東京に二葉幼稚園（1900年，現・二葉保育園）を開設した。高齢者対象としては，聖ヒルダ養老院（1895年）や大阪養老院（1902年）などが創設された。

(3) 感化救済事業

明治の中期には，感化事業が生まれた。1900年「感化法」が成立して，1908年には第1回感化救済事業講習会が開催された。これらは「良く教へ導き，人の人たる道を履（ふ）ましめ，国家の良民たらしめん」ための事業で，感化院の設置を都道府県に義務づけ，非行少年を懲罰ではなく感化教育によって社会復帰させることを目的とした。留岡幸助（とめおかこうすけ）による「家庭学校」（1899年）は，この事業の先駆けである。また中央慈善協会（1908年）も設立された。

また，わが国最初のセツルメント活動として片山潜によって1897年「キングスレー館」が東京神田三崎町に創設された。この活動はおもに貧民街を対象地域とし，幼稚園・社会問題講演・日曜講演・英語教授・市民夜学校など多岐にわたって展開され各地に拡大した。

5．大正期の救済事業

(1) 社会事業の成立

不況に行きづまった日本の資本主義は，第一次世界大戦による特需によって一転好景気に沸いた。このためわが国の産業構造は大きく変化し，農業人口が工業人口へと転換した。この影響のため，米の生産力が低下して米不足を招き，シベリア出兵を見込んだ米の買い占めも行われたため米価が急激に上昇した。こうして1918年，米騒動が起こり，全国に広まって延べ70万人がこれに参加したといわれている。また炭坑でも労働争議が起こり，米騒動と相まって打ち壊しや焼き討ちが多発した。これらの暴動に参加したのは，貧困者層ではなく生活難に追いつめられた一般民衆であったことを重くみた政府は，本格的な防貧対策に乗りだすことになる。具体的には，1921年に職業紹介所法が制定され，失業対策にとりくみ，1923年，中央卸売市場法が制定され，庶民の生活対策として日用品小売市場の安定供給をはかった。この他にも住宅の改良や共同宿泊所の設立，簡易食堂における食事提供，公益浴場などの方策もとられた。

しかし，これらの諸政策も，第一次世界大戦後の恐慌にはあまり効果を発揮できなかった。1920年，東京市場における株式の暴落は，金融恐慌を引き起こし商品市場へも大きな打撃を与えた。くわえて1923年には関東大震災がおこり，社会不安はますます高まった。また1917年のロシア革命の影響を受けてわが国においても労働運動が本格化していった。女性の地位向上を目指した婦人解放運動も盛んとなり，農村においても小作人と地主との間で小作争議が多発するようになった。

また1917年には軍事救護法が成立した。この法は「傷病兵，その家族もしくは遺族，または下士兵卒の家族もしくは遺族」を救護するものであった。この

法の制定により，内務省に救護課が設置されて社会・労働行政の事務一元化がはかられた。その後，米騒動をうけて社会課となり，1920年社会局になり，さらに1921年には外局に昇格し社会事業行政を担う中心的な行政機関となった。

1920年代「社会事業」という言葉が一般的に広く使用されるようになり，感化救済事業講習会は社会事業講習会（1920年）に，中央慈善協会は中央社会事業協会（1921年）と改称された。

(2) 細民調査

重工業の拡大に伴い，都市部に人口が集中するが，それが不況などの影響で貧困層として都市貧困街に沈殿していく。

1911年，東京市が実施した細民調査では，市内に約20万人の細民がいると報告されている。その生活は，家族員数平均4人，人力車夫・古物商・紙屑拾いなどを生業とし，月収は夫10円，妻5円前後，収入の7割前後は食費にあてられてエンゲル係数が極めて高い。住居は，一戸一室のみが7割で，畳数は4畳半以下が9割にのぼっている。このように食べる・住むいずれも貧しい内容であった。

6．昭和前期の救済事業

(1) 救護法の成立

第一次世界大戦は，直接戦場にならなかったわが国に好況をもたらし，労働力は急速に資本に吸収されていった。しかし先述のとおり，1920年代はその反動ともいえる慢性不況におちいり，過剰人口は失業者として顕在化し社会不安の温床となっていった。国民の生活は窮迫して，一家心中や子女の身売りが社会問題となった。

このような状況の中，恤救規則の限界が再び表面化し，内務省は社会事業調査会を設置して，社会事業体系に関する諮問をした。恤救規則を抜本的に改善し「国民生活の不安と思想の動揺を防止する」（救護法提案説明）ことを目的として，1929年救護法が成立したのである。これは，わが国貧困法史上はじめて

公的扶助義務主義を採用し，救貧の責任は国にあることが明確になった。だが，救助対象を制限したり保護請求権が認められない（被救護者の救護を受ける権利を認めていない）など，前近代的な要素も残していた。この法律が成立した1929年は，アメリカで株価の大暴落による大恐慌がおこり，この影響を受けたわが国においても，1930年金融恐慌に突入し，労働条件は悪化して，中小企業の経営は緊迫化し，農業不況も深化して，社会不安は危機的状況となった。このため，救護法の早期実施は必至であったが，財政上の理由から施行が延期され続けた。そこで財源を確保するため競馬法を改正し，資金の調達をはかり1932年施行されたのである。

(2) 方面委員制度

1917年，貧民の調査と援助を目的として済世顧問制度が岡山県において創設された。さらに1918年，大阪府知事林市蔵の考案で方面委員制度が創設された。これはドイツのエルバーフェルト制度を模範としたもので，その理論は法学博士の小川滋次郎が担った。方面委員は，市町村吏員や警察官吏，学校関係者などから選ばれ，小学校区を単位として貧民調査を実施した。この制度は，その後各地に広まり，1936年，方面委員令が公布され全国規模で実施された。これが第二次世界大戦後，民生委員となる。

(3) 戦時厚生事業

1931年にはじまる満州事変以降，国策の中心は帝国主義的拡大を進めた。さらに1937年にはじまる日中戦争以降，わが国は国際的に孤立する道を歩み出した。戦争の長期化により経済の国家統制が強められ，人的・物的・精神的あらゆる部面が戦争遂行に向けられ健民健兵確保政策へと変質していった。いわゆる国家総動員体制である。全国方面委員連盟や中央社会事業協会は国民精神総動員中央連盟に加盟し，「部落会・町内会」組織は大政翼賛会の末端組織として整えられていったのである。この中，1938年，厚生省（現・厚生労働省）がつくられ，社会・保健行政の中央機関として健康・頑強な国民の育成を担うこ

とになるとともに、戦争に役立たない障害者や老人に対する事業は衰退することになる。このような人的資源の確保と育成を第一義におく特殊な戦争時期の施策を、厚生事業と呼んでいる。こうした中、実質的には縮小された救護法を補うために1937年、母子保護法が制定され、戦争拡大のため軍事扶助法も同年成立した。軍事扶助法の内容は、帰郷軍人や傷痍軍人の援護、遺族援助さらには教化指導にまで及んでいる。

厚生省がつくられた1938年、社会事業法と国民健康保険法が成立した。社会事業法は、戦時体制の中で財政難に陥っている民間社会事業を補助することを目的につくられた。しかし、助成措置をとることは行政機関による指導・監督・管理の道を開くことにもなり、戦時厚生事業体制の中で民間施設はしだいに国家の管理下に置かれてしまったのである。太平洋戦争に突入する1941年、主食配給制度が始まり食糧事情は悪化の一途をたどることになる。その中、医療保護法が制定された。また、1942年には戦時災害保護法の制定をみる。

7．第二次世界大戦後の社会福祉成立期

(1) 生活保護法の制定

1945年、ポツダム宣言受諾をもって第二次世界大戦は終結した。しかし国民は総飢餓状態におちいり、精神的な虚脱感も加わって社会的にも経済的にも混乱状態が続いた。GHQと日本政府は貧困問題への施策の必要性に迫られ、終戦の翌年の1946年に生活保護法が制定された。これはGHQが指示した社会救済（Public Assistance）の基本4原則[8]を受けて、無差別平等に救済することを明記して最低生活を保障する（ナショナルミニマム）画期的なものであった。しかし、怠惰素行不良者は対象外とされ、保護請求権も不明瞭なままであり、民生委員がその実施にあったため、救護法と比較して大きな前進ではあったが、救済には限界もあった。

また、国の基本法となる日本国憲法の第25条には生存権が規定され、「社会福祉」という文言がはじめて使用され、この後の福祉関連各法はこの条文に基づいて制定されることになったのである。

(2) 児童福祉法の制定

　戦後の混乱は児童にも大きな影響を及ぼしたことはいうまでもない。特に戦争によって親を亡くした戦争孤児, 浮浪児への取り組みは緊急対策のひとつであった。全国で約1万2,700人と推定された要保護児童援護のため, 1945年9月「戦災孤児等保護対策要綱」が明らかにされ, 1946年4月には「浮浪児その他児童保護等の応急措置実施に関する件」が厚生省社会局長通知として出され, 浮浪児に対する本格的な取り組みが始まった。こうして, 1947年,「すべて児童は, ひとしくその生活を保障され, 愛護されなければならない」と謳った児童福祉法が制定された。これにより, 戦争孤児や浮浪児に限らず, すべての児童に対する福祉の保障を実現する法理念が確立したのである。

(3) 身体障害者福祉法の制定

　戦争による混乱は児童ばかりではない。多くの傷痍軍人や戦災障害者が生みだされた。しかしこれらの人びとへの対策は遅れていた。その原因のひとつは傷痍軍人の保護を行うことは, GHQが指示した非軍事化や保護の無差別平等に反することになるという懸念があったからである。そこで, 傷痍軍人などへ特別な配慮をすることがないように, 身体障害者の自立への機会と社会参加の機会の確保や更生援助を目的として1949年, 身体障害者福祉法が成立したのである。

　こうしてわが国は戦後の混乱の中, 福祉三法の時代を迎えたのである。さらに, 1950年には生活保護法が全面改正され, 憲法第25条の生存権を保障することが明確になり, 保護請求権も認められ, 不服申立てもできるようになった。保護の種類は従来の生活扶助, 医療扶助, 助産扶助, 生業扶助, 葬祭扶助にくわえて教育扶助と住宅扶助の7つに拡大された。

(4) 社会福祉事業法の制定

　社会福祉の組織および運営管理に関わる規定を内容とする社会福祉事業法が1951年制定され, 民間社会福祉の自主性の尊重とそれに対する公的責任転嫁の

禁止が明らかにされてGHQが提示した「公私分離の原則」が具現化した。救済の公的責任をはたすための実施機関として「福祉に関する事務所」が設置され，そこに常勤の職員として社会福祉主事が勤務し，生活保護行政を担うことになり，民生委員はこれに協力する体制が整った。同法はまた社会福祉協議会の設置についても定め，同年，中央社会福祉協議会と各都道府県社会福祉協議会が誕生した。

(5) 高度経済成長と社会福祉の拡大

　1955年から始まる「神武景気」により経済は急成長し，食料事情も米の豊作が続いたため国民総飢餓状態から脱し，国民生活は確実に豊かになっていった。公営住宅の建築がすすみ，防空壕やバラック生活から解放され，1956年の『経済白書』では「もはや戦後ではない」という言葉で生活水準の回復が表現された。その後引き続き1959年からは「岩戸景気」と呼ばれる好景気が到来し，政府は国民所得の倍増計画を打ち出し，積極的な財政・金融政策を推進した。このため重化学工業は飛躍的に発展し，生産量は右肩上がりに成長した。しかし，このような産業構造の変化は，同時に生活構造・家族形態の変化を伴った。つまり，都市部への人口の過度の集中と郡部の過疎化を生み，核家族化が進行し，育児や介護など家庭がもっていた機能は脆弱化し，公害問題も表面化してきたのである。

　高度経済成長のかげに取り残された人びとの生存権の確保は，まだまだ困難であったといわざるをえない。生活保護における保障の低さを訴えた運動として1957年，朝日訴訟が起こった。当時，生活保護を受けて国立療養所で療養していた朝日茂によって起こされたこの訴えは「健康で文化的な最低限度の生活」とはどのようなものかという，人間らしい生活の確保に焦点をあてた争いで，当時の生活保護基準の妥当性が問われた。このためこの裁判は，別名「人間裁判」と呼ばれ，生活保護や社会福祉への関心や認識を国民全体に流布することになった。結果として朝日の死去により結審し，原告が勝訴することはなかったものの，生活保護基準の引き上げにつながった。

(6) 社会福祉六法体制の確立

　1938年に成立した国民健康保険法は，戦中戦後の混乱の中で実質的には機能しなくなっていた。このため，被用者医療保険から取り残された農業や漁業などの第一次産業従事者や自営業者あるいは零細企業の労働者などは医療保険未加入状態であった。そのため，これらの人びとが結核に罹患した場合，治療や入院を必要としながら受診できずにいた。この事態を解決するために，1957年新しい国民健康保険法が成立，翌年4月には国民年金法が成立して，被用者保険からとり残されていた階層を取り込んで国民皆保険・皆年金体制が整備されたのである。

　医療保険・年金保険制度と比較してその対象が少数である社会福祉関係法は，さきの三法以降立ち遅れていた。知的障害者に対しては，児童福祉法において精神薄弱児施設における保護指導は行われたが，成人した知的障害者を対象とする法制度はなかった。そこで，1960年，知的障害者の更生援助と保護を目的とした精神薄弱者福祉法（1999年，知的障害者福祉法に改称）が制定された。

　つづいて，老齢人口の増加に伴い1963年，老人福祉法が成立した。この背景には，核家族化・過疎化により家庭における高齢者の扶養機能が低下したこと，技術革新などにより高齢期の再雇用が困難になったこと，あるいは年金制度が未成熟なため定年後の収入源が貧弱であったことなど，従来，生活保護法において対応してきた高齢者対策が立ちゆかなくなったことがあげられる。

　また，生活状態が不安定で生活水準が低くなりがちな母子世帯を対象として，1964年「母子福祉法」（1981年，母子及び寡婦福祉法に改称し，対象を「母子から寡婦」に拡大した）が制定され，母子家庭の生活の安定と児童の健全な育成のための総合的な対策が推進されることになった。

　こうして福祉関係法は三法から六法の時代へと拡大したのである。

8．高度経済成長の終焉と社会福祉

(1) 施設整備と児童手当

　さきに述べた高度経済成長期の社会福祉の拡大は，経済成長による税収入の

拡大に強く影響された結果でもあった。また、各地に革新首長が誕生し、潤沢な税収入により積極的に福祉の先取り行政が行われた。国は、このような地方の先取り施策を無視することができなくなり、1970年、欧米の基準を目標として「社会福祉施設緊急整備5か年計画」を策定して、施設の建設を各地で進めた。

　1971年、児童手当法が制定された。受給にあたっては所得制限があるものの、生活保護制度のように詳細な資産調査がなく、保険制度のように被保険者としての要件を満たす必要もない。このため、すでに多くの国で取り入れていたこの制度は、最後に残された保障の制度でもあった。

(2) 福祉元年とオイルショック

　1973年には社会保障関係費が飛躍的に増額された。老人医療費の自己負担金を無料にする制度が導入され、年金も大幅に引き上げられた。そこでこの年を福祉元年と称し、わが国も福祉国家への歩を進めることになったのである。

　しかし、この年秋に起こったオイルショックにより世界的な恐慌が起こり、わが国は福祉見直しへと急転回することになった。マイナス経済成長の中でヨーロッパ型福祉国家体制を否定して、新たに「日本型福祉社会」[9]を模索しはじめたのである。その結果、民間活力の活用および市場システムの重視、自助努力の重視、家庭による福祉の重視などが提案され、公費による福祉関係費をできるだけ抑える「安上がり福祉」へと転換したのである。これは、第二次世界大戦後わが国の福祉施策の原則であった国家責任という視点からは明らかな後退を意味した。先述の老人医療費の無料化政策は、1982年の老人保健法の成立により終焉し、一部自己負担が復活した。このような受益者負担の原則の導入は、この時期の福祉後退の典型と見なすことができる。また、在宅福祉の推進もはかられた。これは「安上がり福祉」施策のひとつでもあったが、1981年の国際障害者年を契機にしてわが国にも広く知られるようになった「ノーマライゼーション」[10]の理念の影響も無視することはできない。

(3) ゴールドプランの策定と福祉関係八法改正

1989年，福祉関係三審議会合同分科会は「今後の社会福祉のあり方について」を具申した。この中で，住民に最も身近な行政主体である市町村の役割を重視することや在宅福祉サービス等の供給主体を多様化すること，福祉と保健と医療が有機的に連携することなどが指摘された。これを受けて同年「高齢者保健福祉推進十か年戦略」（ゴールドプラン）が策定され，高齢者領域における在宅福祉の整備と入所施設の増設が推進されることになった。これに伴って，1990年，福祉関係八法が改正され，在宅福祉サービスと施設福祉サービスの措置権が市町村へ一元化された。また，市町村および都道府県は老人福祉計画と老人保健計画の策定が義務づけられ，その結果としてゴールドプランだけでは対応できないニーズがあることが明らかになり，質・量ともに充実させた新ゴールドプラン[11]が1994年につくられた。

さらに，同年，「21世紀福祉ビジョン」が提案された。これは，厚生大臣の私的諮問機関であった「高齢社会福祉ビジョン懇談会」がとりまとめたもので，国民誰もが，身近に必要な介護サービスがスムーズに手に入れられるシステムの構築が課題としてあげられ，介護保険制度の制定へとつながっていったのである。

同年，児童・家庭福祉を対象として「エンゼルプラン」[12]も策定された。また1995年には「障害者プラン～ノーマライゼーション7か年戦略」も策定されて，障害のある人が地域社会の中で暮らせる社会づくりを目指すこととなった。これより前，1993年には「障害者基本法」（心身障害者対策基本法の改正）が成立し，障害者の範囲が身体障害者・知的障害者・精神障害者と規定された。

(4) 介護保険法と社会福祉法の制定

1997年，「介護保険法」が成立した。これにより高齢者の介護に関わる費用の半分は保険料により確保することになり，諸サービスは高齢者自身が選択しサービス供給主体と契約する制度に変革された。2006年の改正では，地域包括支援センターが創設され，在宅においてサービスを利用する要支援の高齢者や

自立している高齢者の福祉増進を推進する役割を担うことになった。

　少子化と子育てをめぐる問題が多発する中，1997年「児童福祉法」の大改正が行われ，2000年には「児童虐待の防止等に関する法律」も成立した。また同年，社会福祉事業法も改正されて「社会福祉法」が成立して，地域福祉の推進が積極的に進められることになったのである。

第2節　イギリスの社会福祉発達史

1．中世封建社会と福祉

(1) 封建領主による救済

　イギリスの中世社会は，荘園を基盤とする自給自足経済の上に成り立っていた。荘園は，土地を所有する領主と土地を貸与される農奴により構成され，農奴は生産物の貢納や徴兵などの義務が課せられたが，自然災害などの際には保護された。農奴を失うことは労働力を失うことになり，領主にとっては農奴も土地と同様一種の財産として見なしていたのである。荘園はこのように農奴たちの生活する村落共同体を形成し，そこでは地縁・血縁による相互扶助も行われた。

(2) ギルドとキリスト教による救済

　農業生産力の向上や手工業の発展により中世都市が成り立ち，そこにおいてギルドが形成され，地域的・職域的たすけあいも行われるようになった。しかし，ギルドはそれを構成する成員の団結のための保護にとどまっていた。

　地縁・血縁やギルドによる相互扶助の形態とは別に，ヨーロッパ中世における貧民救済の一部はキリスト教会が担っていた。当時のキリスト教会は，法王を頂点とする絶大な権力組織を作り上げ，その影響は封建領主に劣らないほどであった。教会は十分の一税により一定の収入を得て，その中から貧民への施与が行われた。これらは，最初は教区を通じて，後には修道院（monastery）によって実施された。また，救治院（hospital）や救貧院（almshouse）なども

建設されて救済にあたった。

2．絶対王政の貧困対策

(1) 救貧法の成立

　中世封建領主に支配された社会は，資本主義社会へ移行する中で大きく再編成されることになる。荘園内における自給自足体制が崩れ，商品経済が浸透し，バラ戦争による封建家臣団の解体，織物業の興隆による囲い込み運動や景気変動が起こり，疫病の流行などで大量の貧民や浮浪者が生み出された。これらの人びとは，封建社会の身分制度による束縛から解放されたが，地縁や血縁による相互扶助に依存することもできなくなったのである。

　このような事態に直面した絶対王政の貧困対策は，当初救済というより治安対策の色合いが濃かった。つまり，乞食や浮浪を禁止して，それに違反する者は処罰し，あるいは強制的に出身地へ送還するというものであった。さらに，労働能力があるにもかかわらず浮浪する者には強制的に就業させることなども規定した。

　こうして，エリザベス救貧法にいたるまでの救貧法制が確立されることになる。1531年法においては，労働不能な乞食に許可証を与え，それ以外の乞食を処罰した。続いて1536年法では貧窮児童に対する徒弟の強制などが加えられた。また，教会に慈善箱を設置して，救済をキリスト教の教区におわせることになった。1552年法では救貧資金を教区から強制的に徴収することになり，1572年法では救貧税が創設された。また，教区の貧困行政吏員として貧民監督官が設置された。つぎの1576年法では徴税官と貧民管理官が任命され，貧困対策を担う行政体制の確立がはかられた。就労を拒否する貧民は懲治監に収容して強制労働をさせ，労働意欲のある貧民には，道具や原材料などを与えて賃金を得ることができるようにするなど，就労対策が図られた。

(2) エリザベス救貧法

　それまで制定された救貧法は，1601年「エリザベス救貧法」として集大成す

ることになる。この法律もこれまでの救貧法同様，救貧というよりむしろ治安政策的意味合いが強く，浮浪者取り締まりや浮浪者を労働者に養成することを基本原則した。おもな内容は次のとおりである。

- 労働能力のある貧民には，強制的に労働をさせる。
- 労働能力のない貧民には，直系血族の扶養義務を前提にして，教区において救済する。
- 児童は里親に出し，8歳以上の男子は徒弟，女子は家事使用人として労働させる。
- 教区を救貧行政単位として，貧民監督官が救貧税の賦課・徴収をする。
- 教区の貧困行政は治安判事が指揮監督し，枢密院をおく。

このような特徴をもったエリザベス救貧法は，1834年の新救貧法の制定まで，イギリスにおける救貧制度の基本法となった。

3．市民革命後の貧困対策

(1) 教区における救済

エリザベス救貧法により，教区はその中心的な任務をおうことになった。しかも，1642年の市民革命で絶対王政が崩壊することにより，王の権力が議会に移り，貧困問題に対しては無作為な議会に代って，実質的には教区が完全に担うことになった。人口過剰と貧困の増大に悩むイギリス南部の教区は相次ぐ貧民の流入により，救貧費の負担がかさむようになった。そのため，その教区に生まれながら居住している者のみを救済するために居住権を明確にすることを目的として1662年居住地法が制定された。居住権の条件は，40日間以上居住しているか，年10ポンド以上の価値のある借地を保有しているかのいずれかであった。この法律はその後改正を重ね，居住地権獲得の資格制限はしだいに厳しくなっていった。

(2) 貧民の有利な雇用

17世紀後半になると「貧民の有利な雇用」計画が実施された。これは労

役場(えきじょう)において貧民を就労させることにより、救貧費の減少と生産の増大を目指すものであった。ファーミン（Firmin, T.）やケアリー（Carry, J.）等によって試みられた労役場の経営は、最終的には失敗に終わったが、救貧費の削減には効果をあげた。このため1722年に労役場テスト法が制定されるにいたった。同法により、貧民は労役場に入所して労働に従事することが強要された（院内救済）。しかし労役場の生活や労働は悲惨なもので、「恐怖の家」と呼ばれるほどであった。このため多くの貧民は入所を断念し、結果として救済が絶たれたのである。

(3) 産業革命と貧困

18世紀後半からはじまる産業革命は、あらゆる領域に影響をおよぼした。蒸気機関に代表される発明は、繊維産業などの生産力を飛躍的にあげ、それまでの雇用形態を大きく変えてしまった。すなわち熟練工と呼ばれる職人は職を失い、婦人や児童が労働者として低賃金で単純作業に従事することが一般化した。このような変化は、成人男性労働者の労働条件にも影響をおよぼし、低賃金労働や失業においやられることになった。こうして機械制大工場が成立した一方で、農業革命も起こり、囲い込みにより大規模な土地所有による資本主義的大農場経営が成立した。このような変化により、資本をもたない無産階層が形成された。農民は土地をおわれ賃金労働者となり、児童や婦人までもが労働者として雇われたのである。しかもこれらの人びとは、貧困に対して無防備で、疾病や失業によりたちまち貧民におちいるため、新たな無産貧民層が増大して、それまでの救貧法では対応しきれなくなったのである。

こうして1782年、ギルバート法が成立した。この法律のおもな骨子は、それまでの貧困対策を担っていた教区を連合し、行政区域を拡大して合理化と貧民処遇の改善をはかった。また、「恐怖の家」と呼ばれていた労役場への収容を、老人・病人・孤児・母子などの無能力貧民に限り、労働能力のある貧民の収容を取りやめ、院外救済を行うこととした。

しかし、結果としては教区の連合も進まず、労役場も一般混合労役場[13]に

なってしまい，救貧費の削減にもつながらなかった。

つづいて貧困対策としてスピーナムランド制度が取り入れられた。これは賃金補助制度で，パンの価格と家族数により最低生活基準を算定して，その基準に満たない賃金労働者には，その差額分を救貧税から手当として補助するものであった。この制度は，現代の貧困政策につながる画期的なものであった。しかし，低賃金のままで放置しても補助されるため，雇用主は労働者の賃金を上げることをせず，労働意欲の低下も招いて，かえって救貧費が膨張するなど，多くの問題を新たに生む結果となった。このように，貧困対策は単に短期的な貧民の救済のみに向けられるのではなく，労働条件や賃金体制の安定など長期的な視点から総合的に推進する必要があることがわかる。

4．新救貧法の成立

貧困対策の不備は，労働者の反乱を招き各地で一揆が発生した。この状況を打破するため，1832年，救貧法の見直しを目的に「救貧法調査委員会」が設置された。この委員会の報告に基づいて，1934年，新救貧法が成立したのである。同法は3つの大きな原則に基づいている。すなわち，

① 救済は中央行政機構へ再編して，全国統一的に実施する。（均一処遇の原則）
② 救済対象者の生活水準は，自活している最低階層労働者の生活水準より低くなければならない。（劣等処遇の原則）
③ 労働能力のある貧民を労役場に収容する。（院内救済の原則）

であった。

こうして，救貧行政の中央集権化と貧困税の削減を目指した同法は，非人道的な救済抑制ということで批判を受けるとともに，院内救済に必要な労役場も建設されず，院内救済を貫徹することができなくなり，結果として1842年院外救済労働テスト令により院外救済が再び行われることになった。

5．社会事業の成立

(1) 友愛組合

　節約と自助という精神に基づき，18世紀末友愛組合が救貧税の軽減の方策として結成された。それが新救貧法の制定により，その規模も数も急激に伸張した。さきにみたように，救貧対策は無能力貧民の救済を目的にしたので，一般労働者とりわけ上層・熟練労働者たちは友愛組合を結成して相互扶助を行ったのである。この他に労働組合や協同組合なども結成され節約と自助の精神は，労働者階層へも着実に浸透していった。

　そしてこれらある程度生活が安定していた中産階級の労働者らは，キリスト教社会主義などの影響を受けて慈善事業を行う組織をつくる者もあった。

(2) 慈善組織協会の創設

　救貧行政の抑圧的政策のため，救済対象外におかれた多くの貧民に対しては，それまでの教会や人道主義者による慈善活動にくわえて，先の中産労働階級による慈善事業組織が救済にあたった。しかし，個々の組織はそれぞれ独自に救済に乗り出したため，貧民の中には複数の組織から別々に救済される者もあれば，反対にどこの組織からも救済されない者（漏救）もあるという事態が生じた。このため，慈善組織同士が連携して，計画的・合理的に慈善活動を行うことが求められた。そこで，1868年「ポーペリズム（pauperism）と犯罪を防止するための協会」が結成された。翌年「慈善的救済を組織化し乞食を抑圧するための協会」と改称し，さらに翌年「慈善組織協会」（Charity Organization Society：COS）となった。

　COSは，中央本部のもとに地区委員会をつくり，調査員が貧困者を個別に訪問し，その結果を記録し登録した。この友愛訪問がしだいに専門化し，ケースワークとして発展してゆくのである。

　この時期デニソン（Denison, E.）は，COSの活動とは別に，慈善的施与ではなく社会改良によって貧困問題を解決しようとした。これがセツルメントであ

る。デニソンの思想を受け継ぎ，バーネット（Brenett, S.）らは1884年ロンドンのスラム街にトインビーホールを創設した。知識人や大学生が貧民街において貧民と生活を共にすることをとおして，相互理解を深め，貧民教育により社会改良をすすめた。このセツルメント活動が，ソーシャルグループとコミュニティ・オーガニゼーションの発展に寄与することになる。

こうして「世界の工場」として繁栄したこの時期のイギリスは，国家による貧民救済はできる限り縮小し，繁栄の分け前にあずかった労働者は友愛組合により自助組織をつくり，一方で民間慈善組織をつくり貧民救済を行うことによって貧民対策がすすめられたのである。

(3) 社会調査の実施

貧困の原因はいくつかに大別される。第一に自然災害などがあげられる。地震や台風，あるいは干ばつや大雨など人間の力ではどうにもならない自然の猛威が人びとの生活を直撃して，生活苦におちいるのである。このような場合為政者は，さまざまな救済を実施する。第二に考えられるのは，個人的な原因である。疾病や障害あるいは高齢や孤児など通常の生活をおくることが困難な状況におかれたこのような事態に対し，一人の力では解決することが難しく，家族や親族の力を借りてもなお通常生活を維持できなくなり貧困におちいるのである。もうひとつ，個人的な原因であっても次のような場合は，なかなか救済の対象としてみなされることは少ない。それは個人の怠惰や不道徳などによる生活苦である。つまり，労働を怠ったり，賭け事や飲酒など浪費をしたり，無計画で無秩序な生活習慣が貧困を招くのである。このような人びとが救済対象になりにくいことは容易に想像できる。つまりこのような人びとを救済することは，まともに労働している人びとへも影響を与え，労働者が被救貧者に転落してしまう可能性があると危惧するからである。新救貧法の劣等処遇の原則もこのような考え方が基底にある。

産業革命による社会の変化は，新たな貧困原因を生み出した。それは自然でも個人的原因でもない社会的原因である。つまり社会のしくみそのものが貧困

者を生み出すのである。たとえるなら，自然災害もなく疾病でもなく怠惰でもなく，まじめに労働していたにもかかわらず，不況により工場が閉鎖されて解雇されることで失業して収入を失い貧困におちいるという人びとが多数発生したのである。

　このような実態を調査して，その本質を統計的に明らかにしようとする動きがあらわれだした。それが社会調査である。ブース（Booth, C.）とラウントリー（Rowntree, B. S.）はイギリス国内の都市部労働者階層の実態調査をとおして貧困原因を明らかにしたのである。ブースのまとめた『ロンドン市民の生活と労働』（1902年）によると，全人口の30.7%が「貧困線」以下の生活をおくっていることが明らかになり，貧困は個人的な怠惰や不道徳によるのではなく，不規則な労働条件や低賃金などの雇用問題がその根底にあり，スラム街に代表されるような不衛生な密住も貧困と密接に関係していることを指摘したのである。また，ラウントリーも『貧困—都市生活の研究』(1901年）の中で同様の報告をしている。

　このような科学的貧困調査は，当時の世論に大きな影響を与え，国家による社会改良立法へつながったのである。

6．社会改良立法と公的扶助

(1) 王命委員会の設置

　資本主義社会の成熟により生み出されるあらたな貧困に対して，公的責任による対応が社会改良運動・社会主義運動の拡がりとともに認識され，社会改良立法の成立につながるのである。特に1906年の総選挙で圧倒的勝利をおさめた自由党政府は，次つぎに社会改良諸立法を制定した。すなわち労働争議法・学童給食法（1906年），学童保健法（1907年），無拠出老齢年金法[14]・炭坑夫8時間労働法・児童法（1908年），職業紹介法・最低賃金法・住宅都市計画法（1909年）などであった。なお児童に関わる諸法は，ボーア戦争（1899〜1902年）に際して明らかになった志願兵の体格の低下が児童期の栄養や健康に原因があるという理由から成立したのである。

なお，無拠出老齢年金の成立は，救貧法の重要な対象であった高齢者を，救貧法から分離したもので，資力調査があるなど慈恵的な傾向はぬぐいきれてはいないものの，拠出主義に基づく国民保険法への先導的役割をはたした。

　また，救貧法も再検討の機運が高まり，1905年救貧法および失業者救済に関する王命委員会が設置された。この委員会は，COS出身者を中心とする多数派と，社会主義者からなる少数派に分裂し，1909年それぞれが個別に報告書を提出するという事態を招いた。

　多数派は，救貧法制度の拡張・強化を目指し，私的慈善と公的扶助を結びつけることを主張した。少数派は，救貧法制度の廃止を目指した。しかし，一般混合労役場の廃止と専門的施設の創設などの考えや老齢年金制度の支持など一致した点もあった。

　このような事態を受けて対応に苦慮した政府は，拠出主義に立脚した強制的社会保険の導入と救貧法制度の存続という第三の道を選択したのである。こうして1911年，健康保険と失業保険からなる国民保険法が成立した。

(2) 第一次世界大戦と世界恐慌

　1914年からはじまる第一次世界大戦は，イギリスを直接戦禍に巻きこむことがなかったため，国内経済は好景気を維持し失業は大幅に改善された。国民保険法の一部であった失業保険は，1920年失業保険法として独立し，それまで労働条件が悪く景気の変動による影響を強く受ける建築・土木・造船などに従事する労働者に限られていた被保険者の範囲が，農業労働者や公務員など一部の職種を除くすべての労働者に適用された。

　救貧行政については，それまで長くその中心を担っていた教区連合の救済委員が廃止され，地方議会のもとに公的扶助委員会を設置して公的扶助行政を担うことになった。

　1929年のアメリカ株式市場の大暴落に端を発した世界恐慌は，イギリス経済にも大きな打撃を与え，失業率の上昇を招いた。この結果失業保険の受給者が急増したため，給付額を減額することで対応したが，給付期間を過ぎてもなお

まだ就業できない者が増え、過渡的な給付を行わざるをえなかった。さらにこの運営は公的扶助委員会が担ったのである。つまり保険給付で対応できない部分を扶助で補うという体制がつくられ、1934年には失業法が成立した。この法律は、第一部失業保険、第二部失業扶助からなり、失業保険は失業保険法定委員会によって運営され、失業扶助は新たに創設された失業扶助局（1940年扶助局と改称される）が担当することになった。

7．社会保障制度の確立

(1) ベヴァリッジ体制の確立

第二次世界大戦のさなか、ナチスドイツの攻撃に苦しむイギリス政府は、国民生活の保障を明確にすることをとおして戦意の喪失を防ぎ、戦後の国家体制の青写真を示そうとした。それがベヴァリッジ報告である。

戦時体制下に成立したチャーチル連立内閣は、ベヴァリッジ（Beveridge, W. H.）を委員長として社会保障委員会を設置した。この委員会は、社会保険および関連サービス関係11省庁の代表から構成され、1942年「社会保険および関連サービス」という報告書をまとめあげた。その内容は、「ゆりかごから墓場まで」という言葉にあらわされているように、社会の中にある5巨悪である怠惰・疾病・無知・不潔・窮乏に対して社会政策により総合的・包括的に取り組み、国民の生活全般を保障するというものであった。とりわけ窮乏に対しては、社会保険によって所得を保障することを目指した。そして保障の基準は、他に資産がなくても生存に必要な最低（ナショナル・ミニマム：national minimum）を確保すべきであることが要求されたのである。そのため、均一の拠出と均一の給付をすべての国民にニーズ調査や資産調査（ミーンズテスト）を行わずに普遍的に適用するという画期的なものとなった。

チャーチル首相は、この報告書に対して、膨大な費用負担や将来への期待を大きくもたせすぎているのではないかという理由などから消極的であった。

こうしてベヴァリッジ報告は、終戦を迎えた1945年第三次労働党内閣になって具現化されることになる。具体的には、国民保障省を設置し、家族手当法、

国民保険業務災害法，国民保険法，国民保健サービス法，国民扶助法，児童法などの社会保障体系法を確立し，福祉国家体制がつくりあげられていった。

　国民扶助法の制定により，それまでの救貧法が廃止された。そして同法により国民扶助局があらたに設置され，公的扶助委員会と扶助局の業務を引き継ぎ，扶助の権利性を強調して資産調査の簡素化をはかった。

　また，児童法は17歳（一部18歳）までの児童を対象とした法律で，地方自治体に児童委員会を設置，専門的な児童福祉官が業務を担った。さらに民間の児童施設は，国庫からの補助と地方公共団体の財政負担を受けることになった。また同法は，施設入所の前提問題としてある家庭崩壊の予防や里親措置の推進をも制度的に確立した内容であった。

(2) ベヴァリッジ体制の変革

　先述のとおり，戦後の労働党内閣は福祉国家体制をスタートさせ，国家予算の約20％を社会保障費に当てた。しかし1947年からはじまる経済危機やポンド切り下げ，朝鮮戦争による軍事費負担など社会保障以外の支出も肥大化する中，国家財政の危機的状況が進行していった。そのため，社会保障費の削減が必要不可欠となり，ベヴァリッジ体制の重要な柱であった国民健康サービス法による医療費の無料化に改革のメスを入れざるをえなくなった。そこで政府は1951年ついに患者の一部負担を導入し，翌年には負担を拡大するなど福祉制度の後退がはじまるのである。このとき同法の生みの親であったベヴァン労相は「バターか大砲か」という有名な抗議の言葉を残して職を辞した。

　また，均一拠出主義に基づく社会保険制度も改革がせまられ，所得により拠出も給付も変わる所得比例制を導入し，ベヴァリッジ体制の基本理念であった所得の高低に関係なく均一拠出・均一給付により被保険者の最低額の所得を保障するという制度は崩壊したのである。もともと均一拠出主義では，最低所得者の負担能力に応じて保険料額を設定するため，その後の物価上昇に応じた引き上げに限界があり，それが給付にも影響を与えるという制度そのものに無理があったのである。

この体制が崩壊した1966年，第四次労働党内閣は社会保障省を設置し国民扶助局が廃止された。かわって補助給付委員会が発足した。

その後政権を獲得した保守党は，1970年に家族所得補助法を1975年には児童給付法を制定した。

(3) シーボーム報告

ここで国および地方自治体の事務分担をみることにする。第二次世界大戦後社会保障関連法の成立により，国と地方の役割分担が整えられていった。国民扶助法においては国は公的扶助部門を担当し，福祉サービスは地方自治体の責任となった。また，児童法においても同様に両者の責任が明確にされた。

1960年代，需要の増大とコスト・インフレにより経費が増加して，地方自治体の財政を圧迫した。このため，公共支出の削減を志向する地方自治体改革論がとなえられた。このような状況下，国と地方の福祉行政の体系化を進めたのが，シーボーム報告である。1965年労働党内閣によってシーボームを委員長とする委員会が発足し地方自治体の対人福祉サービスの改革の諮問がなされた。それに対して1968年発表された答申は3点にまとめられる。第一は，児童・福祉・保健・教育・住宅の各部局に別れていた福祉業務を一本化して，自治体議会と執行機関に社会サービス委員会と社会サービス部を創設する。第二に，社会サービス部の下部機構を設けて，ソーシャルワーカーを配置して総合的アプローチがとれるように権限をもたせる。第三に，ソーシャルワーカーの専門性や養成訓練課程を再検討する。

以上のようにシーボーム報告は，コミュニティケアが総合的に展開されることを提言した。これを受けて1970年には地方自治体社会サービス法が制定され，社会サービス部が対人福祉サービスの拠点として機能するようになった。

しかし，1973年イギリスにおいてもわが国同様にオイルショックにおそわれ，インフレと失業が深刻化して，社会保障関係支出の見直しが進められることになる。

8．福祉国家の見直し

(1) 新保守主義による民営化政策

1979年保守党のサッチャーが政権を奪取した。それまで，労働党内閣をはじめすべての政党が基本的には高福祉高負担による福祉国家体制を支持していた。しかし，新保守主義に基づくサッチャー政権は，福祉国家体制の大きな見直しを行った。サッチャーはその徹底した支出削減政策により「鉄の宰相」と呼ばれ，社会保障関係支出も抑制された。また公営組織を次つぎに民営化して，国民保健サービスや対人福祉サービス領域においても民営化政策をとった。1980年代すでに高齢化が進んでいたイギリスにおいては，高齢者福祉領域の公費負担の抑制が課題であった。とりわけ長期療養による医療費の高騰が財政を圧迫していたことから，長期療養病棟が閉鎖され，民間ナーシング・ホームがその受け皿として増加していった。

1986年の社会保障法は，所得保障や付加年金あるいは失業者への手当などを抑制するもので，いずれも福祉後退を意味した。さらに1990年には，国民保健サービスおよびコミュニティ・ケア法が成立し，それまで国民に最も人気が高かった国民保健サービスの改革に着手した。この結果同法により，医療費の抑制を目的として病院サービスの効率化が進められ，病院間に競争原理がもちこまれ，地方の福祉サービス提供についても積極的に民間委託が推進された。そして，高齢者を中心とする最もニーズを有する人びとへ集中的にサービスを提供することに傾斜していった。このことは，これまで普遍主義的なニーズ充足を追求してきた流れとは大きく異なる選別的なサービス提供に変化したことを意味する。

(2) 労働党内閣による改革

1997年，18年ぶりにブレア労働党内閣が成立した。しかし，前保守党政権がすすめた財政再建を踏襲しつつ，従来の労働党的スタンスからも多少距離を置く「第三の道～経済効率と社会的公正の両立」を目標に掲げた。つまりサッチ

ャー政権以降の福祉領域における市場原理の拡大，契約による選択などはそのまま受け継いだ。その中で，行政と民間非営利セクターおよびコミュニティセクターが協働するため the Compact という合意を成文化してサービスの改革や向上をはかった。また，2000年にはケア基準法を制定し，全国ケア基準委員会によるサービスの全国最低基準の設定や，ソーシャルワーカー，ケアワーカーのソーシャルケア協議会への登録の義務づけ，および同協議会による養成機関の認定などが行われることになった。

　国民保健サービスについては，改革を進めつつも赤字は相変わらず回復されず，2005年には約5億ポンド（約1,100億円）におよんでいる。2006年誕生のブラウン政権もこの赤字解消を重要な政治課題として取り組んでいる。

第3節　アメリカの社会福祉発達史

1．植民地時代から独立まで

(1) 植民地時代の慈善活動

　17世紀，アメリカ大陸にはヨーロッパ諸国の植民地が次つぎに築かれ，やがてイギリスによる支配が有力になっていった。植民地では，努力と勤勉および節約により富を得ることが最大の美徳とされ，貧困は怠惰や不道徳による個人の責任と考えられた。したがって自由を重視した個人主義が尊ばれ，自らの生活は自己の責任で維持することが求められた。しかし病人や孤児あるいは高齢者，自然災害の被災者などは，共同体内における相互扶助や教会の慈善活動により保護された。やがて，植民地住民の増加に伴い貧困者も増えたため，イギリスの救貧法制度を模範として救貧法が制定された。これは院外救済を基本として，食料品や燃料などを現物支給し，怠惰者や浮浪者は懲戒の対象として就労を強制し，真の貧民のみ援助する内容であった。また，児童についてはイギリス同様徒弟制度をとった。

　18世紀になると，貧窮者の増加に伴い院内救済が必要になった。特に北・中部の都市は公立救貧院を設立してその対応にあたった。しかし労働能力のある

貧民に対しては厳しい罰則が与えられた。1735年設立のニューヨーク救貧院は，救貧とともに怠惰な貧困者に対する懲戒所としての役割も果たした。

(2) 独立後の救貧対策

1776年，アメリカは独立し13州からなる連邦国家となった。そしていよいよ本格的な工業化政策によって産業革命が進行した。それはまた都市部への人口集中と労働問題をもたらした。つまり劣悪な労働条件のもとで児童・婦人までも酷使され，健康を害したり，不安定な生活が慢性化したのである。この結果，失業貧民や浮浪者が増加し，やがてスラム街が形成されていった。

ゴールドラッシュにわくアメリカ西部への開拓は進んだが，一攫千金を夢みる移住には自助努力が必然であった。しかし現実には挫折する者も多く，これらのあらたな貧民の増加は大きな問題となった。

19世紀になると，大部分の州が救貧院を設置して院内救済を実施した。これは，院外救済による救貧費の増加に対応する処置であり，労働能力のある者への救済を厳格に禁止する一方で，労働能力のない者のみを救貧院で保護したのである。しかし救済にあたっては男女・高齢者・児童などあらゆる者が混合で収容され，けっして環境が良かったわけではなかった。

1815年からは深刻な不況に陥り，不安定で劣悪な雇用状況が続き，労働者の生活水準は低下し，貧窮に苦しむ者も多く発生した。まだ資本主義社会が成立していないこの時期，労働能力のある者の貧窮は個人の責任として救済対象からはずされていた。1818年ニューヨーク市の貧窮予防協会の報告では，貧困原因として飲酒・無知・怠惰・浪費があげられている。

(3) クレーシーレポートとイエーツレポート

1821年，マサチューセッツ州議会の諮問に応えてクレーシーレポートが提出された。このレポートには，貧困者の増加とその救済の必要性がのべられていた。また，居宅救済を批判して，労役場や勤労の家（houses of industry）の性格をもつ救貧院において救済すべきことが強調されている。また，勤労能力あ

る者は，その能力の程度に応じて仕事を与え自らの生活資料を稼ぎ出すようにする必要性も指摘している。

　1824年，ニューヨーク立法機関の委嘱によりイエーツレポートが報告された。これによると，救貧政策について以下の3点を問題点としてあげている。つまり第一は，居宅救済に代わって院内救済を行う。具体的には郡に農場を付設した雇用の家（house of employment）を設置して，貧民を農業を中心とする健全労働につかせる。第二に，雇用の家に労役場と懲治場を付設して労働能力のある乞食や浮浪者に対して訓練をすること。第三に，健康で手に職をつけている者は救済すべきではないこと。この提言に基づいて，1824年，郡ごとに救貧院を設置することを定めたニューヨーク州郡救貧法が成立した。同法は各州に波及し，各地に救貧院が建築され，貧民救済が行われた。そして同時に労働可能貧民の救済制限もすすめられていった。

2．資本主義の成立と救貧対策

(1) 自由放任主義の台頭

　アメリカの産業革命は19世紀初頭からおこった。そして1861年にはじまる南北戦争で北部が勝利したことにより一層推進され，1890年にはイギリスを凌駕して世界第一位の工業生産額を誇る資本主義国に成長した。

　1870年代から世紀転換期までのアメリカは，いわゆる「金ピカ時代」が到来した。個人の能力を生かす機会と自由な競争とを保証することが国家の責務であり，一介の行商人が大事業家になることも可能であった。このような自由放任主義的な思潮が台頭した社会においては，個人の節制と勤勉は成功への近道であった。しかしこのことは，個人に対して自助と自己責任を強制することでもある。その結果，成功した者とそうでない者との貧富格差は拡大する。このような状況においては，貧民は節制と勤勉さが足りない者と見なされる。

　また，この傾向は社会ダーウィン主義によってますます増幅された。これは，ダーウィンの生物進化の理論である「自然淘汰」と「競争による適者生存」という考え方を，人間社会に適用しようとするスペンサー（Spencer, H.）の社会

思想である。この思想では，人間社会の中で生存するためには競争に勝つことが重要になる。現在成功をおさめている者は，優れた者であり，優れた者が多い社会こそ優れた社会になり，優れた国家になるのである。この考え方においては，貧民は淘汰されて当然ということになる。またこの思想は，障害をもつ人やハンセン病などの伝染病に罹った人などの劣悪な遺伝を後世に伝えるべきではないという優生思想とも結びつき，これらの人びとへの差別につながったのである。

(2) 地方主義と貧民救済

ここで州の救済施策の変遷を概観する。それまでの貧民救済は基本的には郡や市が担当していた。しかし，これらの範疇にはいらない「州貧民」が出現した。インディアンとの抗争や自然災害などによる都市部への難民に対しては，その地に居住権をもっていないため救済費を州が負担した。また，精神病者や視覚・聴覚障害者や知的障害者あるいは肢体不自由者などへの救済は州立の施設によって対応し，または郡立施設や私立施設へも助成をした。また，これらの施設の監督指導には，州慈善委員会があたった。

この委員会の最初は，1863年マサチューセッツ州に設立され，その後9つの州に設置されていった。これはやがて州慈善局へと発展していった。また，1874年には4州の慈善委員会の代表者による公的慈善会議が開催され，これが後に全米感化救済事業会議へとつながってゆくのである。他方連邦政府は，貧民救済に積極的に介入することはなかった。その理由のひとつは，次にあげる慈善組織活動を阻害するからだという。

(3) 慈善団体の組織化と拡大

公的救済は，院内救済を志向し，費用のかかる院外救済を避けたので，労働能力のある貧民の居宅救済は民間の慈善事業が行っていた。その中でいくつかは，団体を組織化して活動の活性化をはかった。そのひとつが「貧民生活状態改善協会」(AICP : Association for Improving the Condition of the Poor) である。

この組織の最初は，1843年設立のニューヨークAICPである。このAICPには，約1,800人におよぶ白人プロテスタント中産階級の人びとが会員として所属した。この組織の目的は，一方的に施しをするだけではなく，貧民宅を訪問し，励まし，助言し，職を与えることであった。この活動は各地に影響を与え，同様の組織が設立されていった。

また，児童に対する慈善組織として「児童援護協会」（CAS：Children's Aid Society）が1953年ニューヨーク市に設立された。この協会は，貧困児童の不良化行為を防止し，孤児などは信頼できる家庭に育児を委託するなど，児童の保護を行った。

アメリカのCOS活動は，1877年バッファローに設立され，1892年までには92のCOSが国内に設立された。

COSの中心メンバーは，中産階級であったので，COSではもっぱら貧困は怠惰など個人的な原因で引き起こされると信じられていた。そのため，友愛訪問を通して生活や就労について助言指導し，職業紹介等により自助の能力を発揮させようとした。この考えはアメリカの個人主義思想に基づいたもので，自由競争によってもたらされる貧困問題の解決が，社会改良へと向かうことはなかった。一方，友愛訪問は専門化を志向しソーシャルケースワークに発展してゆく。

セツルメント運動は1886年ニューヨークに創設された隣人ギルドからはじまる。セツルメント活動は，セツラーが地域住民（貧民）と平等に学び社会改良を目指すもので，慈善事業のように上から一方的に施すという援助活動とは違っていた。貧困問題を単純に個人の責任に求めず，社会連帯意識に基づいた社会改良をすすめることをとおして，積極的に貧困の予防を推進することを主張した。1889年シカゴに設立されたハルハウスは，その後のセツルメント活動に大きな影響を与えた。それは，シカゴの工場地域の実態調査を積極的に行い，その結果をソーシャルアクションにまで発展させ，社会連帯主義を呼び起こし，社会立法への働きかけなど社会改良をすすめたからである。また，全米各地に設立されたセツルメントにおいてクラブ活動が行われ，これがソーシャルグル

ープワークの基礎をつくっていった。

(4) ケースワークの発展と専門教育の生成

慈善事業はやがて専門性を志向し，そのための専門家の育成の必要性が明らかになる。1898年ニューヨークのCOSで最初の社会事業現任訓練講習会である「応用博愛夏期学校」が開催された。また1903年にはシカゴ市民博愛学校が，翌年にはニューヨーク博愛学校が設立された。

これらの教育機関の設立に大きな影響を与えたのが，後にケースワークの母と称されるリッチモンド（Richmond, M. E.）である。彼女は，1889年からバルチモア慈善組織協会の会計補佐に就任し，その後友愛訪問員にもなり現場に出向くなど，協会の先駆者からの指導を受けながら着実に協会における活動を身につけていった。1897年トロントにおける全国慈善矯正会議において「訓練学校の必要性」と題して自分の考えを発表し，共通した基礎となる知識の確立とその習得を訴えたのである。

このようにして，ケースワークはリッチモンドによって徐々に理論化が進み，専門性を確立していった。さらにケースワークの社会的存在価値を高めるために社会改良との相互関連性を深め，1917年『社会診断』をさらに1922年には『ソーシャルケースワークとは何か』によって，ソーシャルケースワーカーは専門性を有した専門職業として体系化され，社会の各分野において有用な専門職として認識されたのである。

3．社会保障法の成立とソーシャルワークの発展

(1) ニューディール政策

1929年の株式市場の大暴落は，世界中を大恐慌に巻き込み多くの国民が貧困におちいった。しかし救済については，州・地方行政が担うという従来の伝統と個人主義に基づく自助の強調により，遅々としてすすまなかった。

1933年ルーズベルト大統領は，これまでの失業対策を大幅に変更する新しい方式による積極的な施策を打ち出した。これがニューディール政策である。そ

の中で失業対策および窮民救助対策については，連邦政府が公共事業をとおして失業を解消し，救済事業のために州に補助金を交付することで問題解決をはかろうとした。そこで連邦緊急救助法を制定し，失業者を貧困者として救済することにして，州や地方に補助金を交付して，連邦政府による初の貧民救済が実現した。また，連邦緊急救済局や民間事業局，あるいは雇用促進局などを設置して，公共事業によって積極的に失業者や貧困者の雇用を促進した。

(2) 社会保障法

このような状況のもと，1935年社会保障法が成立した。この法律は，社会保険制度と特別扶助と若干の社会福祉サービスから構成されていた。社会保険制度は，老齢年金制度を連邦政府直営で運用し，失業保険制度は州が運営にあたった。なお，医療保険は医師等の反対で実現しなかった。特別扶助は，老人扶助・要扶養児童扶助・盲人扶助の3つからなっていた。社会福祉サービスは，州の運営する母子保健サービス・肢体不自由児サービス・児童福祉サービスがあった。いずれに対しても連邦政府が州に対して補助金を交付して運営された。

また，1965年にはメディケアおよびメディケイドが成立した。前者は65歳以上および65歳以下の障害者を対象にした連邦政府運営の医療保険制度である。後者は，低所得者を対象として医療および介護サービスを提供する制度である。

(3) グループワークとコミュニティ・オーガニゼーション

グループワークの萌芽は，すでにセツルメント活動やYMCA・YWCA，ボーイスカウトやガールスカウトなどの青少年健全育成の活動の中などにみられた。1923年ウエスタン・リザーヴ大学でグループワークの養成課程が開講され，専門職の養成がはかられた。さらに1935年全米ソーシャルワーク会議においてグループワーク部会が設置され，1936年全米グループワーク研究会が組織化されるなど，グループワークに関する理論的な基礎が確立されていった。

他方コミュニティ・オーガニゼーションは，1932年社会事業学校連盟によってつくられた必修科目の中に組み込まれるなど，ソーシャルワークの間接援助

技術のひとつとして理論的確立がすすめられた。こうした中,次に述べる「貧困戦争」の時期に飛躍的にその重要性が増し,個別援助やグループ援助よりも広範囲な地域を援助する技術として理論と実践が展開されていった。

4. 社会福祉の展開

(1) 貧困戦争

自国の本土を戦渦に巻き込まれることがなかったアメリカは,世界で最も自由で豊かな大国として世界を席巻した。朝鮮戦争の勃発は,わが国同様アメリカにも特需をもたらした。この新たな繁栄の時代の到来の陰に隠された貧富の格差の拡大は,確実に進行していたが表面化することはなかった。ハリントン(Harrington, M.)は『もう一つのアメリカ』(1962年)を著し,1959年時点で全人口の20～25%が貧困であることを明らかにし,連邦政府にも大きな衝撃をあたえた。

1964年,ジョンソン大統領は貧困問題へ本格的に取り組むことになった。単に貧困対策ではなく,貧困克服を「戦争」にたとえて貧困へ宣戦布告したのである。これを「貧困戦争」という。具体的には経済機会法に基づき,経済機会局によって推進された。雇用対策や地域活動事業など多様な対策がなされたが,ベトナム戦争の拡大に伴う財政難により,結果としては1969年の敗戦宣言により終結したのである。

(2) 福祉権運動

1950年代後半から公民権運動が起こった。これは黒人に対する政治的・経済的・社会的差別撤廃要求であり,広範囲で多様な社会運動として展開された。この影響を受け,公的扶助の引き締めが強行されたことへの批判運動として,公的扶助受給者を中心に福祉権運動が起こった。

公的扶助の引き締めは,自助の精神の強調と貧困者に対する惰眠観がアメリカ国民の意識の根底にあることを物語っている。しかし,このような引き締めにもかかわらず,貧困者数は減少することなく公的扶助受給者は増加の一途を

たどった。このような状況の中で，1960年代後半には貧困戦争の戦況が悪化したことも影響して，福祉権運動が隆盛になってきた。1966年には貧困および諸権利に関する活動センターがワシントンに設置され，各地の活動の調整や支援にのりだし，「福祉権デモ」を組織するなど，運動の高揚をはかった。そして1967年には全国福祉権組織が結成され，全米規模の運動として展開し，公的扶助制度の改革を求めた。この運動の本質は，すべての者が等しく無条件に社会的生存を国家が保証すべきであるという生存権ないし社会保障の権利要求であった。また，この運動はケースワーカーの批判も行った。リッチモンドなどにより福祉専門職として技術的にも制度的にも確実に社会の中で地位が確立していたソーシャルワーカーは，貧困者の人格の発展をはからず，むしろ伝統的・支配的な自助の原理の押しつけをして，救済の効果をあげていないという厳しい批判であった。このことはソーシャルワーク界にも「専門性とは何か」という自問を投げかけることになった。

1970年代にはいり福祉権運動は，公民権運動の衰退とともに後退していった。再び自助の精神の回帰が進行することになり，やがて新保守主義によりこの傾向はいっそう加速することになる。

5．新保守主義の台頭：レーガノミックスと高齢化対策

1981年に発足した共和党のレーガン政権は，強いアメリカを標榜し軍事費を増やし，内政では小さな政府をめざし政府支出削減，規制緩和と減税による民間企業の活性化を図った。このため福祉制度の改革も行われ，福祉予算は大幅に削減された。この政策を「レーガノミックス」と呼ぶ。この傾向は，その後のブッシュ大統領にも引き継がれた。

1992年，民主党のクリントン政権は，軍事費を削減されるなどの転換を図ったが，国民全体を対象とする公的医療保険制度の創設には失敗してしまった。

現在の共和党ブッシュ政権は，テロ対策のため大幅に軍事費が拡大し，IT産業の隆盛の一方で，所得格差は広がりをみせている。また，アメリカにおいても今後高齢化が進展することが予想され，2025年には高齢化率が18％に達する

と見込まれている。これに伴いナーシングホームなどでの介護サービスの大幅な増加が予想され，質および量の確保が課題となっている。

〈注〉
1) 鰥とは，老いて妻のないもの。寡とは，老いて夫のないもの。孤とは，幼くして父をなくしたもの。独とは，老いて子のないもの。老疾とは，老いて難病なもの。
2) 義倉は，粟などを保管した。これはおもに富裕者層の寄付や徴収によって運営されたものである。また，常平倉は，穀物の価格を安定させることを目的に穀物を貯蔵しておき，穀価下落時には穀物を購入し，上昇時には放出して価格の安定をはかった。そして得た利益を凶作に備えたのである。
3) 江戸石川島の沼地を埋め立てて設置された治安と授産を兼ねた施設。江戸府内を徘徊する無頼の徒などを収容して，職業指導をして人足として働かせ，更生させることを目的とした。
4) 江戸の町人から集めた江戸町費の7分（7％）を米や銭で積み立てさせて，特別に設けた町会所で管理させ，飢餓や災害時に貧民の救済に利用した。
5) 講とは，神仏への集団的参拝組織であり，同時に寄進を目的とする組織へと発展したものである。その中で頼母子講は，社寺への寄進資金の調達を行いつつ，講中の者（講に参加している人びと）へ無利息・無担保で資金を融通するようになり，無尽も同様な金融制度であり，後の相互銀行として発展した。
6) 個々の農家だけでは困難な田植えや稲刈りなどの作業を，数戸の農家が協同で実施して，お互いの労力を出し合って均等になるように交換する，たすけあい組織。
7) 滝野川学園は，濃尾地震（1891年）において，親を失った女子が売られる現状を見かねて引き取ってつくった孤女学院がはじまりであった。この子どもたちの中に知的障害をもつ子がいたことから，石井は渡米して障害児教育を学び，わが国最初の知的障害児施設である滝野川学園を創設したのであった。
8) 4原則とは，「SCAPIN775」によって示されたもので，無差別平等の救済，国家責任による生活保障，公私分離，救済費の非制限である。
9) 1979年，大平内閣は「新経済社会7ヵ年計画」を提唱して，国民の自助と相互扶助を奨励した。福祉国家を目指してきたわが国の水準はすでに西欧のレベルに達しているという認識のもと，その後，高負担高福祉を目指すのではなく，中福祉中負担を基本として，「小さな政府」を目指す議論の中で，福祉もわが国独自の路線である，国家に過度に依存しないことを指向するものとなった。

10) デンマークの知的障害児をもつ親の会が中心になり提唱された理念である。障害をもっていても、住み慣れた社会・地域の中でともに暮らすことがノーマルな状態であるとし、そのような社会の実現を目指し、現在では知的障害者領域ばかりでなく、福祉の基本的な理念のひとつとして積極的にとりいれられている。
11) 「高齢者保健福祉推進十か年戦略の見直しについて」のことである。ゴールドプランを大幅に上回る目標値がプランとして登場した。たとえば、ゴールドプランにおいては在宅福祉サービスを担う中心的な人材としてホームヘルパーが10万人つくられることが目標値として掲げられたが、新ゴールドプランでは17万人に増員されることが予定された。
12) 文部・厚生・労働・建設の4大臣合意のもと「今後の子育て支援のための施策の基本的方向について」が策定され、「21世紀福祉ビジョン」で提言された子育てを社会的に支援するための総合的な計画を受けたものである。
13) 老人や児童や無能力者を別々に処遇せず、同一の建物の中で処遇するため風紀が乱れ特に児童に悪影響をおよぼした。
14) 保険制度は、被保険者が保険料を拠出して、保険者はそれを財源に保険事故に対して保険金を給付することが原則である。通常老齢年金は、若年時代から保険料を拠出して、高齢に達したとき給付を受けるのであるが、制度開始時にすでに高齢者である場合は保険料の拠出が困難なことが多い。そこで拠出することなく、保険金の給付が受けられる制度が必要になる。これが無拠出老齢年金である。わが国でも、老齢福祉年金がこれにあたる。

〈必読文献〉
・鈴木依子『社会福祉のあゆみ―日本編』一橋出版，1997年
　社会福祉の歴史を平易に説明していて、写真や図解も多く、入門書としては最適である。
・右田紀久恵ほか編『社会福祉の歴史』有斐閣，1977年
　わが国のほかに、イギリスとアメリカの社会福祉の形成・展開過程を重要なトピックスに焦点をあてて解説しているもので、多少専門的に学びたい人に適している。
・野口勝己ほか編『社会福祉論』建帛社，2007年
　社会福祉全般を平易に説明した入門書である。第3章においては歴史を学ぶ意義をとりあげている。
・池田敬正『日本における社会福祉のあゆみ』法律文化社，1994年
　わが国における社会福祉の歴史を専門的に解説したものである。社会福祉の歴史的展開に独自の史観をもちいており、専門的に学ぶ人には好適である。

・遠藤興一『史料でつづる社会福祉のあゆみ』不昧堂出版，1991年
　　わが国の各時期の社会福祉の姿を，豊富な史料によって読み解いている。掲載されている史料をみることにより，読者が独自に社会福祉の歴史的展開を考察できる点で優れた図書である。
・森田明美ほか『教科書社会福祉』一橋出版，1997年
　　社会福祉全般を平易に解説している入門書である。
・山田美津子『社会福祉のあゆみ―欧米編』一橋出版，1999年
　　イギリス，スウェーデン，ドイツ，アメリカの社会福祉のあゆみを，やさしく紹介して，入門書として適している。

〈参考文献〉
右田紀久恵ほか編『社会福祉の歴史』有斐閣，1977年
仲村優一ほか編『世界の社会福祉4―イギリス』旬報社，1999年
仲村優一ほか編『世界の社会福祉9―アメリカ・カナダ』旬報社，2000年

第2章　社会福祉対象の生活問題

第1節　はじめに

　社会福祉政策は，常に具体的な生活問題を対象にしている。つまり，社会問題としての生活問題が社会福祉政策の大前提であり，対象であるという認識は一般的になってきている。しかし昨今，次のような社会福祉法等で福祉利用者という用語が使われている。

　「この法律では，……福祉サービスの利用者の利益の保護及び地域における社会福祉の推進を図るとともに」（第1条），「福祉サービスの利用者が心身ともに健やかに育成され」（第3条），「その提供する多様な福祉サービスについて，利用者主体の意向を十分に尊重し」（第5条）等の社会福祉法の条文で使われている。福祉利用者という用語は，一見，利用者主体の意向が尊重されるような表現であるように思われるが，この用語を使用する場合，常に念頭においておかなければならない点は，福祉利用者が担っている生活問題の社会問題性（なぜならば社会問題としての生活問題の「社会」は，現代資本主義的生産関係に見られるように，経済的必然性によってもたらされる問題という意味である）である。この点が看過されて福祉利用者という用語が使用されると，他の商品と同じように単なる福祉サービスの消費になってしまう。つまり，社会福祉政策の対象として，何が重要な問題なのかが曖昧なまま福祉利用者という用語を使用すると，福祉労働及び実践的認識（どうすれば福祉利用者の生活問題を正しく解決していけるか等）も曖昧なものになってしまうと同時に，これでは，生活問題を一面的にしか把握できないという結果になってしまう。

　そして，社会福祉政策が実用的な福祉臨床的労働及び実践（直接的に福祉利用者の機能〔機能とは，福祉利用者が福祉サービス・財貨等の生活手段を使用して

人間らしい健康で文化的な生活を実現していくことである〕を支援することによって生活問題を解決し人間らしい健康で文化的な生活が実現あるいは成就していく労働及び実践）の必要から発展してきた点、また、福祉臨床的労働及び実践は福祉真理（福祉の客観的現実をそのあるがままに反映した観念・判断を真理という）の基準であるという点において、福祉臨床的労働及び実践の優位は否定しがたい。

しかし、現実の福祉臨床的労働及び実践は科学的（科学的とは、福祉調査・福祉観察・福祉事例研究等によって得た知識を整理・分析・総合して、概念や仮説をつくり、それを福祉臨床的実践等によって検証し、福祉事物の本質的関連・法則を明らかにし、その本質的関連・法則に基づいて福祉現象を説明する理論的体系を構築していくことである）な研究対象的認識の上に立ってのみ有効に行われる。とすれば、社会福祉政策においては、科学的な研究対象的認識（福祉利用者の生活問題の原因は何か等）と科学的な福祉労働及び実践的認識（福祉労働及び実践には、福祉臨床的労働及び実践以外に福祉政策的労働及び実践がある。

これは、間接的に生活手段の法制度を制定あるいは整備することによって福祉利用者の生活問題を解決していくことであり、ほとんどの福祉労働及び実践は、福祉政策的労働及び実践と福祉臨床的労働及び実践の緊密な連関と統一の下に行われている）との統一がますます重要となってくると同時に、科学的な研究対象的認識は科学的な福祉労働及び実践的認識の基礎となる点に本来の価値をもっているという認識が重要である。

そして、生活問題（たとえば、貧困問題）の測定というとき、一定の所得水準を尺度として、その水準以下を生活問題の状態にあるとする方法は、有力な方法としてこれまで多用されてきたが、この方法のみで生活問題をとらえるのは一面的ではないかと問題意識をもっている。つまり、生活問題は手段（所得等）と目的（人間らしい健康で文化的な最低限度の生活）を統一的にとらえることが重要である。

本章では、以上の点に留意しながら、まず初めに生活問題とは何かを分析し

ていく。次に従来の社会福祉政策における対象論の整理と問題点を明らかにする。そして最後に、社会福祉政策における対象論の課題を論じる。

第2節　生活問題とは何か

　生活とは本来，人間が人間らしく生きるために行う諸活動の総体であり，生きるすべての過程である（したがって，生活とは，消費過程〔機能過程〕だけではなく生産過程も含まれる）。たとえば，消費過程（日常生活）を例にして考えると，ある人は，賃貸の住宅の中で，「朝めざめたのち，ひとは，衣服を着替え，寝具をかたづけ，トイレットにゆき，洗面をし，食事をとる。あるいは，夕方，入浴をし，髪の手入れをし，爪をきり，新聞をよむ」[1]。

　こうした消費過程（機能過程）の事実から次のような分析が可能である。つまり，生活問題は，所得も含めた生活手段（社会福祉サービスも生活手段のひとつ）の不足・欠如の問題の側面と生活主体者の潜在能力（潜在能力には，能動的・創造的生活活動「たとえば，料理を作ることができる等」と受動的・享受生活活動「たとえば，料理されたものを味わい適切な栄養摂取ができること等」の潜在能力がある）の不足・欠如の問題の側面の統一体であるということである。前者は，一般的な労働者階級（現在は83％の労働者階級が存在している）の家族の生活を例にして考えると，次のような生活問題が発生する。

　家族員のうち1人あるいは2人以上のものが雇用労働者として生業労働に従事（雇用労働者の労働力の使用権を販売する）し，これと交換で賃金を得る。この賃金は生活費になり，家族員が消費（機能）する生活手段およびサービスの購買および賃貸に用いられる（前述の例では，住宅を賃貸したり，食事の材料を購買したりすること等）。また，家族員のうち1人あるいは2人以上の者は家事労働に従事し，その生活手段およびサービスの一部を加工および利用し，家族員が直接的に消費（機能）する生活手段およびサービスを提供する（前述の例では，食事等）。このようにして提供される多様な生活手段およびサービスの消費（機能）は，人間の生命（抽象的人間労働力「抽象的人間労働力とは，人間が労働の際に支出する脳髄，筋肉，神経，感官等を意味する」も含む）の

日々の再生産のための最も基本的な条件である。そして，ここで消費（機能）される生活手段およびサービスの質量は，所得（収入）の不足・欠如によって規定されると同時に，生産関係（主には，資本・賃労働関係）に規定されるということである。

というのは，現代資本主義社会において，多数の賃労働の担い手である労働者階級等は生活のために自己の労働力の使用権を販売しなければならない。つまり，労働力の使用権の販売によって得た賃金によって労働者階級等が生産した生活手段を購入しないと，生きていけないところに，前述したように社会問題（社会問題の「社会」は，現代資本主義的生産関係にみられるように，経済的必然性によってもたらされる問題という意味である[2]）としての生活問題の基本要因が内在している。

もちろん，「階級関係のほかに，フェミニズムやマイノリティなどの提示する価値の影響は近年ますます大きくなり，また支配階級，被支配階級それぞれの内部も利害の異なった集団で構成されている。個々の社会福祉政策は，むしろこうした多様な価値の対立・交錯の中で，さしあたりはその時々の社会状況に『アド・ホック』に対応してきたものであるととらえるほうが現実的であろう」[3] ということは理解できるが，しかし，これでは，福祉政策的対象としての多様な生活問題の基本的要因が曖昧になるのではなかろうか。したがって，フェミニズムやマイノリティ等の問題は，階級[4] から関係派生的に生成してきた相対的独自性をもった階層[5] 問題として理解するのが妥当であろう。

このように，生活問題には，福祉政策的対象としての所得も含めた生活手段の不足・欠如の問題の側面がある。そしてさらに，生活問題には，もうひとつの側面がある。この側面は，所得も含めた生活手段の不足・欠如の問題から基本的には関係派生的に生成してきた問題であるといえる。たとえば，低所得者や貧困者が健康で文化的な生活を営んでいくための食物を獲得できないとか，あるいは健康で文化的な生活を営んでいくための食物は獲得できているのであるが，食物の特性（固有価値）を生かして生活主体者（福祉利用者）の栄養バランスのある食物摂取を行うという行為が，潜在能力の不足・欠如（体内に寄

生虫をもっているため,適切な栄養摂取の潜在能力に不足・欠如の場合等)のため,行えないといったことである。

つまり,この生活問題は,生活主体者(福祉利用者)の潜在能力に重点をおいたとらえ方であり,福祉臨床的労働及び実践対象としての生活問題をとらえる場合,特にこのとらえ方が重要になってくると思われる[6]。というのは,ひとが人間らしい健康で文化的な生活を実感できるのは日常の生活や社会活動を十分に行っている時の方が多い。また,「『福祉』(well-being)はひとが実際に成就するもの—彼／彼女の『状態』(being)はいかに『よい』(well)ものであるか—に関わっている」[7]点に注目しなければならない。つまり,健康で文化的な所得も含めた生活手段の保障の点にとどまらず,さらに,ひとの機能(機能とはひとが成就しうること,彼／彼女が行いうること,なりうることである)まで注目しなければならない。前述したように,「たとえば,あるひとが栄養の摂取を困難にするような寄生虫性の病気をもっていれば,他のひとにとって十分過ぎるほどの食物を消費しえたとしても,彼／彼女は栄養不足に苦しむかもしれないのである。ひとの福祉について判断する際には,彼／彼女が所有する財の特性に分析を限定するわけにはいかない。われわれは,ひとの『機能』(functionings)にまで考察を及ぼさねばならないのである。財の所有,したがってまた財の特性に対する支配権は個人に関わることであるが,財の特性を数量的に把握する方法はその財を所有するひとの個人的特徴に応じて変わるわけではない。自転車は,それをたまたま所有するひとが健康体の持主であれ障害者であれ,ひとしく『輸送性』という特性をもつ財として処理されてしまう。ひとの福祉について理解するためには,われわれは明らかにひとの『機能』にまで,すなわち彼／彼女の所有する財とその特性を用いてひとはなにをなしうるかにまで考察を及ぼさねばならないのである。たとえば,同じ財の組合わせが与えられても,健康なひとならばそれを用いてなしうる多くのことを障害者はなしえないかもしれないという事実に対して,われわれは注意を払うべきなのである」[8]。とするならば,さらに生活主体者(福祉利用者)の潜在能力の問題を次のように論じることが可能である[9]。

その生活主体者（福祉利用者）の潜在能力の問題の第1点は，所得も含めた生活手段の不足・欠如の生活問題と生活主体者の潜在能力の不足・欠如の生活問題との関連性の問題である。生活問題は，所得も含めた生活手段の不足・欠如の問題であるという認識と生活主体者の潜在能力の不足・欠如という認識を区別することは重要であるが，それら2つの問題の関連性にも注目することが重要である。というのは，所得も含めた生活手段は生活主体者（福祉利用者）の潜在能力にとって非常に重要な手段だからである。生活を送る上での生活主体者（福祉利用者）の潜在能力の向上は，生活主体者（福祉利用者）がもっと生産的になり，高い所得も含めた生活手段を得る能力を拡大する傾向があるのだから，生活主体者（福祉利用者）の潜在能力の改善はより多くの所得等につながり，その逆（所得等が生活主体者〔福祉利用者〕の潜在能力を改善すること）だけではないことも期待される。生活主体者（福祉利用者）の潜在能力の向上は，所得も含めた生活手段の不足・欠如の生活問題を解決・緩和していく場合に重要である。よりよい福祉教育（学ぶこと）と保健・福祉等の改善は，生活の質を間接的に改善するだけではない。

　それはある生活主体者（福祉利用者）が所得も含めた生活手段を得て，所得も含めた生活手段の不足・欠如の問題から自由になる能力も増大させる。福祉教育と保健・福祉等がより多くの生活主体者（福祉利用者）に及ぶほど，生活問題を担っている生活主体者（福祉利用者）が生活問題に打ち勝つ可能性が大きくなるのである。この連関性は，次のようなある障害のある人の福祉施設（社会福祉法人大木会あざみ寮）において証明されている。「単に『生きているだけ』ではなく『人間らしく生きる』ことが求められているのはいうまでもありません。人間らしく生きるために，憲法では多くの権利を保障しています。この人間らしく生きるための権利が基本的人権です。人間らしく生きる権利の一つに『学ぶ』権利があります。どんなに障害が重くとも学ぶ権利があるのです。……学ぶことは，人間らしく生きること，さらにより豊かに生きることを，障害の重い人たちの分野でも証明しているのです」[10]。

　第2点は，所得も含めた生活手段と生活主体者（福祉利用者）の潜在能力の

関係はその生活主体者の年齢によって（たとえば，高齢者や幼年者特有の必要ごとによって），性と社会的役割によって（たとえば，母親としての社会的責任，慣習によって決定されている家庭内の義務等を通じて），場所（農村や都市）によって，保健衛生の環境によって（たとえば，ある地域で発生している公害を通して），その他の条件によって大きな影響を受けるということである。というのは，「財の特性を機能の実現へと移す変換は，個人的・社会的なさまざまな要因に依存する。栄養摂取の達成という場合にはこの変換は ① 代謝率，② 体のサイズ，③ 年齢，④ 性（そして女性の場合には妊娠しているか否か），⑤ 活動水準，⑥ （寄生虫の存在・非存在を含む）医学的諸条件，⑦ 医療サービスへのアクセスとそれを利用する能力，⑧ 栄養学的な知識と教育，⑨ 気候上の諸条件，などの諸要因に依存する」[11]からである。つまり，生活主体者の多様な潜在能力に注目していく必要があるということである。

第3点は，家族内での分配は生活問題についての所得も含めた生活手段を基準にした見方をさらにむずかしいものにするということである。もし家族の所得も含めた生活手段が，ある特定の成員の利益のために不釣り合いに多く配分され，他の成員に対してはそうでなかったら（たとえば，所得も含めた生活手段の家族内配分で強固な父親優先があるなら），無視された成員（この例の場合，母親や子ども）の欠乏の程度は，家族の所得も含めた生活手段の基準では適切に反映されないかもしれない。たとえば，父親優先によって父親に多くの所得が配分され，その配分された所得で競輪・競馬に費やされ無一文になったとする。その一方で，少ない所得の配分のため，貧しい食事をせざるをえず，潜在能力の不足・欠如（栄養不良がひどくなり，罹病率が高くなる等）に陥る。

第3節　従来の社会福祉対象の生活問題論

従来，社会福祉において，社会福祉対象の生活問題はどのように論じられていたのだろうか。以下では，孝橋正一の社会福祉対象論，岡村重夫の社会福祉対象論，三浦文夫の社会福祉対象論を検討してみよう。

1．孝橋正一の社会福祉対象論

孝橋正一は，社会福祉の対象を次のように論じている。「資本主義社会での社会生活の諸条件は，その個人のもつ所得＝購買力の有無・大小によって規定されるが，労働者（国民大衆）——それは社会的人間の典型であった——は，彼らが生産手段の所有から自由であり，またその労働力を自由な商品として販売することによってのみ生活資料を獲得することができるものであるのに，その労働力の販売によって獲得することのできる購買力は一般的にきわめて乏しいものであり，またしばしば購買力獲得の能力を失い，その機会から見放される。資本主義制度を支配する社会＝経済法則が，たえず労働力の価値（価格）の価値以下への切り下げを行い，産業予備軍を増大的に生産し，労働者階級の絶対的・相対的窮乏化をもたらす方向に働くものだからである。このような事情のために，労働者にとっては，社会的必要（社会的必要と呼んだのは，人間が社会生活を営むために必要な精神的・肉体的ならびに物質的な生活諸手段に対する需要の総称である）の欠乏（社会的障害）状態は，この社会制度のもとにおける労働者の社会生活をとりまく常時的な姿であるということになるであろう」[12]。そして，「補充的にか代替的にか社会政策に重ねて，社会的必要の欠乏（社会的障害）状態に対応することによって，社会事業はみずからの資本主義的合目的性を貫徹しようとする社会的存在であることを承認しないわけにはいかない」[13]。

この社会福祉対象論で評価できることは生活問題の社会問題性を明らかにした点であるが，問題点としては，社会福祉の対象を労働者階級に限定しているということである。したがって，この対象論では，農民や都市自営層といったものは社会福祉の対象から除外され，社会福祉の現実から乖離されている。つまり，現実の「社会福祉の対象は，資本主義的蓄積の一般的法則によって産出された相対的過剰人口層に政策的な貧困線を引いたそれ以下層としてスタートする。ここで政策的というのは，慈恵的・恩恵的イデオロギー効果の測定からの線引きであったり体制不安をとり除きうる最低線であったりということであ

第2章　社会福祉対象の生活問題　59

る。やがて貧困線は，一定の社会的な影響や効果をもちうるところにまで引きあげられ，他方，相対的過剰人口の予備軍的性格を資本主義のもとではもたされるような社会層も対象にされるようになる。相対的過剰人口の予備軍的性格の社会層とは，いろいろな意味の社会的ハンディキャップを資本主義的に負わされている人びとで，老人・児童・母子・障害などがこれである。このように，社会福祉の対象が，資本主義の発展に応じて変化してきたことが確認されなくてはならない」[14]という。また，所得も含めた生活手段の不足・欠如は論じられているが，生活主体者（福祉利用者）の潜在能力と所得も含めた生活手段との関係（機能）については論じられていない。

2．岡村重夫の社会福祉対象論

岡村重夫は，社会福祉の対象を次のように論じる。「社会関係の主体的側面に立つとき，まず明らかになる生活困難は，個人のもつ多数な社会関係，とりわけその客体的側面が相互に矛盾するという事態である。つまり，多数な社会関係が両立しない事態である。医療を受けるためには職場との関係を犠牲にしなくてはならない，というような板挟みの状態である。これを『社会関係の不調和』とよぶことにする」[15]と論じられているように，一見，主観的側面（生活主体者〔福祉利用者〕の潜在能力）と客体的側面（生活手段）の関係が論じられているように思われるが，これでは，「社会的現実との接点を失って歴史的な社会に社会福祉を位置づける途を断つことになっている」[16]。さらに問題点としていえることは，社会関係の主体的側面と客体的側面との関連づけである。つまり，岡村重夫は，個人の生活上の要求→制度からの役割期待→個人の役割実行→制度による要求の充足というサイクル図式を示しているが[17]，このサイクル図式では，具体的な生活上の要求を生みだす現実的な構造の社会問題性が曖昧であると同時に，その充足を妨げる現実構造の社会問題性も曖昧である。そして，主観的側面を抽象的にはとらえられているが，生活主体者（福祉利用者）の潜在能力と所得も含めた生活手段との関係（機能）については具体的に論じられていない。

3．三浦文夫の社会福祉対象論

　三浦文夫は，社会福祉の対象論を次のように論じている。「社会的ニードとは『ある種の状態が，一定の目標なり，基準からみて乖離の状態にあり，そしてその状態の回復・改善等を行う必要があると社会的に認められたもの』というぐらいな操作的概念としてとらえておくことにしたい。そして『ある種の状態が，ある種の目標や一定の基準からみて乖離の状態にある』ものを仮りに依存的状態（dependency）あるいは広義のニードと呼び，この依存的状態の『回復，改善等を行う必要があると社会的に認められたもの』を要救護性あるいは狭義のニードと呼ぶことにしておく」[18]。

　このニード論の問題の第1点は，生活主体者（福祉利用者）の所得も含めた生活手段の不足・欠如の社会問題性が看過されている。そして，生存権としての社会福祉の生成の背景には，現代資本主義社会の固有の社会問題としての生活問題が存在していたのである。ところがニードというのは，どの社会体制下（原始共産制社会，奴隷社会，封建社会，資本主義社会，社会主義社会等）の生活主体者でももっているものであり，社会問題としての生活問題の歴史性を看過した言葉である。

　第2点は，「社会的ニードの充足には，現金（金銭）給付と現物給付の二つの形態がある」といわれているように，所得も含めた生活手段に重点を置いている。生活主体者（福祉利用者）の生活問題を考えていく場合，生活主体者（福祉利用者）の潜在能力と所得も含めた生活手段との関係にも視野を広げていくべきであると考えている筆者にとって，生活問題のとらえ方が一面的であると思われる。

　第3点は，あるニードが基本的であるかどうかはその地域における一般的な通念による相対的なものであるため，所得も含めた生活手段の基本性は定義しにくくなる。

　第4点は，基本的ニードは人間として「最低限」達成されるべき所得も含めた生活手段を，むしろ受身的に規定することになっているが，生活主体者（福

祉利用者）の潜在能力に重点をおいたとらえ方は，生活主体者（福祉利用者）が積極的に所得も含めた生活手段（環境も含めて）に働きかけていくにあたって，有利に動く点もあわせて計りうる概念的枠組みをもっている。

第5点は，ニードという言葉は受動的であって，その生活主体者（福祉利用者）に何がしてあげられるか，という点が注目されるのに対し，生活主体者（福祉利用者）の潜在能力からのとらえ方は，その生活主体者に何ができて，何ができないか，という自由で能動的な生活主体者（福祉利用者）の位置づけが可能になること，である。

第6点は，社会福祉は日常生活も含めた生活保障の福祉政策的労働及び実践・福祉臨床的労働及び実践であるにもかかわらず，「ニードという言葉を用いると，社会福祉や社会政策に関する議論を私たちの日常生活から切り離してしまうことになりかねない。というのはニードという言葉は，必要と違って，私たちが日常生活の中では用いない言葉であるからだ。私たちは『休息が必要だ』といういい方はするが，『休息に対するニードがある』といういい方はしない[19]」。そして，生活主体者（福祉利用者）の潜在能力と所得も含めた生活手段との関係（機能）については論じられていない。

第4節　社会福祉対象論の課題

従来の社会福祉対象論における生活問題の把握に共通している点は，生活問題を所得も含めた生活手段の不足・欠如の問題と生活主体者の潜在能力の不足・欠如の問題の統一体としてとらえ，しかも両者の関係（機能）に注目していないということである。そこで，生活問題の統一的な視点，しかも関係（機能）に注目して次のような事例を通して論じてみよう。

筆者の知人である独身のA氏（48歳，男性）は虚弱な身体であるが，零細の鉄工所で働いていた。ところが，その零細な鉄工所が倒産したため，失業者になってしまった。一定期間，雇用保険で生活をしていたが，雇用保険の受給が不可能になってしまった。そして，雇用保険の受給が不可能になった以降も仕事をみつけることができなかった。2年前に脳梗塞で倒れ，治療を受けたが，

右片麻痺の後遺症で車いすの生活をせざるをえなくなった。そして，今は生活保護を受けて生活をしている。

　この事例の生活問題（貧困問題）は，次のように論じることが可能である。A氏（生活主体者〔福祉利用者〕）の所得も含めた生活手段の不足・欠如の原因は，基本的には生産関係にあるといえる。つまり，前述したように，現代資本主義社会は，資本・賃労働関係を基礎としており，賃労働の担い手であるA氏（生活主体者〔福祉利用者〕）は，生活のために自己の労働力の使用権を零細な鉄工所の社長に販売しなければならない。そして，労働力の使用権を販売して得た賃金によって，他の労働者階級や中間階級等が生産した生活手段やサービスを購入する。この購入以後，A氏（生活主体者）の個別的生活がはじまるのであるが，A氏（生活主体者）の所得も含めた生活手段の不足・欠如の基本的な原因は失業である。そして，労働の機会の阻害を加速化させた原因は，障害のある人になったことによるものであった。

　このように所得も含めた生活手段の不足・欠如の原因が今日の資本主義制度の欠陥にあり，健康で文化的な最低限度の生活が不可能な場合，「国が生活に困窮するすべての国民に対し，その困窮の程度に応じ，必要な保護を行い，その最低限度の生活を保障する」（生活保護法第1条）ことになっている。そして，生活保護の基準は，「要保護者の年齢別，性別，世帯構成別，所在地域別その他保護の種類に応じて必要な事情を考慮した最低限度の生活の需要を満たすに十分なもので」（生活保護法第8条）あると規定されているが，はたして実態はどうであろうか。その実態は以下のとおりである。

　「ア　交際費関係
　　・Fさんは民生委員のところへくらしの貸付の申し込みに行ったところ，『あんたは生活保護を受けているでしょ。毎月もらって何で足らんのや』と断られました。生活保護を受けていても人並みのつきあいはあります。冠婚葬祭のときなどは大変困り，つい身内でも不義理になりがちです。

　　イ　耐久消費財等

- 私は七十二歳の主婦で年金と生活保護で生計をたてています。古くなった電気製品が次々といたみ，その度に知人にいただいたり，バザーで安く買ったりして今はどうにかいけていますが，もうじき洗濯機の脱水がきかなくなったので買いかえなくてはなりません。保護費ではとても買われませんので困っています。
- 東山区に住むAさんは，八十一歳で一人暮らしです。Aさんは長年煮炊きを七輪だけでやってきました。しかし，数年前にはもう燃やす木切れもなくなってきてガスにしたいと思い，福祉事務所にお願いしました。ところが，生活保護ではプロパンガス設備だとできるが，都市ガスの配管のお金は出ないとの返事でした。Aさんは，ガスボンベがどうしても怖くて結局ガスはあきらめ，今も炊事は七輪に炭を起こしてやっています。
- Aさん宅から歩いて五分ほどの長屋に住むBさん，この人も一人暮らしです。Bさんの長屋も家主が許可しないということでガスがありません。Bさんは灯油コンロで煮炊きをしています。水道も長屋全体で一本だけ屋外にあり，雨の日もここで炊事をします。また天井もぼろぼろでデパートの包装紙を自分で貼りました。
- Sさんは，体が悪く働けないため生活保護を受けています。今年一月電気毛布がこわれて一時期アンカと使い捨てのカイロでしのぎましたが，しかし，『保護開始時や長期入院後などしか対象にならない，保護費の中から買ってください』といわれました。仕方なくSさんは，知人から一時的に九千円借りて電気毛布を買わざるを得ませんでした。
- Cさんは，髪がよくのびるので以前は月一度ぐらいカットに行っていましたが，今は二〜三カ月に一度しか行けず，家賃の自己負担分が二千円もかかり，『やりくりをして行くのが大変，保護費を上げてほしい』と訴えています」[20]。

こうした実態が，全被保護世帯の状況に該当するものではないにせよ，少なくとも当該被保護世帯にとっては現行生活扶助基準が十分なものではないとい

える。とするならば，生活保護基準の向上によって，健康で文化的な最低限度の生活が可能になるように，被保護者（A氏も含めた）に必要な生活保護費も含めた生活手段の保障が，生存権的平等の課題である。

　次に他の側面，つまりA氏（生活主体者）と生活保護費も含めた生活手段との関係の側面である。生活保護費で生活手段（消費財）を購入する購買過程と，この生活手段の消費を通してA氏（生活主体者）の生命（抽象的人間労働力も含む）の再生産が消費過程である。したがって，生活過程の第一段階は，A氏（生活主体者）による生活手段の選択および購入にはじまる。A氏（生活主体者）は自己の有する諸欲求になんらかの優先順位をつけ，それに対応する最も適当と思われる生活手段を選択および購入する。その際，A氏（生活主体者）の生活保護費の水準，家族規模，年齢，性別，身体的および精神的な健康状況，生活手段の知識，必要の度合い等が影響を及ぼす。

　選択され購入された生活手段は，次の段階でいわゆる消費過程（受動的・享受過程）に入る。生活手段の中には，購入された後，なんらかの手が加えられてから消費に入るものがある。たとえば，購入された肉や野菜は調理されて食卓にのぼり，食される。こうして，肉や野菜は栄養物として肉体をつくり，また活動力の源をつくる。つまり，A氏（生活主体者〔福祉利用者〕）は生活手段の消費過程（受動的・享受過程）で，さまざまな生活活動を行っている。それらは，食事をする，衣服を着る，家に住む，入浴をする等の生活基盤的な活動と，余暇をスポーツで過ごす，庭園で花を育てる，本を読んで教養を身につける，他者と交流を図る等の生活創造的な活動，そして家計管理的な活動等である。

　これらの生活活動に密接に関係しているのがA氏（生活主体者〔福祉利用者〕）の潜在能力である。というのは，福祉（well-being）というものはA氏（生活主体者〔福祉利用者〕）が実際に所得も含めた生活手段の特性（固有価値）を生かして成就するものに関わっているからである。つまり，A氏（生活主体者）が栄養の適性な摂取を困難にするような寄生虫をもっていれば，健康で文化的な最低限度の量の食物を消費しえたとしても，栄養不良に苦しみ，不

健康な生活をよぎなくされるかもしれない。それゆえ，生活問題は，健康で文化的な量の所得も含めた生活手段の保有状態だけで把握するのではなく，さらに，それらの所得も含めた生活手段を人間らしい生活に変換させる生活主体者〔福祉利用者〕の潜在能力も合わせて評価されるべきであり（機能も評価されるべきであり），もし仮に生活主体者〔福祉利用者〕の潜在能力が不足・欠如しているのであれば，生活主体者の潜在能力の補填や向上が課題となる。所得も含めた生活手段そのものは手段にすぎず，福祉（well-being）がもたらされているかどうかは，所得も含めた生活手段を活用して，生活主体者（福祉利用者）がどのような行為や状態を実現しうるかである。なぜならば，生活主体者（福祉利用者）がおかれている個人的・社会的条件は多様であるから，所得も含めた生活手段に固執すると，所得も含めた生活手段を目的（福祉＝well-being）に転換する能力の有無を看過しがちである。

　つまり，所得も含めた生活手段の保有という手段や所得も含めた生活手段を利用した後に結果として発生する効用ではなく，それらの手段が生活主体者（福祉利用者）に何を実現してくれるのか，という手段と目的を繋ぎ合わせることに焦点を合わせていくことが重要である。実際に実現されている行為や状態を機能と呼べば，それを実現するのが生活主体者（福祉利用者）の潜在能力である。そして，「自立を助長すること」（生活保護法第1条）の意味が，生活保護制度を利用しなくてもよい意味での自立を助長していくということだけではなく，被保護者（生活主体者）に対する自立助長の指導は，生活保護費を人間らしい健康で文化的な生活の実現に変換していくことが自立（自律）であり，その点に焦点をあてていかなければならないし，そのことが課題でもある。つまり，社会福祉の評価においては，人間らしい健康で文化的な生活が実現していく福祉サービス・財貨等の手段の量的および質的保障の側面（福祉政策的労働及び実践）と福祉サービス・財貨等の手段の特性（固有価値）を活かして，生活主体者（福祉利用者）が人間らしい健康で文化的な生活が実現するような生活活動（生活主体者〔福祉利用者〕の潜在能力の発揮）の支援の側面（福祉臨床的労働及び実践）の統一的実践の評価を看過してはならない。

〈注〉
1) 副田義也「社会福祉論の基本的枠組」副田義也編『社会福祉の社会学』一粒社，1976年，p. 26
2) 真田是「社会福祉の対象」一番ケ瀬康子ほか編『社会福祉論』有斐閣，1968年，p. 45
3) 岩田正美「現代の生活問題と社会福祉政策」一番ケ瀬康子編『21世紀社会福祉学』有斐閣，1995年，pp. 32-33
4) 階級とは，一定の歴史的な社会的生産体制の中で占める地位の違い，生産手段の所有関係の違い，社会的労働組織の中での役割の違い，したがって社会的富を受け取る方法とわけまえの大きさの違い等によって区別される人間集団のこと。そして，今日では，資本家階級と労働者階級というように，2つの主な階級があり，一方（資本家階級）が他方（労働者階級）を搾取する関係にあって，両者は和解できない利害の対立の関係にある。またそれぞれの階級の経済的地位に応じて，支配・被支配の政治的関係が生まれ，さまざまな社会的意識が生まれる（社会科学辞典編集委員会編『社会科学辞典』新日本出版社，1967年，p. 20)。また，橋本健二は，階級を資本家階級（従業先規模が5人以上の経営者・役員・自営業者・家族従業員），新中間階級（専門・管理・事務に従事する被雇用者。ただし，女性では事務を除外)，労働者階級（専門・管理・事務以外に従事する被雇用者。ただし，女性では事務を含める)，旧中間階級（従業先規模が5人未満の経営者・役員・自営業者・家族従業員）に再構成した上で，資本家階級（全就業人口の9.2%)・新中間階級（全就業人口の23.5%）の2階級が労働者階級（全就業人口の45.4%）を搾取しており，労働者階級が最も低い平均年所得（292.9万円）の状態に置かれている事を示している（橋本健二『階級社会日本』青木書店，2001年5月，p. 89, pp. 127-135)。
5) 階層は階級と違って，インテリゲンチャ・青年・婦人・学生のようにいろいろの階級に属しながらも，その社会的な立場や要求で共通性をもつ人間集団を階層という。また資本家階級内部の大資本家・中小資本家等のように同一階級内部でその所有する生産手段の大きさや社会的富の分け前の大きさ等によって区別される人間集団も階層という（社会科学辞典編集委員会編，前掲書，p. 22)。
6) この生活問題の論述においては，セン，アマルティア（石塚雅彦訳）『自由と経済開発』日本経済新聞社，2000年，pp. 99-124を参考にする。
7) セン，アマルティア（鈴村興太郎訳）『福祉の経済学』岩波書店，1988年，p. 15
8) セン（石塚雅彦訳)，前掲訳書，pp. 21-22
9) 同上訳書，pp. 99-124

10) 橋本佳博ほか『障害をもつ人たちの憲法学習』かもがわ出版，1997年，p. 199
11) セン（鈴村興太郎訳），前掲訳書，p. 42
12) 孝橋正一『全訂社会事業の基本問題』ミネルヴァ書房，1962年，p. 36
13) 同上書，p. 46
14) 真田是「社会福祉理論研究の課題」真田是編『戦後日本社会福祉論争』法律文化社，1979年，pp. 243-244
15) 岡村重夫『社会福祉原論』全国社会福祉協議会，1983年，p. 107
16) 真田是，前掲書，p. 240
17) 同上書，p. 240
18) 三浦文夫『社会福祉政策研究』全国社会福祉協議会，1985年，pp. 60-61
19) 武川正吾『福祉社会』有斐閣，2001年，p. 33
20) 斎藤泰樹「健康で文化的な社会生活と生活扶助基準」杉村宏ほか編『現代の貧困と公的扶助行政』ミネルヴァ書房，1997年，pp. 140-141

〈必読文献〉
・竹原健二『現代福祉学の探求』学文社，2002年
　本書では，多様な社会福祉労働の事実の現象を分析し，社会福祉の本質を明らかにしている。そして，その本質との関連で，現代の福祉政策の矛盾と課題を提起する。
・竹原健二『現代福祉学の展開』学文社，2006年
　本書では，筆者の社会福祉の本質の視点から，従来の社会福祉理論の到達点と問題点，社会福祉の諸矛盾と課題，社会福祉における専門職論の展開，社会福祉支援技術の概念的把握，社会福祉学の研究対象的認識と福祉実践的認識の統一的認識論等を展開している。

第3章　社会福祉の法律と行財政

第1節　社会福祉の法律

1．生存権の生成と法的性質

(1) 生存権の成立

　福祉国家ないし社会国家の理念の下において，経済的自由権の制限を前提にした現代的人権としての生存権が登場するのは，1919年に成立したドイツのワイマール憲法である。同憲法は，第5章「経済生活」第151条1項において，「経済生活の秩序は，すべての者に人間たるに値する生活を保障する目的をつ正義の原則に適合しなければならない」と定め，伝統的な経済的自由が「人間たるに値する生活」という見地から一定の制約を受けることを宣言するものであった。第二次世界大戦後の西洋憲法が生存権をはじめ各種の社会権を憲法で規定するようになったが，日本国憲法第25条の生存権規定も，ワイマール憲法の影響を強く受けながら，マッカーサー草案を衆議院において修正する中で誕生している。第25条がこのように日本側のイニシアティブによって成立したことは，憲法制定上特筆すべきことがらのひとつである。
　マッカーサー草案では，「法律は，生活のすべての面につき，社会の福祉並びに自由，正義および民主主義の増進と伸張を目指すべきである。無償の普通義務教育を設けなければならない。勤務条件，賃金および就業時間について，基準を定めなければならない」と規定されていた。衆議院の審議の過程で，義務教育や勤務条件等の規定が他の条文へ移されるとともに，「すべて国民は，健康で文化的な生活を営む権利を有する」という規定を加えることが社会党より提案され，1項に置かれることになった。そして2項において，「国は，す

べての生活部門について、社会福祉、社会保障及び公衆衛生の向上及び増進に努めなければならない」と規定されたのであった[1]。

(2) 生存権の意義

今日の学説は、第25条の生存権、第26条の教育権、第27条の労働権および第28条の労働基本権をあわせて「社会権」として一括し、伝統的な人権である自由権と区別している。社会権と自由権との区分について今日の通説的見解の基礎になったのが、「生存権的基本権論」である。この学説は、基本的人権を「自由権的基本権」（自由権と同じ内容をさす用語）と「生存権的基本権」（社会権に同じ）に大別し、その保障の方法について、前者が「国家権力の消極的な規整・制限」であるのに対し、後者が「国家権力の積極的な配慮・関与」であるとする。そして、生存権的基本権については、国家に対する具体的な請求権を認めず、憲法違反を裁判で争えないとして、いわゆるプログラム規定説の考え方を採用し、憲法学の通説として受け入れられていった。

その後、昭和40年代になってから、教科書検定の違憲性を争った家永訴訟、公務員のストライキ権をめぐる訴訟等において、教育を受ける権利と教育の自由との関係や、労働基本権における団結の自由についての議論が交わされてきた。それらを通じて、社会権と自由権との区分の有用性を認めたうえで、その区別が相対的であり相互関連性があること、さらにはそれまでの通説が否定していた社会権の請求権的側面においても、一定の範囲内で裁判規範としての効力があることが一般的に認められてくる中で、生存権に関してもその裁判規範性についてさまざまな議論がなされるようになった[2]。

(3) 生存権の法的性質

日本国憲法第25条が規定する生存権の法的性質に関する代表的な学説は、「プログラム規定説」および「法的権利説」であり、さらに法的権利説は「抽象的権利説」と「具体的権利説」とに区分される。プログラム規定説と法的権利説を分岐させる論点のひとつは、資本主義体制の認識にかかわるものである。

プログラム規定説は，憲法が前提とする社会は資本主義体制であって，国家権力は経済過程を全面的に支配しているわけではないから，全国民の生存を現実に配慮する立場にないとする。それに対して法的権利説は，資本主義体制のもとでも国家権力は，一定の範囲内で明確な社会政策を推進することができるのであって，その範囲内で生活扶助を必要とする者などに請求権を認めることは可能であるとする立場から説かれるものである[3]。

① **プログラム規定説**

ドイツのワイマール憲法時代に社会権規定の解釈において説かれた観念であり，その影響によって形成されたプログラム規定説は，憲法第25条は国家に対して政治的・道徳的義務を課したにすぎず，それに違反しても法的義務違反は生ずることはなく，また，直接国民に裁判上救済を受けうる具体的権利を認めたものではないため，第25条を根拠に裁判所に出訴することはできないとされる。

② **抽象的権利説**

抽象的権利説は，憲法第25条のみを根拠にして国の立法や行政の不作為の違憲性を主張できないが，第25条を具体化する法律が存在する場合には，その法律に基づく訴訟において第25条を援用できるという見解である。この説は，1960年の朝日訴訟第1審東京地裁が，厚生大臣（当時）の保護基準設定行為について，第25条に由来する生活保護法の規定を逸脱できない覊束行為とし，本件保護基準が生活保護法第8条2項，第3条に違反すると同時に，実質的には憲法第25条に違反すると判断した解釈を支持する学説として出されたものであり，今日の通説となっている。

③ **具体的権利説**

生存権の法的権利性を明確にする見解として出された具体的権利説は，立法の不作為について違憲確認訴訟を提起し裁判で争いうることを主張するものである。ただ日本国憲法が三権分立を採るため，司法による立法府への作為命令は違法となることから，この説は立法の不存在を国の違法な不作為ととらえ，その事実の確認を司法手段により行おうとするものである[4]。

④ 判例の動向

敗戦直後,食料不足から横行した闇米の購入運搬禁止を巡る1948年の食糧管理法違反事件において,最高裁判所は,第25条1項は,「すべての国民が健康で文化的な最低限度の生活を営み得るよう国政を運営すべきことを国家の責務として宣言した」にとどまり,「この規定により直接に個々の国民は,国家に対して具体的,現実的にかかる権利を有するものではない」と判示して,明確にプログラム規定説を採用した。その後,先に触れた1960年の朝日訴訟第1審ではプログラム規定説を克服する判決が示されたが,1967年の同最高裁判決においては,「健康で文化的な最低限度の生活」が抽象的な相対的概念で,多数の不確定要素を総合的に考慮し初めて決定できることを理由に,生活保護基準設定に当たっての厚生大臣(現・厚生労働大臣)の裁量権を広く認めながら,「憲法第25条の規定は,すべての国民が健康で文化的な最低限度の生活を営み得るよう,国政を運営すべきことを国の責務として宣言したにとどまり,直接個々の国民に対して,具体的権利を賦与したものではない」と判示し,生存権の権利性を後退させた。

この判決後も,国民年金法の規定で老齢福祉年金について夫婦受給制限をしていたことを争った牧野訴訟や,国民年金法による障害福祉年金と児童扶養手当法による児童扶養手当の併給禁止を問題とした堀木訴訟,国民年金法による公的年金給付の受給を理由とする老齢福祉年金の支給停止を問題とした宮訴訟等において,社会保障関係の法律の合憲性が争われてきたが,いずれも最終的には法的権利性を認められるには至っていない[5]。

2. 社会福祉関係法の法体系

(1) はじめに

日本国憲法第25条に基づき生存権保障を担う一部門として形成されてきた社会福祉法制は,生活保護法,児童福祉法,身体障害者福祉法および社会福祉事業法などが相次いで制定された昭和20年代にその骨格が整えられた。昭和30年代になると生活保護制度から独立するかたちで精神薄弱者福祉法(現・知的障

害者福祉法），老人福祉法および母子及び寡婦福祉法が制定され，社会福祉法制の拡充が図られていくとともに，財政規模の面で社会保障費に占める社会福祉費の割合がしだいに大きくなっていった。

ところが，政府が福祉元年を宣言した1973（昭和48）年に，突如として襲ってきた第一次石油危機を契機として経済が停滞し，その後は国家財政の悪化を背景とする行財政改革が推進されていったが，社会福祉法制の領域においても「福祉見直し論」が台頭する中で，大幅な制度改正が行われることとなった。さらに1990年頃からは，一方における財政再建の要請とともに，他方では少子高齢化の進展に伴う福祉ニーズの変化と需要の増大に対応するため，引き続き社会福祉制度の抜本的な再構築とそれに伴う法改正が続けられていった。そして，1997（平成9）年，厚生省（現・厚生労働省）内の「社会福祉事業等の在り方に関する検討会」の設置に始まる，いわゆる社会福祉の基礎構造改革を通じて，今日における社会福祉法制が構築されてきたのである。

社会福祉という概念は多義的に用いられているが，ここでは「国家扶助の適用を受けている者，身体障害者，児童，その他，援助育成を要するものが，自立してその能力を発揮できるよう必要な生活指導，厚生補導，その他の援助育成を行うこと」と機能的に限定した1950年の社会保障制度審議会の定義[6]から整理すると，社会福祉法制の対象領域となる主な法律は図表3-1のとおりであるが，本節においては，これらのうち福祉六法といわれる，生活保護法・児童福祉法・母子及び寡婦福祉法・老人福祉法・身体障害者福祉法・知的障害者福祉法等について，法の理念や事業内容を中心として以下に概説する。

(2) 生活保護法
① 生活保護の原理

生活保護法第1条は，「日本国憲法第25条に規定する理念に基き，国が生活に困窮するすべての国民に対し，その困窮の程度に応じ，必要な保護を行い，その最低限度の生活を保障するとともに，その自立を助長することを目的とする」と規定して，「国家責任」を明らかにするとともに，第2条では保護を受

第3章 社会福祉の法律と行財政　73

図表3-1　社会福祉法制の対象領域となる主な法律

社会福祉事業編	社会福祉法
	民生委員法
	社会福祉士及び介護福祉士法
生活保護編	生活保護法
	行旅病人及行旅死亡人取扱法
障害者福祉編	障害者基本法
	障害者自立支援法
	身体障害者福祉法
	知的障害者福祉法
	精神保健及び精神障害者福祉に関する法律
老人福祉編	老人福祉法
	老人保健法
	介護保険法
災害救助編	災害救助法
	災害弔慰金の支給等に関する法律
児童福祉編	児童福祉法
	児童扶養手当法
	児童手当法
	児童虐待の防止等に関する法律
母子家庭福祉編	母子及び寡婦福祉法
婦人保護編	売春防止法
	配偶者からの暴力の防止及び被害者の保護に関する法律
母子保健編	母子保健法
援護編	戦傷病者戦没者遺族等援護法
	引揚者給付金等支給法

出所）社会福祉法令研究会編『注解社会福祉六法』第一法規より作成

ける権利が「無差別平等」であると定め，さらに第4条においては，個人がその資産・能力を活用したうえ，民法に定める扶養義務者の扶養や他の法律に定める扶助が行われない限りで補完的に実施されるという，「保護の補足性」を定めている。

② 保護の実施上の原則

　生活保護を適用・実施していくうえでの原則としては，要保護者，その扶養義務者またはその他の同居の親族の申請に基づいて保護が開始される「申請保護の原則」（第7条），厚生労働大臣が定める基準に対して，その者の金銭または物品で満たすことのできない不足分を補う程度に保護が行われる「基準及び程度の原則」（第8条），要保護者の健康状態等の個別的な実際の必要の相違を考慮して，有効かつ適切に保護が行われる「必要即応の原則」（第9条），世帯を単位として保護の要否および程度を定める「世帯単位の原則」（第10条）の4原則を規定している。

③ 保護の種類と内容

　生活保護法には，生活扶助・教育扶助・住宅扶助・医療扶助・介護扶助・出産扶助・生業扶助・葬祭扶助の8種類の保護を定めており，それぞれ要保護者の必要に応じ，単給または併給として行われる（第11条）。扶助は基本的に金銭給付によってなされるが，医療扶助と介護扶助については現物給付による。また，保護施設として，救護施設・更生施設・医療保護施設・授産施設・宿所提供施設がある（第38条）。

(3) 児童福祉法

① 児童福祉の理念

　児童福祉法第1条は，「すべて国民は，児童が心身ともに健やかに生まれ，且つ，育成されるよう努めなければならない」（1項），「すべて児童は，ひとしくその生活を保障され，愛護されなければならない」（2項）として，児童の生存権保障の原理を明らかにしている。また第2条では，児童の福祉を図る第一次責任は保護者にあり，国および地方公共団体は補充責任を負うことについて規定している。さらに第3条において，「この原理は，すべて児童に関する法令の施行にあたって，常に尊重されなければならない」として，ここに示されている児童福祉の理念が，児童福祉法のみならず，すべての関係法令の施行にあたって尊重されなければならない旨を規定している。

② 児童福祉法の対象

児童とは，満18歳に満たない者をいう（第4条）。その年齢によって，満1歳に満たない者を「乳児」，満1歳から小学校就学の始期に達するまでの者を「幼児」，小学校就学の始期から満18歳に達するまでの者を「少年」として区分している。また保護者については，「親権を行う者，未成年後見人その他の者で，児童を現に監護する者」と定義している（第6条）。なお，1条が「児童が……健やかに生まれ」てくることを児童福祉の理念としていることから，妊産婦（妊娠中または出産後1年以内の女子）も本法の対象としている（第5条）。

③ 児童福祉の事業

本法に規定される事業としては，主として在宅や地域におけるものと施設におけるものとがある。在宅事業には，日常生活上の援助および生活指導ならびに就業の支援や相談その他の援助を行う「児童自立生活援助事業」，その保護者が労働等により昼間家庭にいない者に，授業の終了後に適切な遊びや生活の場を与えて，その健全な育成を図る「放課後児童健全育成事業」，保護者の疾病等により家庭で養育を受けることが一時的に困難になった児童を，児童養護施設等の施設に入所させ必要な保護を行う「子育て短期支援事業」等がある（第6条の2）。また，児童福祉施設としては，助産施設，乳児院，母子生活支援施設，保育所，児童厚生施設，児童養護施設，知的障害児施設，知的障害児通園施設，盲ろうあ児施設，肢体不自由児施設，重症心身障害児施設，情緒障害児短期治療施設，児童自立支援施設および児童家庭支援センターがある（第7条）。

(4) 母子及び寡婦福祉法

① 基本理念

母子及び寡婦福祉法第2条1項は，「すべて母子家庭等には，児童が，その置かれている環境にかかわらず，心身ともに健やかに育成されるために必要な諸条件と，その母等の健康で文化的な生活とが保障されるものとする」と定め，2項では寡婦を1項の母等に準ずるものと規定している。このように，本条は，

母と子の福祉が一体として保障される旨を本法の基本理念としている。

② 母子及び寡婦福祉法の対象

本法の対象となる「配偶者のいない女子」とは，配偶者と死別した女子であって現に婚姻をしていない者，およびこれに準ずる者として，① 離婚した女子であって現に婚姻をしていない者，② 配偶者の生死が明らかでない女子，③ 夫の蒸発等で配偶者から遺棄されている女子，④ 配偶者が海外にあるためその扶養を受けることができない女子，⑤ 配偶者が精神または身体の障害により長期にわたって労働能力を失っている女子などをいう（第6条1項）。また寡婦とは，配偶者のいない女子であって，かつて配偶者のいない女子として民法第877条の規定により児童を扶養したことのある者をいう（第6条3項）。なお，「母子家庭等」とは父子家庭を含み，満20歳に満たない児童を扶養している世帯であり，「母等」とは母子世帯の母および父子世帯の父をいう（第6条2項，4項，5項）。

③ 母子家庭等福祉の施策

一時的な傷病などのため日常生活を営むうえで支障がある場合，要請に基づき介護人を派遣し必要な世話を行う，母子家庭等日常生活支援事業等の「子育て・生活支援策」（第21条），公共的施設内における売店等設置許可や，都道府県・指定都市・中核市において，就職相談や就職支援講習会の実施，就職情報の提供など，一貫した就業支援サービスを行う母子家庭等就業・自立支援センター事業等の「就業支援策」（第25条，第30条），事業開始資金・児童の修学資金・知識技能習得資金等の母子福祉資金の貸付けや，配偶者のいない女子で現に児童を扶養している者の，雇用の安定および就職の安定を図ることを目的とする母子家庭自立支援給付金の支給等の「経済支援策」（第13条，第31条）等が総合的，計画的に展開されている。

(5) 老人福祉法

① 目的と基本理念

老人福祉法は，「老人に対し，その心身の健康の保持および生活の安定のた

めに必要な措置を講じ，もって老人の福祉を図ることを目的とする」（第1条）と定めるとともに，その基本理念について，老人は「生きがいをもてる健全で安らかな生活を保障される」（第2条）とするかたわら，「その知識と経験を活用して，社会的活動に参加するように努める」（第3条），「社会的活動に参加する機会を与えられる」（第4条）ことが規定されている。

なお，本法には老人の定義はないが，各種のサービス受給において対象年齢は満65歳以上となっている。

② 老人福祉のサービス

「老人居宅生活支援事業」として，老人居宅介護等事業，老人デイサービス事業，老人短期入所事業，小規模多機能型居宅介護事業および認知症対応型老人共同生活援助事業がある（第5条の2）。また，老人福祉施設には，老人デイサービスセンター，老人短期入所施設，養護老人ホーム，特別養護老人ホーム，軽費老人ホーム，老人福祉センターおよび老人介護支援センターがある（第5条の3）。

なお，これらのサービス給付は介護保険法で実施されている。

③ 老人福祉計画

市町村は，老人居宅生活支援事業および老人福祉施設による事業の確保に関する「市町村老人福祉計画」を定めなければならない（第20条の8，1項）。市町村老人福祉計画は，当該市町村の区域において確保すべきサービスの量の目標と確保のための方策その他必要な事項を盛り込んで，市町村老人保健計画や市町村介護保険事業計画と一体のものとして作成される（同条，2項）。また，都道府県は，市町村老人福祉計画の達成に資するため，各市町村を通ずる広域的な見地から，老人福祉事業の供給体制の確保に関する「都道府県老人福祉計画」を定めるものとされている（第20条の9）。

④ 介護保険制度

介護保険法は，近年高齢化が急速に進行する中で増加する要介護者に対して，必要な保健医療サービスおよび福祉サービスに係わる給付を社会保険方式により行うために制定され，2000年4月から施行されている。介護保険からの給付

は，市町村等に設置される介護認定審査会において，要介護状態または要支援状態と判断された場合に行われる。その認定区分は，要支援は2段階，要介護は5段階に分かれており，コンピュータによる一次判定と，主治医の意見書等に基づく二次判定により決定される。

(6) 障害者福祉関係法
① 障害者自立支援法

障害者福祉に関係する法律は，従来，身体障害者福祉法，知的障害者福祉法および児童福祉法（障害児関係）によって構成されてきた。2000年の社会福祉法施行に伴い障害者福祉関係法が改正され，2003年度から支援費制度が導入されることで，後述のように利用契約に基づく障害福祉サービスの提供がなされるようになった。しかし，支援費制度は財源問題等により施行後3年ほどで見直しを迫られることになり，その改善を意図した新法として障害者自立支援法が制定され，2006年10月より全面施行となっている。障害者自立支援法は，障害者の地域生活と就労を進め，自立を支援する観点から，障害者基本法の基本的理念にのっとり，これまで障害種別（身体障害，知的障害，精神障害）ごとに，異なる法律に基づいて提供されてきた福祉サービス等について，共通の制度の下で一元的に提供することを定めた。これにより，それまでの障害福祉サービスの体系を大きく組み替えられ，サービスは，① 介護給付等（居宅介護，重度訪問介護，児童デイサービス，共同生活介護，施設入所支援等），② 訓練等給付（自立訓練，就労移行支援，就労継続支援，共同生活援助）に整理された（第5条1項）。また，新たに市町村や都道府県が利用者の状況に応じて提供する，相談援助事業，聴覚・視覚障害者等のためのコミュニケーション支援事業，移動支援事業等の地域生活支援事業も導入された（第77条，第78条）[7]。障害者自立支援法の制定で，就労支援の強化や支給決定の透明化，明確化が推進される一方，利用者の負担が増加するという新たな課題も浮上している。

② 身体障害者福祉法

身体障害者福祉法は，法の目的について，「障害者自立支援法と相まって，

身体障害者の自立と社会経済活動への参加を促進するため,身体障害者を援助し,必要に応じて保護することにより,身体障害者の福祉の増進を図ることを目的とする」と定めている(第1条)。また,第2条において,すべての身体障害者に自立への努力を求めるとともに,あらゆる分野の活動に参加する機会を与えられるものと定めている。身体障害者とは,本法別表に掲げる身体上の障害がある18歳以上の者で,都道府県知事から身体障害者手帳の交付を受けた者をいう(第4条)。別表における身体障害の種類は,視覚障害,聴覚または平衡機能の障害,音声機能・言語機能またはそしゃく機能のいちじるしい障害,肢体不自由,日常生活がいちじるしい制限を受ける程度の心臓・じん臓または呼吸器等の障害となっている。

③ 知的障害者福祉法

知的障害者福祉法は,法の目的について,「障害者自立支援法と相まって,知的障害者の自立と社会経済活動への参加を促進するため,知的障害者を援助するとともに必要な保護を行い,もって知的障害者の福祉を図ることを目的とする」と定めている(第1条)。また,身体障害者福祉法と同様に,すべての知的障害者に自立への努力を求めるとともに,あらゆる分野の活動に参加する機会を与えられるものと定めている(第1条の2)。なお,本法に知的障害の定義はなく,一般には知的機能の側面での障害を表わす概念として使用されている。これまでは精神薄弱という用語が使われてきたが,不適切で差別的な表現であることから,法律の名称も1999年から現在のように変更された。

④ 精神保健福祉法

精神障害者福祉については,1950年の精神衛生法,1987年の精神保健法を経て制定された1995年の精神保健福祉法(正式名:精神保健及び精神障害者福祉に関する法律)において,ようやく自立と社会経済活動への参加促進を援助していく制度が確立したが,さらに障害者自立支援法によって他の障害者との一体的な施策の推進が図られていくことになった。なお,この法律による精神障害者とは,統合失調症,精神作用物質による急性中毒またはその依存症,知的障害,精神病質その他の精神疾患を有する者をいう(第5条)。

3．社会福祉行政の関係法制

(1) 国および地方の行政機関

　日本国憲法第25条2項は,「国は,すべての生活部門について,社会福祉,社会保障及び公衆衛生の向上及び増進に努めなければならない」と規定し,社会福祉の増進を国の責務と定めている。国には地方公共団体も含まれると解されており,社会福祉法および児童福祉法,老人福祉法等の福祉関係法において,国と地方公共団体が一体となって福祉を増進する責務を負うことが定められている（社福第6条,児福第2条,老福第4条1項等）。このように,わが国における社会福祉行政は,国の行政機関と地方公共団体の行政機関により実施されている。

　国の社会福祉行政の中核を担う機関は厚生労働省である。厚生労働省設置法第3条に,厚生労働省は社会福祉の向上および増進を図ることを任務とする旨明記されており,社会・援護局,老健局,雇用均等・児童家庭局がその事務を担当している。また,その任務ならびに行政事務を遂行するため,同法第6条に基づき社会保障審議会が設置されている。社会保障審議会は,厚生労働大臣の諮問に応じて社会保障に関する重要事項を調査審議するとともに,福祉各法の規定によりその権限に属させられた事項を処理する役割を担っている（第7条）。

　他方,地方の福祉行政を担う機関としては,都道府県においては知事の事務部局として民生部,生活福祉部などが設置されており,市町村においても同様に必要な部課が設置されている。また,社会福祉事業の全分野にわたる共通基本事項を定める社会福祉法には,第2章「地方社会福祉審議会」,第3章「福祉に関する事務所」の規定が置かれている。

　地方社会福祉審議会は,都道府県,指定都市,中核市に置かれ,社会福祉に関する事項（児童福祉及び精神障害者福祉に関する事項を除く）を調査審議するとともに,知事または市長の諮問に答え,または関係行政庁に意見具申をする役割を担っている（第7条,第8条）。ただし,児童および精神障害者の福祉

については，児童福祉審議会（ただし，地方社会福祉審議会で代替えも可能。児童福祉法第8条）または地方精神保健福祉審議会（精神保健福祉法第9条）が，地方社会福祉審議会と同じ主旨の役割を担っている。

　福祉に関する事務所は，地方社会福祉行政の現業機関である。他の福祉法および通称では，「福祉事務所」という。都道府県および市は必ず設置しなければならないが，町村は任意設置であり，必要に応じて地方自治法の規定により一部事務組合または広域連合を設けて設置することができる（第14条）。都道府県福祉事務所には社会福祉主事を置き，都道府県知事の指揮監督を受けながら，生活保護法，児童福祉法および母子及び寡婦福祉法の福祉三法に定める援護，育成の措置事務を行う（第14条5項，第18条）。市町村（特別区を含む）福祉事務所は社会福祉主事を置き，市町村長（特別区長）の指揮監督を受けながら，生活保護法，児童福祉法，母子及び寡婦福祉法，老人福祉法，身体障害者福祉法および知的障害者福祉法の福祉六法に定める援護，育成，更生の措置事務を行う（第14条6項，第18条）。

　福祉事務所以外にも，都道府県には，児童福祉法に基づく児童相談所，身体障害者福祉法に基づく身体障害者更生相談所，知的障害者福祉法に基づく身体障害者更生相談所が必置とされている。

(2) 措置から契約へ

　社会福祉法は，一連の社会福祉基礎構造改革を受け，社会福祉事業法（1951年制定）を継受・改称し2000年に制定・公布された。この改正により，社会福祉行政において長く続いた「福祉の措置」を中心とした戦後体系は，「措置から契約へ」というスローガンのもとに，一部福祉の措置を残しつつも大きな制度改革が行われた。措置制度とは，行政機関が福祉サービス実施の要否や内容，提供主体等を職務権限において決定し，行政処分としてサービスを提供する仕組みをいう。措置制度により提供されるサービスは，行政機関の決定の見返りとしての反射的利益であり，利用者には福祉を請求する権利がないとする解釈や，措置費が細目にわたって規定され，委託を受けた社会福祉法人等で弾力的

な運用ができないなどの制度の硬直性等に対する批判から、介護保険制度を手始めとして契約原理の導入が行われた。現在では、措置制度は老人福祉や障害者福祉の分野において、緊急やむをえない事情がある場合や、児童福祉の分野で残るのみとなっている。

契約原理の導入と並行するかたちで、福祉の措置を実施するための中心的な制度体系で中央統制的な性格を備えていた「機関委任事務」が、1999年に成立した地方分権一括法により廃止された。これによって、旧機関委任事務は新地方自治法において「自治事務」もしくは「法定受託事務」に振り分けられ、いずれも地方公共団体の事務となることで、社会福祉行政の領域においても地方公共団体の権限が強まることとなった。福祉各法に基づく事務については、生活保護を除くほとんどの事務が自治事務として位置づけられている。

第2節 社会福祉の行財政

1．国と地方自治体の社会福祉行政

近年、高齢化、核家族化、家族と地域共同体の人間関係の希薄化、格差社会とともに進行する貧困と将来の生活への不安等により、社会福祉の対象とする生活問題も拡大しつつある。そして国民の権利意識が高まる中で社会福祉に対する期待も広がっている。

これまで、社会福祉に対する施策は福祉国家を標榜する国の責任によって実施されてきた。しかし、1970年代のスタグフレーション、その後の経済の情報化とグローバル化の中で戦後長く続いた画一的な中央集権的福祉国家の施策が行き詰まりをみせている。その打開策として地方分権化が目指され、公民の協働のあり方についての模索が続けられている。

2000年の社会福祉法によって国の責任でサービス利用者を決定するという「措置制度」が廃止された。サービスを必要とする人は営利企業も含むサービス提供事業者を選択し、「契約」を結んでサービスを購入することが原則となった。利用者とサービス提供者がサービスの売買関係における直接の当事者と

なり，国の役割はサービスの需給関係等の基盤整備に後退し，あらためて社会福祉における国家責任とは何かが問われている。

地方自治体を国の下部機関と位置づけ，地方自治体を通して国の事務を実施してきた「機関委任事務」の制度が戦後半世紀続いたが，1999年の地方自治法改正により廃止された。その結果，法律上は国と地方自治体は対等の関係になった。地方自治法第1条2項では，「地方公共団体は，住民の福祉の増進を図ることを基本として，地域における行政を自主的かつ総合的に実施する役割を広く担うものとする」と述べている。これに続いて，国の役割として「国が本来果たすべき役割を重点的に担い，住民に身近な行政はできる限り地方公共団体にゆだねることを基本」とし，「地方公共団体に関する制度の策定及び施策の実施にあたって，地方公共団体の自主性及び自立性が十分に発揮されるようにしなければならない」と述べている。

しかし，地方自治体は「法律」と「政令」「省令」（この3つを「法令」という）に縛られており，そして「法令」に基づく国の施策が「地方公共団体の自主性及び自立性が十分に発揮される」ように実施されているとはいえない。

1999年の地方自治法改正では，本来の自治体の仕事である「自治事務」についても「助言または勧告」「資料の提出の要求」「是正の要求」「協議」等の国の関与を法定化した。「機関委任事務」の廃止とともに，本来なら国が「地方公共団体の自主性及び自立性が十分発揮されるように」すべきであるにもかかわらず，国の法令や「技術的助言」等を通じて，国と自治体の関係に国の意向が依然として色濃く反映されている。また，自治体の側にも国に依存する傾向が残っている[8]。

1989年の「高齢者保健福祉推進10か年戦略」（ゴールドプラン）以来，地方自治体では相次いで社会福祉計画が策定されるようになった。高齢者分野では「老人保健福祉計画」（1993年）と「介護保険事業計画」（2000年），児童分野では「子育て支援エンゼルプラン」（1994年）[9]と「次世代育成支援行動計画」（2003年），障害者分野では障害者基本法に基づく「障害者計画」（1995年）[10]と障害者自立支援法に基づく「障害福祉計画」（2006年度）である。その他に，

義務づけされてはいないが，2000年成立の社会福祉法によって，分野別に作られた上記の市町村福祉計画を総合化し，住民参加を重点目標とした「地域福祉計画」を策定することになった。

これらの計画を策定するプロセスにおいて，自治体が住民参加（住民自治）と国に対する地方自治体の自主性（団体自治）を貫ぬくか，逆に，厚生労働省が作成する計画策定のための詳細なマニュアルやニーズ把握の計算方法，サービス基盤の目標設定等の技術的助言に安易に依存して進めるかが問われている[11]。

2．社会福祉における国と地方自治体の負担関係

まず，国と地方自治体財政の全体を概観する。

国と地方自治体財政の歳出総額（純計）をみると，2005年度で国が62兆2,202億円（40.6％），地方が89兆4,242億円（59.4％）である。財政からみると地方が6割の仕事をしている。日本は中央集権国家でありながら連邦制のアメリカやドイツ，分権の進んだスウェーデンに匹敵する「分権型」の社会であるといわれている[12]。

国と地方の仕事を，それを支える収入の面からみると，国税は52兆2,905億円，地方税は34兆8,044億円で，地方は約4割しか占めていない[13]。日本の「分権」の特徴は，収入の多くを国が握り，地方は少ない収入で多くの仕事を行っていることである。それが可能なのは，国税の一部が地方交付税や国庫支出金（負担金・補助金）の形で国から地方に移譲されているからである。この国税から地方への移譲を通して国による統制が行われてきた。これは「住民に身近な行政はできる限り地方公共団体にゆだねることを基本」とする新しい地方分権の考え方とは相容れない。今この矛盾が地方財政制度・地方自治制度の改革課題として大きな問題になっている。

政府が進めようとしている改革の方向は，① 住民をサービスの利用者（顧客）とみて民間企業の経営方法を自治体経営に取り入れて合理化すること，② 地方自治体の仕事を可能な限り民間に任せ，社会福祉などの支出の増大を避け，

公務員も削減して自治体をスリム化すること，③ 小規模で財政力の弱い自治体への支援を縮小もしくは廃止し，生き残れない小規模自治体には合併によって規模を大きくして生き残る道を選択させることである。

これに対して，住民本位の行財政改革では，現在の限られた収入の中で，これからも必要とされる仕事とこれから減らしていくべき仕事を地方自治体が住民とともに決定するシステムづくりをするとともに，自由に使える財源を拡大・保障する抜本的な改革を行うことが目指されている。具体的には，① 国税から地方税への転換による地方税収入の拡大，② 地方税への転換だけでは財源不足が見込まれる自治体に対しては，現行の地方交付税による財源保障を維持しつつ，その決定方法をわかりやすく合理的なものに変えること，③ 地方交付税の決定権を国ではなく地方自治体がもつように変えること，が提案されている[14]。

図表3-2は2005年度の国と地方（都道府県と市町村の全体）の歳出を目的別に分類し，それぞれについて国と地方の割合を示したものである。図中の社会保障関係費のうちの民生費は年金関係を除いたものだが，国と地方の比は37：63である。民生費の分野でも地方が約6割の仕事をしている。

この民生費のうち地方が行う部分は2005年度で15兆6,927億円である。その財源は地方税と国から移譲された地方交付税を含む一般財源等が10兆5,524億円（67.2%）で，国庫支出金が4兆245億円（25.6%），その他が1兆1,158億円（7.2%）である[15]。国庫支出金の推移をみると，1980（昭和55）年度では44.7%を占めていたが1990年度以後2004年度までほぼ27%台で推移し，2005年度に三位一体の改革による国庫支出金の削減で25.6%に低下した。それでも民生費全体の4分の1を占めている。

歳入総額に占める国庫支出金の比率は12.8%であるのに対して，民生費の財源中の国庫支出金の比率は前述したように25.6%である。また，金額ではなく，仕事（事業）の数でみると国庫支出金と関わる事業は多い。民生費のうち，社会福祉費の71.1%，児童福祉費の77.2%が「補助事業」である[16]。以上のことから民生費においては国庫補助・負担事業との関連が大きいことがわかる。

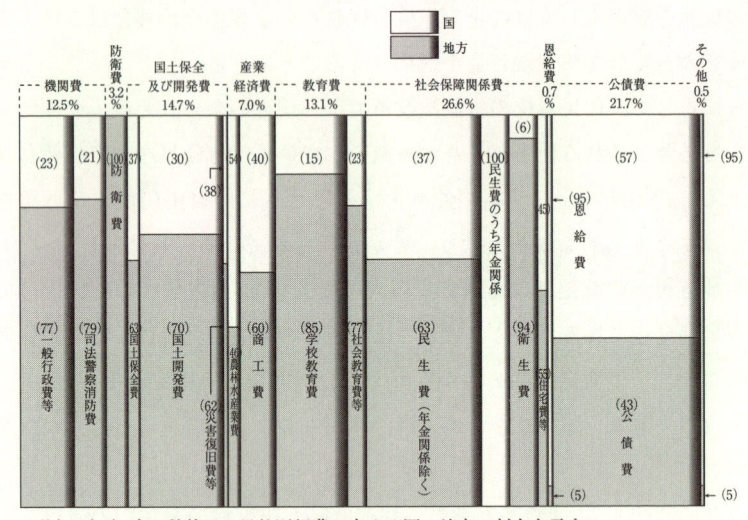

図表 3-2 国・地方を通じる純計歳出規模（目的別）

凡例：□ 国　■ 地方

機関費 12.5%／防衛費 3.2%／国土保全及び開発費 14.7%／産業経済費 7.0%／教育費 13.1%／社会保障関係費 26.6%／恩給費 0.7%／公債費 21.7%／その他 0.5%

（主な内訳）
- 一般行政費等 (77)／(23) 国
- 司法警察消防費 (79)／(21) 国
- 国土保全費 (100)／防衛費
- 国土開発費 (70)／(30)
- 砂防林水産業費 (60)／(40)
- 災害復旧費等 (62)／(38)
- 商工費 (60)
- 学校教育費 (85)／(15)
- 社会教育費等 (77)／(23)
- 民生費（年金関係除く）(63)／(37)
- 民生費のうち年金関係 (100)
- 衛生費 (94)／(6)
- 恩給費 (95)／(5)
- 公債費 (43)／(57)
- その他 (95)／(5)

注）（ ）内の数値は，目的別経費に占める国・地方の割合を示す．
出所）『地方財政白書　平成19年版（平成17年度決算）』2007年，p. 2

3．自治体の社会福祉財政（民生費）

　図表3-2によると，年金も含めた社会保障費は国と地方をあわせた目的別歳出の中で最も高い比率（26.6%）を占めている。地方について，市町村をみると年金関係を除いた民生費だけで26.1%と第1位である（第2位は土木費の15.3%）[17]。

　図表3-3で市町村の歳入総額の推移をみると1999年度の55兆5,075億円をピークに減少を続け，2005年度は50兆4,786億円になっている。その内訳のうち地方交付税を図に示しているが，これも2000年度の9兆9,936億円をピークに2004年度の7兆7,119億円に減少している。地方交付税は歳入総額に占める比率も2000年度の18.9%から2004年度の15.2%へと低下している。地方税，地方交付税等からなる一般財源の総額も2000年度の31兆6,538億円から2003年度の28兆3,338億円%へ減少している。いずれも多少の増減はあるものの，全体として

図表3-3 歳入，地方交付税，一般財源，民生費の推移

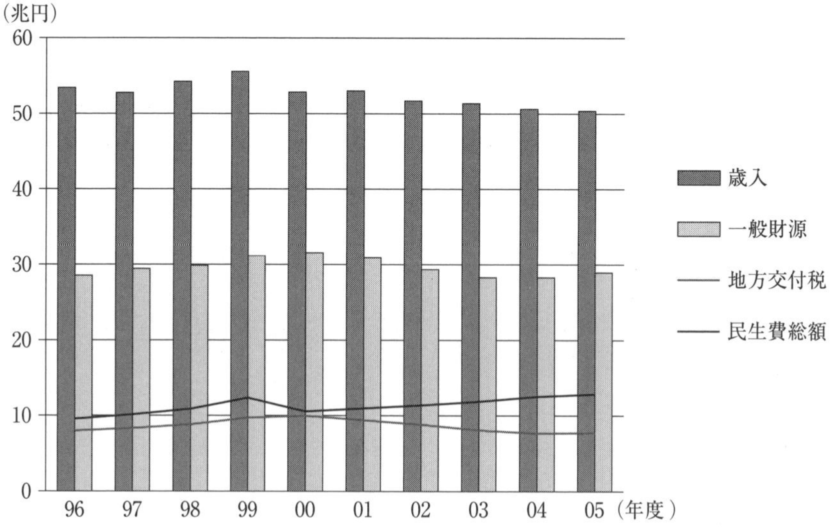

(兆円)

凡例：歳入／一般財源／地方交付税／民生費総額

出所）『地方財政白書』各年度版より作成

国関連の財源が減少傾向を示している。

　歳入と一般財源が減少する中でも，民生費の総額は1996年度の9兆6,974億円からほぼ毎年伸び続け，2005年度には12兆8,135億円になっている（1999年度は，主として介護保険の準備のための増加が含まれている）。

　図表3-4は，都道府県と市町村を一括した資料であるが，一般財源の重点的使途を表している。1992年度には一般財源の10.6％を民生費に支出していたがその後その比率は上昇し，2005年度には16.5％を支出している。市町村自治体では，限られた収入の中で増大する民生費にいかに対応するかが大きな問題になっている。

　市町村の民生費の内訳について，図表3-5でその推移を示す。2005年度において，児童福祉費が最も大きく4兆1,773億円（32.6％），次いで社会福祉費の3兆3,636億円（26.3％），第3位が老人福祉費2兆6,818億円（20.9％），第4位が生活保護費で2兆5,734億円（20.1％）である。「失われた10年」といわれる長期不況が始まったばかりの1992年度と比較して，最も増加が大きいのは生

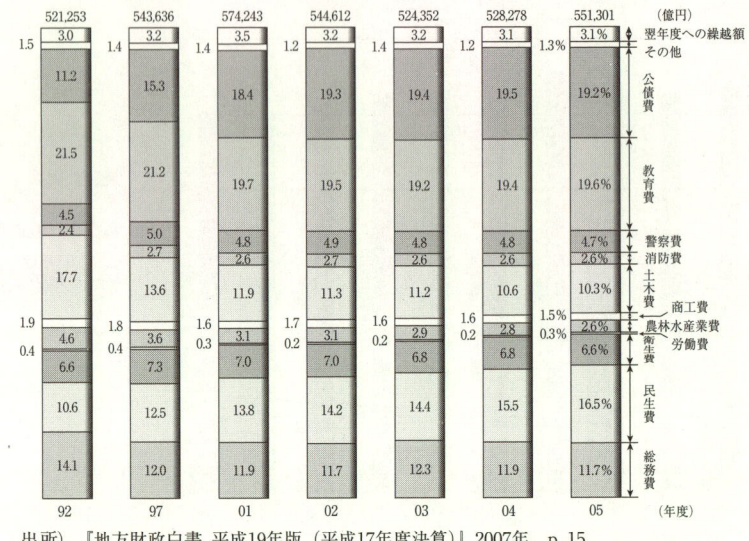

図表 3-4　一般財源充当額の目的別構成比の推移

年度	92	97	01	02	03	04	05
総額（億円）	521,253	543,636	574,243	544,612	524,352	528,278	551,301
翌年度への繰越額	1.5	1.4	1.4	1.2	1.4	1.2	1.3%
その他	3.0	3.2	3.5	3.2	3.2	3.1	3.1%
公債費	11.2	15.3	18.4	19.3	19.4	19.5	19.2%
教育費	21.5	21.2	19.7	19.5	19.4	19.4	19.6%
警察費	4.5	5.0	4.8	4.9	4.8	4.6	4.7%
消防費	2.1	2.7	2.6	2.6	2.6	2.6	2.6%
土木費	17.7	13.6	11.9	11.3	11.2	10.6	10.3%
商工費	1.9	1.8	1.6	1.7	1.6	1.5%	1.5%
農林水産業費	4.6	3.6	3.1	3.1	2.9	2.8	2.6%
労働費	0.4	0.4	0.3	0.2	0.2	0.2	0.3%
衛生費	6.6	7.3	7.0	7.0	6.8	6.8	6.6%
民生費	10.6	12.5	13.8	14.2	14.4	15.5	16.5%
総務費	14.1	12.0	11.9	11.7	12.3	11.9	11.7%

出所）『地方財政白書 平成19年版（平成17年度決算）』2007年, p. 15

活保護費で2.04倍, 次いで児童福祉費が1.77倍, 社会福祉費が1.60倍, 老人福祉費が1.42倍である。

4. 社会福祉財政の動向

　高齢者や障害者に対する対人援助サービスに国民所得の何パーセントを支出しているかの国際比較をみると, 日本は0.42%で, 特に低いアメリカの0.06%は別として, イギリス（1.05%）, ドイツ（1.01%）, フランス（0.91%）, スウェーデン（5.57%）より低い[18]。福祉分野への支出が経済発展にマイナスではなく, むしろプラスに働くことについての研究も広がっている[19]。福祉を含む対人援助サービスを拡大する方向へ財政の仕組みを切り変えるべきである。

　それにもかかわらず, 国の政策は巨額の財政赤字を理由に「小さな政府」によって, 福祉を切り捨てる方向に進んでいる。大企業に対する減税は温存したまま大衆課税となる消費税率の拡大と福祉目的税の創設の動きも進んでいる。

　社会福祉が今後の日本のあり方を左右する重要課題になっている現在, 以下

図表3-5 民生費の目的別歳出の推移(市町村)

年度	生活保護費	児童福祉費	老人福祉費	社会福祉費
92年	1.26 (16.5%)	2.36 (31.0%)	1.89 (24.9%)	2.10 (27.6%)
97年	1.55 (15.3%)	2.76 (27.2%)	3.08 (30.4%)	2.72 (26.9%)
01年	2.01 (18.4%)	3.41 (31.3%)	2.47 (22.7%)	3.01 (27.6%)
02年	2.13 (18.9%)	3.57 (31.7%)	2.52 (22.4%)	3.03 (26.9%)
03年	2.30 (19.2%)	3.83 (32.1%)	2.55 (21.4%)	3.25 (27.3%)
04年	2.43 (19.5%)	4.05 (32.5%)	2.62 (21.0%)	3.35 (26.8%)
05年	2.57 (20.1%)	4.18 (32.6%)	2.68 (20.9%)	3.36 (26.3%)

出所) 『地方財政白書』各年度版より作成

に述べる2つの方向が目指されるべきだと考える。

ひとつは,社会福祉と「地方分権をめざす財政学」との協働である。さまざまな分野での取り組みのひとつとして,大和田一紘の主宰する「市町村財政分析講座」があげられる。講座では市民が「決算カード」を軸に具体的な数字をみながら市町村財政を学び,市町村行政を批判しつつ現実を分析し,行政とともに財政を考え,変えていくことを目指している。残念ながら,福祉分野からの参加は少ないが,福祉に関わる住民と専門職が自分たちの暮らす地域において「わが町の財政と行政」を考え,そこから国のあり方を考えることを期待したい[20]。

2つめは,市民参加による地方自治である。2005年に公立保育所に対する国庫負担が廃止されて交付税化された。私立認可保育所に関しては国の負担金が継続されている。多くの市町村では財政面の効率化を求めて公立保育所の民営化を進めてきた。ところが市民の意見を十分聞かずに行政主導で進められる民営化の例が後を絶たず,全国的な議論を呼んでいる。

「市立保育所の存続」を公約のひとつにかかげて当選した市長のもと,O市では時間をかけて市民との地域懇談会を重ねている。懇談会では国の政策や市の財政状況等について市が情報を公開し,市長始め公立保育所保育士や担当職

員が参加して市民と意見を交換してきた。さらに市が事務局を勤める「O市活性化100人委員会」の中に「公立保育所のこれからの役割を考える部会」を位置づけ，公募による市民代表が活発な議論をしてきた。そこでの成果を市長に提言するはこびになっている。こうした市民参加による地方自治の典型例が広がることで地方分権型福祉社会が生み出されるだろう。

〈注〉
1) 樋口陽一ほか『注釈 日本国憲法 上巻』青林書院新社，1984年，pp. 566-568
2) 同上書，pp. 569-570
3) 奥平康弘ほか編『テキストブック 憲法』有斐閣，1989年，pp. 166-167
4) 樋口陽一ほか，前掲書，pp. 571-575
5) 伊藤正己・園部逸夫編集代表『現代法律百科大辞典5』ぎょうせい，2000年，pp. 38-39
6) 佐藤進・児島美都子編『私たちの社会福祉法』法律文化社，2001年，p. 6
7) 岩村正彦「総論―改革の概観」『ジュリスト』1327号，pp. 14-15
8) 金井利之「社会福祉サービスにおける政府間役割分担」『社会福祉研究』第96号，2006年7月，pp. 52-53。新藤宗幸「新たな時代の都道府県の役割，市町村の役割」『月刊福祉』2006年9月号，p. 20
9) 自治体版エンゼルプランは1995年に補助事業として開始。
10) 「障害者計画」「障害者プラン」の都道府県と市町村自治体に対する義務化実施は2007年4月から。
11) 白沢仁「市町村障害福祉計画づくり」『障害者自立支援法の基本と活用』全国障害者問題研究会出版部，2006年，pp. 182-187
12) 重森暁『入門現代地方自治と地方財政』自治体研究社，2003年，p. 59, pp. 79-80
13) 『地方財政白書 平成19年版』2007年，p. 41
14) 地方6団体「分権型社会のビジョン（中間報告）」2006年5月11日，(http://www.mayors.or.jp/rokudantai/teigen/h180511vision.htm)，および同「地方分権の推進に関する意見」，2006年6月7日，内閣と国会に提出（http://www.keizai—shimon.go.jp/minutes/2006/0607/item12.pdf）。
    その他に，必読文献であげた，重森暁『入門現代地方自治と地方財政』，神野直彦・井手英策編著『希望の構想』2007年，も参照。
15) 『地方財政白書 平成19年版』2007年，p. 60
16) ここで「社会福祉費」とは，主に障害関係と民生費の総務費である。
17) 『地方財政白書 平成19年版』2007年，資料51

18) 神野直彦「福祉と三位一体の改革」『社会福祉研究』第96号,2006年7月,p. 30
19) 京極高宣『社会保障は日本経済の足を引っ張っているか』時事通信社,2006年
20) 大和田一紘『これならできる市町村財政分析』自治体研究社,2005年。同上『習うより慣れろの市町村財政分析』自治体研究社,2007年

〈必読文献〉
・山本隆『福祉行財政論』中央法規出版,2002年
　国と地方からみた福祉の制度・政策を社会福祉の援助技術,社会資源,社会福祉行政の3つ視点から総合的に取り上げている。社会福祉行財政論を学ぶ者の必読文献である。
・重森暁『入門現代地方自治と地方財政』自治体研究社,2003年
　日本における地方自治の歩み,分権化への国際的潮流,地方財政の具体的な仕組みなどがわかりやすく,福祉を学ぶ者にとっても参考になる。
・山家悠紀夫『「痛み」はもうたくさんだ！』かもがわブックス,2007年
　小泉構造改革の5年5ヵ月を総括して批判したもの。大部分が講演記録に手を入れたものなのでわかりやすい。第4章の「財政赤字をどうとらえるか」は政府の誇大宣伝を批判的にとらえるために読んでおきたいもの。

〈もっと学習したい人のために〉
・右田紀久恵『自治型地域福祉の理論』ミネルヴァ書房,2005年
　著者は「自治型地域福祉」の概念により「新たな社会福祉」の理論の枠組みを提起している。理論は抽象化されているので難解だが,行政学,法学,財政学の領域もとりこみつつ,多面的な福祉理論の展開を試みている。
・神野直彦・井手英策編著『希望の構想』岩波書店,2006年
　国が行っている単なる財政赤字の解消ではなく,財政を積極的に機能させることにより,危機に陥った社会システムの改革構想（分権・社会保障・財政改革のトータルプラン）を提起する。財政学分野の研究をふまえた総合的で具体的な改革プランが出されている。
・京極高宣『社会保障は日本経済の足を引っ張っているか』時事通信社,2006年
　本書の目的は「社会保障が日本経済に及ぼすプラスの影響について実証的に証明」することである。国立社会保障・人口問題研究所の研究を背景とした本格的な研究をふまえた「啓蒙書」となっている。

第4章　社会福祉専門職とマンパワー

第1節　社会福祉専門職とは何か

1．社会福祉専門職のとらえ方

　社会福祉援助活動を担う者を表現する際に，現在，「社会福祉専門職」「ソーシャルワーカー」「社会福祉実践者」「社会福祉従事者」などといったさまざまな用語が使われている。社会福祉援助活動の担い手を表現する際の名称と定義に関して整理されているものが少なく，すでに整理されているものであっても世間一般に浸透していない等の問題がしばし用語の使い方，とらえ方に対し混乱を与えていると考えられる。

　ここでは特に「社会福祉専門職」を取り上げ述べていくことにする。社会福祉専門職とは，社会福祉関係法令に規定される社会福祉の領域・分野に属する機関や施設に従事する専門職を指すという見方や，欧米で発展・確立してきた社会福祉分野の固有の知識，技術，価値をもつソーシャルワーカーのことを指すという見方がある。

　両者には，社会福祉専門職イコールソーシャルワーカーとしてとらえるのか，介護士をはじめとしたケアワーカーを含ませるのかという点で，具体的違いがみられるが，双方に共通しており，社会福祉の専門職と呼ぶことができるかどうかを規定する前提条件としては，やはり社会福祉援助活動を担う者が「専門性」を備えているか否かであり，それを装備することなしに社会福祉専門職と称することは困難と考えられる。

2．専門性の要件と倫理

　まず，社会福祉専門職における専門性を形成する要素として，一般的には，① 価値前提（人間尊重，人間の社会性，変化の可能性），② 主体性（自立性），③ 社会性，④ 社会福祉の価値および倫理，⑤ 基礎知識（関連知識，一般教養），⑥ 専門知識（歴史，理論，社会福祉制度，関連分野に関する知識），⑦ 専門技術等があげられている。

　その中でも，京極高宣は，社会福祉従事者の専門性について，① 基礎知識，② 専門知識並びに技術，③ 倫理等を取り上げながら，これらを職業的専門性における構造的特性として説明し，これらは社会福祉専門教育の中で教育・訓練なしには修得することができないものであると主張する。

　社会福祉専門職の資格に代表される社会福祉士，介護福祉士の資格は法律に定める業務について独占できる業務独占の国家資格とは異なり，国家資格の名称を保護する目的で登録による有資格者だけがその名称を用いることができることにとどまる名称独占の国家資格である。つまり，専門性を装備しえない一般の者がその業務に携わっても法的に問題が生じることはない。社会福祉専門職と専門性を装備しえない一般の者を区別するための要素とは何であろうか。両者を比較した際，明らかに浮き彫りとなるのが「知識」と「技術」である。知識には，一般教養を含む基礎知識と社会福祉従事者が伝達，修得可能な体系化された社会福祉の専門知識がある。

　また，技術については，介護福祉士であれば介護技術，社会福祉士であれば直接援助技術，間接援助技術，関連援助技術をはじめとする相談援助技術等があげられる。

　ただ，今日の社会福祉専門職養成のあり方においては知識教育が何より優先，重要視されることに対する危惧が抱かれている。まず，社会福祉専門職が「専門職」であるためには，人間としての「主体性」が発達していることが要求される。さらに価値前提を基盤とし，高い「倫理性」を備えることは最も基本的で必要不可欠な条件といえ，知識，技術を何のために用いるのか，どのように

活用するのかは価値観ともいうべく社会福祉専門職としての倫理性に大きく委ねられている。極端なことをいってしまえば，社会福祉専門職の価値観次第で，知識と技術を利用し，利用者の権利を侵したり，重大な危機に陥れることもできるのである。

よって，社会福祉専門職が行う援助実践においては主体性，倫理性が充実してこそ知識，技術が生きるといえる。

第2節　社会福祉専門職の資格と教育

1．社会福祉従事者の現状

社会福祉従事者総数は，近年の社会福祉施策の拡充により，1998年に116万2,347人であったものが，2004年には160万1,217人となり，年々増加の一途をたどっている状況にある。

また，社会福祉の事業に従事する職員については以下に示すとおりである。

① 社会福祉施設の職員：施設長，生活相談員，児童指導員，児童自立支援専門員，介護職員，保育士，児童生活支援員，職業指導員，児童心理司，職能判定員，医師，保健師，助産師，看護師，理学療法士，作業療法士，栄養士，調理員，事務員等

② 福祉事務所の職員：所長，査察指導員，身体障害者福祉司，知的障害者司，老人福祉指導主事，家庭児童福祉主事，現業員，面接相談員，家庭相談員，嘱託医，事務職員等

③ 児童相談所，身体障害者更生相談所，婦人相談所，知的障害者更生相談所の職員：所長，児童福祉司，相談員，児童心理司，職能判定員，保育士，医師，保健師，看護師，事務職員等

④ 各種相談員：身体障害者相談員，婦人相談員，知的障害者相談員，母子自立支援員

⑤ 社会福祉協議会：企画指導員（全国社会福祉協議会），福祉活動指導員（都道府県・指定都市社会福祉協議会），福祉活動専門員（市町村社会福祉

協議会), 生活支援員
⑥ 訪問介護員

2. 社会福祉専門職の資格

(1) 社会福祉主事

社会福祉主事任用資格は，社会福祉法に規定されている任用資格であり，任用資格とは関係の職務に任じて採用され，はじめて効力を発揮し公認される資格である。

社会福祉主事の職務内容として，① 都道府県の社会福祉主事は，都道府県の設置する福祉に関する事務所において生活保護法，児童福祉法および母子及び寡婦福祉法に定める援護，または育成の措置に関する事務を行う，② 市に設置しなければならない福祉に関する事務所または町村に設置することができる福祉に関する事務所に置かれる社会福祉主事は，生活保護法，児童福祉法および母子及び寡婦福祉法，老人福祉法，身体障害者福祉法および知的障害者福祉法に定める援護，育成または更生の措置に関する事務を行う，③ 福祉に関する事務所が設置されていない町村に置くことができる社会福祉主事は，老人福祉法，身体障害者福祉法および知的障害者福祉法に定める援護，または更生の措置に関する事務を行うことである。

社会福祉主事任用資格は，1987年の「社会福祉士及び介護福祉士法」が成立するまでの間，社会福祉専門職の資格制度がなかったわが国において，基礎的な役割を果たしてきたといえる。行政分野における福祉事務所では，現業員，査察指導員，老人福祉指導主事等，また児童相談所においては児童福祉司，そして障害者更生相談所においては知的障害者福祉司，身体障害者福祉司の任用用件として用いられ，社会福祉関係法における社会福祉施設においても施設長や生活指導員等が社会福祉主事任用資格の必要な職種としてあげられている。社会福祉士等の国家資格の歴史がまだ浅いことや，国家試験の難易度が高いこと等を考慮すると，今後も社会福祉専門職の基礎的な役割は継続していくものと思われる。

図表4-1 社会福祉主事任用資格の取得方法

(平成18年度)

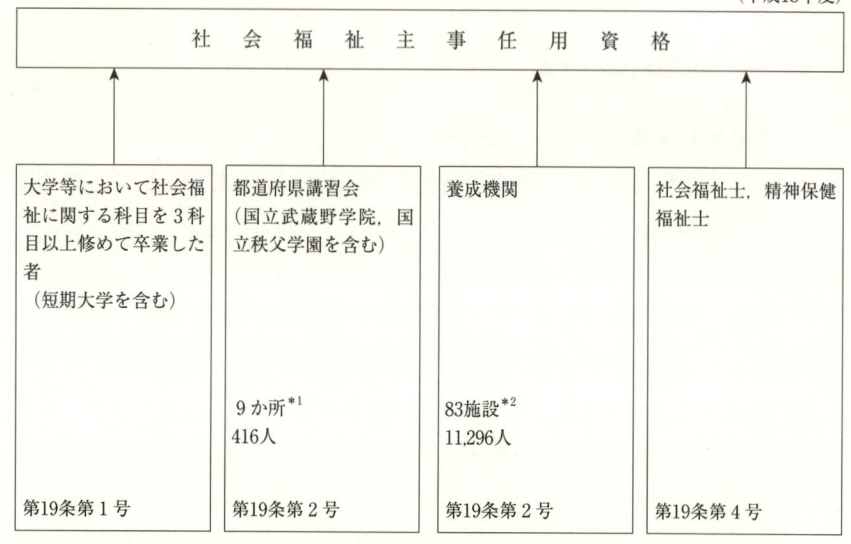

```
┌─────────────────────────────────────────────────────┐
│         社 会 福 祉 主 事 任 用 資 格                │
└─────────────────────────────────────────────────────┘
      ↑              ↑              ↑              ↑
┌──────────┐  ┌──────────┐  ┌──────────┐  ┌──────────┐
│大学等にお │  │都道府県講 │  │養成機関  │  │社会福祉士,│
│いて社会福 │  │習会      │  │          │  │精神保健  │
│祉に関する │  │(国立武蔵 │  │          │  │福祉士    │
│科目を3科 │  │野学院,国 │  │          │  │          │
│目以上修め │  │立秩父学園│  │          │  │          │
│て卒業した│  │を含む)   │  │          │  │          │
│者        │  │          │  │          │  │          │
│(短期大学 │  │          │  │          │  │          │
│を含む)   │  │          │  │          │  │          │
│          │  │9か所*1   │  │83施設*2  │  │          │
│          │  │416人     │  │11,296人  │  │          │
│第19条第1号│  │第19条第2号│  │第19条第2号│  │第19条第4号│
└──────────┘  └──────────┘  └──────────┘  └──────────┘
```

注)　1.　*1：都道府県講習会9ヵ所は，平成18年度の実績
　　　2.　*2：社会福祉主事養成機関83施設は，平成18年4月1日現在開校している養成機関の数である。
　　　　　　なお，この83施設の中には，全社協中央福祉学院（5,400人），日本社会事業大学通信教育科（800人）の2施設も含まれている。
出所)　社会福祉の動向編集委員会編『社会福祉の動向 2007』中央法規出版，2007年，p.255

(2) 社会福祉士および介護福祉士

「社会福祉士及び介護福祉士法」の創設経緯について触れておくと，当時，高齢化社会の進展とともに国民生活の変化に伴う生活要求が多様化，高度化しているという見方が強まり，中長期的観点からの福祉の見直しが進められることになる。具体的には，1986年1月から中央社会福祉審議会等福祉関係三審議会の合同企画分科会において，中長期的社会福祉制度の見直し，検討が図られ，1987年3月23日に「福祉関係者の資格制定について」の意見具申が行われる。これを基に，「社会福祉士及び介護福祉士法案」が取りまとめられ，同年5月公布，翌年4月に全面施行という流れでわが国最初の福祉専門職における国家

第4章　社会福祉専門職とマンパワー　97

図表4-2　社会福祉士の資格取得方法

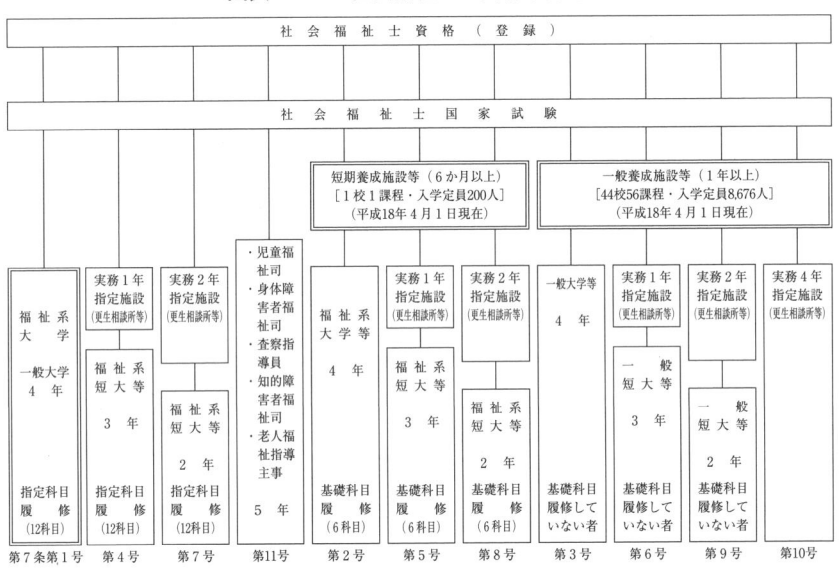

```
社会福祉士資格（登録）
        │
社会福祉士国家試験
```

短期養成施設等（6か月以上）
[1校1課程・入学定員200人]
（平成18年4月1日現在）

一般養成施設等（1年以上）
[44校56課程・入学定員8,676人]
（平成18年4月1日現在）

第7条第1号	第4号	第7号	第11号	第2号	第5号	第8号	第3号	第6号	第9号	第10号
福祉系大学 一般大学 4年 指定科目履修 （12科目）	実務1年指定施設 (更生相談所等) 福祉系短大等 3年 指定科目履修 （12科目）	実務2年指定施設 (更生相談所等) 福祉系短大等 2年 指定科目履修 （12科目）	・児童福祉司 ・身体障害者福祉司 ・査察指導員 ・知的障害者福祉司 ・老人福祉指導主事 5年	福祉系大学等 4年 基礎科目履修 （6科目）	実務1年指定施設 (更生相談所等) 福祉系短大等 3年 基礎科目履修 （6科目）	実務2年指定施設 (更生相談所等) 福祉系短大等 2年 基礎科目履修 （6科目）	一般大学等 4年 基礎科目履修していない者	実務1年指定施設 (更生相談所等) 一般短大等 3年 基礎科目履修していない者	実務2年指定施設 (更生相談所等) 一般短大等 2年 基礎科目履修していない者	実務4年指定施設 (更生相談所等)

出所）図表4-1に同じ，p.259

図表4-3　介護福祉士の資格取得方法

```
介護福祉士資格（登録）
```

介護福祉士国家試験
（実技試験免除）　実技試験
筆記試験

介護技術講習

選　　択

第39条第1号	第39条第2号	第39条第3号	第39条第4号 第40条第2項第1号	第39条第4号 第40条第2項第2号
養成施設 （2年）[322] （3年）[50] （4年）[48]	養成施設（1年）[5] 福祉系大学等 社会福祉士養成施設等	養成施設（1年）[62] 保育士養成施設等	介護等の業務経験が3年以上ある者	福祉系高等学校において厚生労働大臣が定める科目を履修して卒業した者 （参考） 201校（平成18年4月1日現在）

高校卒業者等

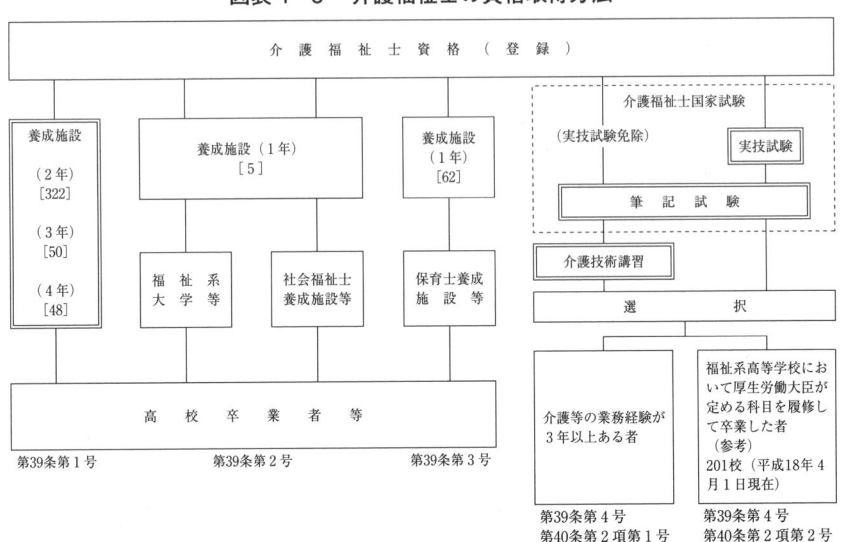

注）[　]内の数字は，平成18年4月1日現在の課程数である。
出所）図表4-1に同じ，p.259

資格が誕生したのである。

　意見具申から法制化の必要性について触れておくと，1点目に，高齢化と福祉の需要に対する専門的対応が必要となったこと，2点目に，福祉専門職の養成は諸外国と比べ，立ち遅れているとみなされており，国際的な観点からみても資格制度の確立が必要とされたこと，そして3点目に，福祉サービスの供給側においても変化が生じ，特にシルバーサービスといわれる分野が台頭してきたことで，民間部門の一翼を担うシルバーサービス提供者が健全に，かつ速やかに育成され，高齢者を対象とするサービス提供者が質の維持とサービスの倫理並びに社会的責務の認識を強く保持するためにも資格制度が必要となったことが主な理由としてあげられている。

　社会福祉士と介護福祉士の資格取得の方法については図表4-2，4-3に示しておく。

(3) 精神保健福祉士

　1987年に精神障害者社会復帰施設の一部が法定化されて以来，特にわが国は施設や設備等におけるハード面の整備に力を注ぎながら，施策を展開してきた。

　しかしながら，諸外国と比べ，入院して医療を受ける者の割合が高い状況や入院治療期間が長期化しているという状況に直面し，施設や設備等の整備のみならず，社会復帰のためのきめ細かいサービス提供を図る専門職の誕生が課題となり，その人材確保対策の具体化として，1997年に精神保健福祉士法が誕生したのである。

　精神保健福祉士は，精神疾患固有の状態におかれる患者や施設利用者を援助対象としているため，精神保健・医療に関するより高度な専門的知識・技術を兼ね備えておかなければならない。社会福祉士が精神疾患の病状が安定している者に対し，日常生活を営むのに支障がある者の福祉に関する相談，助言，指導その他の援助を行う一方，精神保健福祉士は精神疾患の病状の進行する者に対し，主として援助にあたるため，両者における専門的知識や技術における駆使の度合いは異なるといえる。その他，精神保健福祉士は，医師との関係にお

第4章　社会福祉専門職とマンパワー　99

図表4-4　精神保健福祉士の資格取得方法

区分	学歴・実務	年数	条項
指定科目履修者	保健福祉系大学等	(4年)	第7条第1号
指定科目履修者	相談援助実務1年＋保健福祉系短大等	(3年)	第7条第4号
指定科目履修者	相談援助実務2年＋保健福祉系短大等	(2年)	第7条第7号
基礎科目履修者（精神保健福祉士短期養成施設等6か月経由）	福祉系大学等	(4年)	第7条第2号
基礎科目履修者（精神保健福祉士短期養成施設等6か月経由）	相談援助実務1年＋福祉系短大等	(3年)	第7条第5号
基礎科目履修者（精神保健福祉士短期養成施設等6か月経由）	相談援助実務2年＋福祉系短大等	(2年)	第7条第8号
基礎科目履修者（精神保健福祉士短期養成施設等6か月経由）	社会福祉士		第7条第11号
精神保健福祉士一般養成施設等（1年）経由	一般大学等	(4年)	第7条第3号
精神保健福祉士一般養成施設等（1年）経由	相談援助実務1年＋一般短大等	(3年)	第7条第6号
精神保健福祉士一般養成施設等（1年）経由	相談援助実務2年＋一般短大等	(2年)	第7条第9号
精神保健福祉士一般養成施設等（1年）経由	相談援助実務4年		第7条第10号

※社会福祉士は一部試験科目免除
※上記ルートを経て精神保健福祉士国家試験→精神保健福祉士資格（登録）

出所）図表4-1に同じ，p.261

いて精神障害者に主治医がある時は，医師の指導を受けなければならないことが法に定められており，医師をはじめとした医療関係者との連携をより密に保つことが求められる専門職である。

　なお，精神保健福祉士の資格の取得方法や義務等は社会福祉士に類似しており，資格の取得方法は図表4-4に示すとおりである。

3．社会福祉専門職の教育

　社会福祉専門職教育は，1987年の「社会福祉士及び介護福祉士法」成立前後で大きな変革を遂げている。1987年より前，社会福祉専門職の資格制度がなかったわが国では，その基礎的な役割を果たしてきた社会福祉主事の養成が社会福祉専門職の教育の中心に据えられていた。1947年にGHQ指導の下，大学基準協会によって定められた「社会事業学部設置基準」に基づき社会福祉教育が展開されているが，社会福祉専門職を養成する教育機関は依然として少なく，一

般大学、講習会等でも社会福祉主事任用資格が取得可能になるルートを設定し、社会福祉教育機関での教育が必ずしも社会福祉専門職養成に繋がっていなかった状況が伺える。また、現在に至っても一般大学の三科目主事や無試験による講習会を受講することで取得できる社会福祉主事任用資格の専門性の質と内容を問う声があがっている。

1987年の「社会福祉士及び介護福祉士法」成立後では、大学等の社会福祉教育には社会福祉士や精神保健福祉士等の国家試験受験資格取得のための科目を中心に据え、カリキュラムの再編が行われている。

第3節 社会福祉専門職と関連従事者

生活要求は単純・単一的なものではなく、複雑多岐にわたっている。であるならば、その生活要求に対し、一領域の専門職がアプローチしようとしても、生活要求を充足することは困難である。複雑に絡み合うさまざまな領域からの生活要求に対しては、社会福祉専門職であれ、関連する専門職であれ、得意分野と不得意分野があるため、その領域ごとに精通する高度な知識と技術をもちあわせる専門職が問題解決にあたることが望ましい。

ただ、それぞれの専門職が各々バラバラにサービスを提供し、自分たちの専門分野にのみこだわりをもち続けたとしたら、客観的な判断に基づく総合的、効率的なサービス提供は困難ともいえる。近年、保健、福祉、医療の連携がとりわけ強調されるが、生活全般を見渡せばそれ以外にも教育、住宅、法律、心理等に所属する専門職同士の連携も当然に必要となり、問題解決をはかるためには、生活者の支援にかかわる各種専門職がチームをつくり、他の専門分野への理解や情報交換をはじめとした、連絡調整をしっかりと行い、総合的で効果的なサービスを一貫して提供することが要求される。

社会福祉の施設や機関等には、社会福祉専門職の他にもさまざまな領域の専門職の配置がなされている。社会福祉に関連する専門職とは、住民の生活支援を担う専門職種のすべてを指すといえるが代表的なものを図表4-5に示しておく。

図表 4-5　社会福祉に関連する専門職

資格名称	根拠法	業務内容
医師	医師法	医療および保健指導を掌ることによって公衆衛生の向上および増進に寄与し，もって国民の健康な生活を確保する。
歯科医師	歯科医師法	歯科医療および保健指導を掌ることによって公衆衛生の向上および増進に寄与し，もって国民の健康な生活を確保する。
看護師	保健師助産師看護師法	傷病者もしくはじょく婦に対する療養上の世話または診療の補助を行う。
保健師	保健師助産師看護師法	保健指導に従事する。
助産師	保健師助産師看護師法	助産または妊婦，じょく婦もしくは新生児の保健指導を行う。
救命救急士	救命救急士法	医師の指示を下に，救命救急処置を行う。
理学療法士	理学療法士及び作業療法士法	医師の指導を下に理学療法を行う。理学療法とは，身体に障害のある者に対し，主としてその基本的動作能力の回復を図るため，治療体操，その他の運動を行わせ，および電気刺激，マッサージ，温熱その他の物理手段を加えることを指す。
作業療法士	理学療法士及び作業療法士法	医師の指導を下に理学療法を行う。作業療法とは身体または精神に障害のある者に対し，主としてその応用的動作能力または社会適応能力の回復を図るため，手芸，工芸その他の作業を行わせることを指す。
義肢装具士	義肢装具士法	医師の指導の下に，義肢及び装具の装着部位の採型並びに義肢および装具の制作および身体への適合を行うことを業するものをいう。
視脳訓練士	視脳訓練士法	医師の指導を下に，両眼視機能に障害のある者に対するその両眼視機能の回復のための矯正訓練およびこれに必要な検査を行う。
栄養士	栄養士法	栄養の指導に従事する。

第4節　社会福祉専門職の課題

1．専門性の維持・向上

　専門性の維持・向上には，「職場環境」と「教育・養成体制」のあり方が重要になる。ただし，「教育・養成体制」に関しては，本節3．で取り上げるため，ここでは「職場環境」を中心に述べていく。

大学等の教育機関で高度な専門教育を充実して，受けてきたとしても，現場にでて，ただちに社会福祉専門職としての役割を全うしうるだけの専門性が備えられるかといえばそれは難しい。大学等の教育機関の中で高度な専門教育を受け，培った問題発見方法や解決方法の理論を実践現場で適用し，確認または検証していく中で，専門職としての基礎となる知識や技術，あるいは倫理観が磨かれ，さらに精錬されたものになってくる。

よって，具体的現場実践の中で，知識，技術，倫理観といった専門性の質を高めていける部分は大きい。しかしながら，現場実践それ自体を単に経験することで誰もが必然的に専門性の維持，向上を期待できるかといえばそうではない。業務の効率化といった面での向上は図れたとしても，専門職としての「専門性」の向上が見込めるかどうかはまた別の問題である。重要なのは経験とそれを基に研究・研修・訓練等を積むということである。職場内でのスーパービジョンの確立，専門職としての自己能力向上という性格が強い日本社会福祉士会や日本介護福祉士会の専門職団体等が行う研修制度の活用，職場内外での研究発表等，これらの充実できる環境・条件整備を図ることが法的にも財政的にも保障がなされていくべきであり，これらを奨励・保障する職場環境の整備も専門性の維持・向上のためには欠かせない条件である。個々の努力のみに専門性の維持，向上を期待し，見出すことにとどまらず，それを支援するための環境のあり方についても今後検討していく必要があると考えられる。

2．社会福祉専門職の労働条件

社会福祉専門職の労働条件では，今日，勤務体系の変則性をはじめとして，賃金水準の低さ，精神的・肉体的負荷，雇用形態の非正社員・非常勤化等，劣悪な労働条件が浮き彫りになってきている。福祉利用者が人間らしい健康で文化的な生活を発展していくための援助を担う社会福祉専門職自らの生活が脅かされている実態は深刻である。

社会福祉専門職の劣悪な労働条件が生まれる背景のひとつには，従来からの聖職としての専門職観（社会福祉専門職は聖職者であり，雇用・賃金労働者と

いう立場を切り捨てる考え方）が潜んでいるものと考えられる。

　政策主体等によって進められてきた専門職制度には，少なからず歪曲化された聖職思想がみられ，それが劣悪な労働条件を押し付け，労働組合における連帯・団結を困難にしている実態が伺える。

　社会福祉専門職における劣悪な労働条件の克服には，停滞する労働者組合運動の発展と拡大が今後の重要課題になると思われる。

3．教育・養成体制の整備

　現在，社会福祉専門職の教育・養成体制の整備について，社会福祉専門職を取り巻く状況が大きく変化している中で，特に，社会福祉士を取り上げ論じるならば，寝たきり高齢者や認知症高齢者および障害者に対する介護の内容，体制，環境条件，児童やその家族に係わる問題事例に関する相談業務や相談ニーズの把握と整理，援助プログラムの策定，援助プログラムの実施，評価並びに管理等の援助等の業務を適切に行うことができる実践力の高い社会福祉士をいかに養成するかがひとつの課題となっている。また，社会福祉専門職が担う業務はそれぞれの専門とする業務のみに限られていることはなく，専門性を有する業務を中心に，関連する業務もこさなければならないことを考慮すれば，幅広い業務に対応する能力育成も同時に求められる。

　大学等の高等教育機関で実施されている社会福祉教育においては，今後，問題を発見し，その解決の方法を社会福祉の理論に適用しながら考えていくことのできる基本的な力を養うと同時に，高い実践力を要する専門職育成にも目を向け，具体的現場実践の機会の増加や実習の質の担保をはじめとした教育内容の見直しとその標準化を図ることが必要になってくると思われる。

〈参考文献〉
・北川清一監修・編著，大友信勝・遠藤久江監修『私たちの暮らしと福祉援助活動／社会福祉援助技術入門』中央法規出版，1999年
・竹原健二編著『現代社会福祉学』学文社，2003年
・原田克己・大和田猛・島津淳編著『福祉政策論』医歯薬出版，2004年

- 厚生統計協会編『国民の福祉の動向』厚生統計協会，2006年
- 菊池正治・清水教惠編著『基礎から始める社会福祉論』ミネルヴァ書房，2007年
- 福祉士養成講座編集委員会編『新版社会福祉士養成講座1 社会福祉原論』中央法規出版，2006年
- 鬼崎信好編『四訂社会福祉の理論と実際―新たな福祉社会の構築にむけて』中央法規出版，2006年
- 日本社会福祉士会倫理委員会編『社会福祉士の倫理 倫理綱領実践ガイドブック』中央法規出版，2007年
- 社会福祉の動向編集委員会編『社会福祉の動向2007』中央法規出版，2007年
- 竹原健二『現代福祉学の展開』学文社，2006年
- 宮田和明ほか編『社会福祉専門職論』中央法規出版，2007年

〈必読文献〉
- 竹原健二『現代福祉学の展開』学文社，2006年
  　　従来の社会福祉専門職における専門職論を3つに大別し，その到達点と問題点を明らかにした上で，筆者の専門職論が展開されている。
- 宮田和明・加藤幸雄・牧野忠康・柿本誠・小椋喜一郎編集『社会福祉専門職論』中央法規出版，2007年
  　　社会福祉の分野・領域ごとに現場が求める社会福祉の専門職とは何かを客観的にみつめ直し，社会福祉専門職がどこまでその要請に応じられるかという現実に即した視点からその役割と課題について論じられている。

〈もっと学習したい人のために〉
- 杉本一義監修，福永善秀編『社会福祉の発見』あいり出版，2008年
  　　「社会福祉の従事者」の部分では，具体的には専門性の構造に目を向けながら，特に社会福祉従事者として装備しなければならない価値・倫理，知識，技能について概説し，最後に社会福祉従事者にとっての課題を示している。

第5章　社会福祉の諸分野

第1節　生活保護

1．貧困（生活）問題への現代的視点

　社会保障とは，生存権に基づいて国民生活を保障することを目的とする政策・制度を示す概念であり，広く，疾病，死亡，加齢などの生活を脅かす危機から国民の生活を守り，その安定を図る体系であるが，その安定は常に「最低生活」を基盤にしている。社会保障が保障する「最低生活」については，1970年代以降の貧困研究の中で，P. タウンゼントが相対的剥脱という概念を打ち出している。相対的剥脱概念による「最低生活水準」とは，その社会の社会成員の平均的生活水準を考慮し，日常生活上のニーズを基本として所得をはじめ教育・住宅・健康・労働条件さらには社会的・政治的諸権利にいたるまでの広範囲にわたって設定されるべきものとされる。つまり，人が社会で生きていくためには，肉体的な能率を保持するにとどまらず，社会生活をおくる上でのさまざまな費用が必要となり，これを満たすことで，人は社会的人間として生きていけるとされるのである。そのような意味で，今日のわが国のように経済的にも発展した社会の中で生まれる貧困は，戦後のそれとは異なるものであり，その対応も，現代の生活実態に沿ったものでなければならないのである。他方，わが国の経済・社会状況はバブル景気の崩壊や国際化の進展，高齢社会の進展などで大きくゆらぎ，雇用不安・失業が主な契機となり，国民生活のあらゆる側面で不安定化が進行し，家族そのものも変貌した。共同体としての家庭の弱体化は，いったん要保護事故が発生するとすれば，致命的な事態をもたらすおそれもある。自殺，ホームレス，餓死，孤独死，虐待などの問題も，こうした

変動に無関係ではない。生活保護制度は，こうした時代の変化に柔軟に対応し，国民生活のセーフティーネットとしての役割を果たさなければならないが，それには生活保護が国民に身近な制度として存在し，他の諸制度を補完する必要がある。そして生活保護の運用にあたっては，単に経済的給付だけではなく，要保護者の生活基盤の創出や補強を具体的に展開するものでなければならない。また，被保護世帯の停滞・固定化を避けるためにも，年金制度の拡充，自立助長に実効ある就労援助の展開，他法他施策の活用，保健・医療サイドからの援助の活用など，多面的・複合的な援助・支援が求められているのである。

2. 生活保護の概念

生活保護は，生活保障の最後のセーフティーネットの役割を担うものであり，社会保障制度の主要な柱となっているので，その位置と役割は社会保障の枠の中で考えることが重要である[1]。わが国の社会保障制度は社会保険を中心とし，年金，介護，医療，雇用などが保険システムで展開されている。社会保険は，保険の技術を利用した生活保障の制度であるため，給付を受けるためには拠出金を負担することや保険事故の発生を前提条件とする。またその給付は定率もしくは定額として規格化されるものである。このため拠出能力を欠く者はその対象とならず，また規格給付は最低生活の需要に対して十分とはいえない状況が生じることがある。したがって国民の生活保障をこのような性格をもつ社会保険のみで対応するには限界がある。こうした社会保険などの限界を補う制度が準備されなければならないが，その役割を担うのが生活保護である[2]。

3. 生活保護の内容

(1) 基本原理

・生存権保障・国家責任の原理（法第1条）

生活保護法は，「日本国憲法第25条に規定する理念に基き，国が生活に困窮するすべての国民に対し，その困窮の程度に応じ，必要な保護を行い，その最低限度の生活を保障するとともに，その自立を助長することを目的とする」と

定めている。この規定は「生存権保障・国家責任の原理」を示しているが，他方，これを目的の原理ともいう。

・無差別平等の原理（法第2条）

　これは，憲法第14条の「法の下の平等」を生活保護法において具体化したもので，「すべて国民は，この法律の定める要件を満たす限り，この法律による保護を，無差別平等に受けることができる」と規定する。なお，法は「すべての国民」に対して「無差別平等」に保護を行うと規定しているが，その範囲は「この法律に定める要件を満たす限り」という文言で定められている。ここでいう「要件」とは，①日本国民であること，②生活に困窮して，法第12条ないし第18条の給付を必要とする者であること，③法第4条1項の要件を満たす者であること，である。この中で，①にあげた「日本国民であること」とは，日本国籍を有する者であり，外国人は含まないとするのが従来からの行政当局の考え方である。このため外国人に対しては，人道上の理由などにより生活保護法を準用することとしているが，準用である以上，外国人に対しては，保護の請求権や不服申立などが法律上の権利として保障されていないという問題がある。

・最低生活保障の原理（法第3条）

　この原理は，生活保護法の目的である「最低限度の生活」の内容が「健康で文化的な生活水準」であることを明らかにしたものである。もちろん厚生労働大臣が告示の方式で定めている保護基準，特に基本的な生活費である生活扶助基準は，物価や生活様式の変動に伴い改定しなければ最低生活は保障されない。「健康で文化的な生活水準」を具体的にどのような水準とするかということについては大きな課題である。

・補足性の原理（法第4条）

　生活保護による保護は，貧困という事実とその程度を確認した上で，それに応じて行われるものである。つまり，保護を受ける者に最低生活を維持するための資産・能力がなく，あるいは利用しうる資産・能力はあるが，それを活用してもなお，最低生活水準にとどかず，最低生活の維持ができない場合，不足

している分だけ給付を行うのである。また民法に定める扶養義務者の扶養および他の法律の定める扶助はすべてこの法律による保護に優先して行われる。これを補足性の原理といい，生活保護に特有の原理である。ただし，補足性の原理は「急迫した事由」がある場合に必要な保護を行うことを妨げるものではない。

(2) 実施上の原則
・申請保護の原則（法第7条）

旧生活保護法までは職権保護の建前をとってきたが，現生活保護法では申請保護主義を採用した。すなわち，保護は「要保護者，その扶養義務者又はその他の同居の親族の申請に基いて開始するものとする」としたのである。ただし，要保護者が「急迫した状況」にあるときは，保護の申請がなくても実施機関が職権によって保護を開始する義務がある。

・基準及び程度の原則（法第8条）

保護の具体的実施において，その保護の基準は厚生労働大臣が定めることとし，その定められた基準によって測定した需要に対して，要保護者がその収入・資産で満たすことのできない不足分があるとき，その不足分を補う程度で保護が行われることとなっている。これが基準及び程度の原則であり，この原則には，生活困窮者に対して，「健康で文化的な生活水準」の保障を行うにあたっての具体的な保護基準の決め方やその内容などが定められている。すなわち，保護基準の設定にあたっては，「要保護者の年齢別，性別，世帯構成別，所在地域別その他保護の種類に応じて必要な事情を考慮した最低限度の生活の需要を満たすに十分なものであつて，且つ，これをこえないものでなければならない」と規定されているのである（同条2項）。

・必要即応の原則（法第9条）

保護は，要保護者の年齢別，性別，健康状態などその個人または世帯の必要の相違を考慮して，有効かつ適切に行うものとされる。ただし，これは保護の要否内容を行政当局の自由裁量に全面的に委ねるという趣旨ではなく，保護の

種類，程度，方法などについて，個人または世帯の特殊性を考慮して，適切な取り扱いをしていくという意味である。なお，「性別」については，生活扶助に相当する国民消費支出の男女差が次第に認められなくなってきたことから，1985年度以降廃止されている。

・世帯単位の原則（法第10条）

　生活保護は「世帯を単位としてその要否及び程度を定める」ものとしている。ここでいう「世帯」とは，原則として居住と生計が同一である生活共同体のことを指し，たとえ他人を含む場合であっても，それらの者すべてをひとつの単位としてとらえることとなる。ただし，世帯の範囲を拡大解釈しすぎると保護請求権を制限することにつながる危険がある。そこで，法第10条但書により世帯分離という措置がとられている。

(3) 生活保護の給付

　給付の種類には，生活扶助，教育扶助，住宅扶助，医療扶助，介護扶助，出産扶助，生業扶助，葬祭扶助の８つがあり，被保護者の必要に応じ，これらを単給または併給することになる（図表５−１）。

　これらの扶助の中で最も基本的な扶助が生活扶助である。それは，困窮のため最低限度の生活を維持することのできない者に対して，① 衣食その他日常生活の需要を満たすために必要なもの，② 移送の範囲内において行われ，一般的共通的な生活費としての基準生活費と特別な需要を満たすための各種加算などからなっている。生活扶助は被保護者の居宅において行うことを原則としているが，居宅保護が適当でないとき，または被保護者が希望したときは，被保護者を救護施設・更生施設またはその他の施設に入所させ，またはこれらの施設もしくは私人の家庭に養護を委託して行うことができる。居宅において生活扶助を行うための保護金品は，原則として，１ヵ月分以内を限度として前渡しするものとする。また，世帯単位に計算し，世帯主またはこれに準ずる者に対して交付される。施設入所の場合または私人に養護を委託して生活扶助を行う場合の保護金品は，被保護者または施設長もしくは養護の委託を受けた者に

図表5-1　生活保護基準の体系

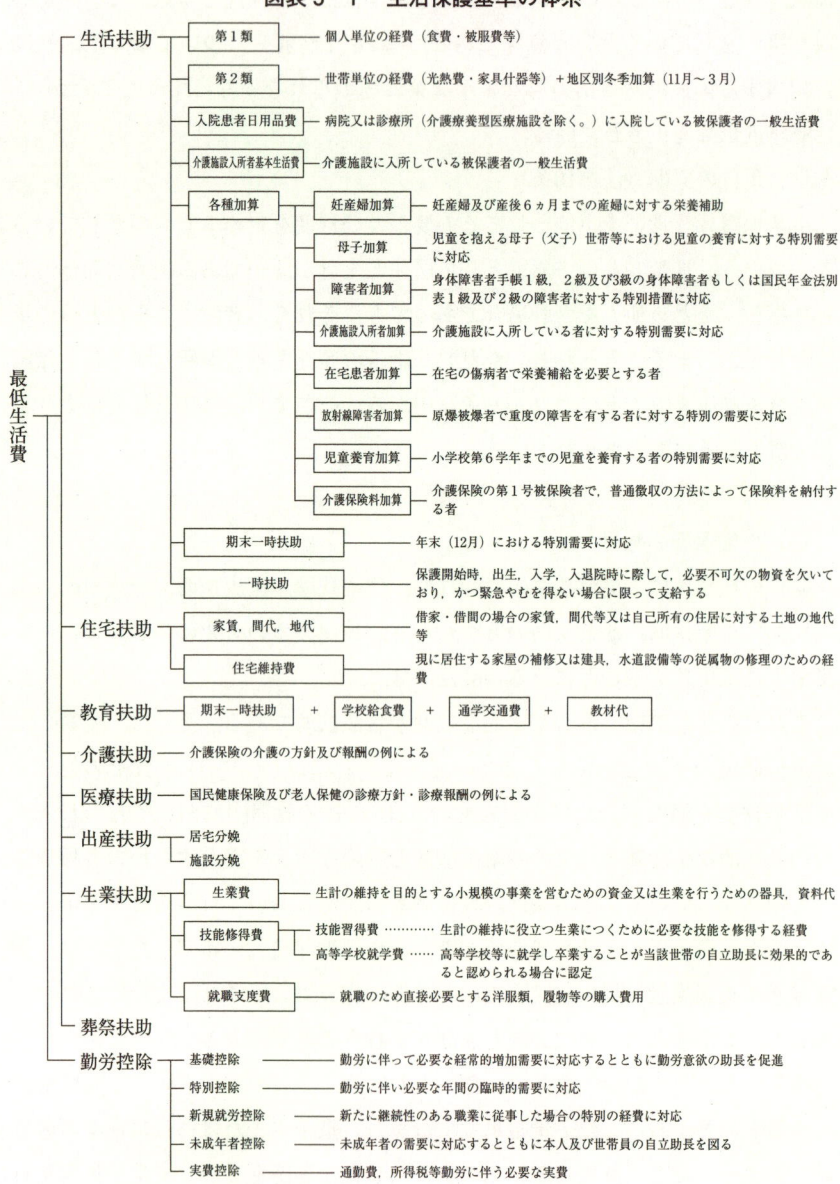

- 最低生活費
  - 生活扶助
    - 第1類 ── 個人単位の経費（食費・被服費等）
    - 第2類 ── 世帯単位の経費（光熱費・家具什器等）＋地区別冬季加算（11月～3月）
    - 入院患者日用品費 ── 病院又は診療所（介護療養型医療施設を除く。）に入院している被保護者の一般生活費
    - 介護施設入所者基本生活費 ── 介護施設に入所している被保護者の一般生活費
    - 各種加算
      - 妊産婦加算 ── 妊産婦及び産後6ヵ月までの産婦に対する栄養補助
      - 母子加算 ── 児童を抱える母子（父子）世帯等における児童の養育に対する特別需要に対応
      - 障害者加算 ── 身体障害者手帳1級，2級及び3級の身体障害者もしくは国民年金法別表1級及び2級の障害者に対する特別措置に対応
      - 介護施設入所者加算 ── 介護施設に入所している者に対する特別需要に対応
      - 在宅患者加算 ── 在宅の傷病者で栄養補給を必要とする者
      - 放射線障害者加算 ── 原爆被爆者で重度の障害を有する者に対する特別の需要に対応
      - 児童養育加算 ── 小学校第6学年までの児童を養育する者の特別需要に対応
      - 介護保険料加算 ── 介護保険の第1号被保険者で，普通徴収の方法によって保険料を納付する者
    - 期末一時扶助 ── 年末（12月）における特別需要に対応
    - 一時扶助 ── 保護開始時，出生，入学，入退院時に際して，必要不可欠の物資を欠いており，かつ緊急やむを得ない場合に限って支給する
  - 住宅扶助
    - 家賃，間代，地代 ── 借家・借間の場合の家賃，間代等又は自己所有の住居に対する土地の地代等
    - 住宅維持費 ── 現に居住する家屋の補修又は建具，水道設備等の従属物の修理のための経費
  - 教育扶助 ── 期末一時扶助 ＋ 学校給食費 ＋ 通学交通費 ＋ 教材代
  - 介護扶助 ── 介護保険の介護の方針及び報酬の例による
  - 医療扶助 ── 国民健康保険及び老人保健の診療方針・診療報酬の例による
  - 出産扶助
    - 居宅分娩
    - 施設分娩
  - 生業扶助
    - 生業費 ── 生計の維持を目的とする小規模の事業を営むための資金又は生業を行うための器具，資料代
    - 技能修得費 ………… 生計の維持に役立つ生業につくために必要な技能を修得する経費
    - 高等学校就学費 …… 高等学校等に就学し卒業することが当該世帯の自立助長に効果的であると認められる場合に認定
    - 就職支度費 ── 就職のため直接必要とする洋服類，履物等の購入費用
  - 葬祭扶助
  - 勤労控除
    - 基礎控除 ── 勤労に伴って必要な経常的増加需要に対応するとともに勤労意欲の助長を促進
    - 特別控除 ── 勤労に伴い必要な年間の臨時的需要に対応
    - 新規就労控除 ── 新たに継続性のある職業に従事した場合の特別の経費に対応
    - 未成年者控除 ── 未成年者の需要に対応するとともに本人及び世帯員の自立助長を図る
    - 実費控除 ── 通勤費，所得税等勤労に伴う実費

出所）『社会保障の手引』中央法規出版，2007年，p.249より一部変更

対して交付される。

なお，医療扶助，介護扶助は原則として現物給付によって，その他の扶助は原則として金銭給付によって行われる。ただし，保護の目的を達成するのに必要があるときは，金銭給付を現物給付に，また現物給付を金銭給付に代えて行うことができる。

(4) 保護施設

生活保護法に規定する保護施設は，居宅において生活を営むことが困難な者を入所，通所あるいは利用させるもので，救護施設，更生施設，医療保護施設，授産施設，宿所提供施設の5種類に分けられる。なお設置主体は，都道府県，市町村，地方独立行政法人，社会福祉法人および日本赤十字社に限られている。

(5) 保護の実施体制

要保護者に対する保護の決定，実施などに関する権限は，都道府県知事および市長（福祉事務所を有する町村長を含む）が有するものとされ，生活保護事務は法定受託事務および自治事務として地方公共団体が行うこととされている。ただし，実際には都道府県知事および市長は生活保護法実施のための第一線の現業機関として福祉事務所を設置し，その権限を福祉事務所長に委任している。

(6) 福祉事務所

福祉事務所は，都道府県，指定都市，特別区および市については義務設置とされているが，町村についてはその行財政能力および行政経済上の問題を考慮して任意設置となっている（社会福祉法第14条1項・3項）。

都道府県の設置する福祉事務所の業務については，生活保護法，児童福祉法，母子及び寡婦福祉法に定める援護または育成の措置に関する事務のうち都道府県が処理するものとされているものをつかさどることとされている（同法第14条5項）。なお市町村の設置する福祉事務所については，福祉六法（生活保護法，児童福祉法，母子及び寡婦福祉法，老人福祉法，身体障害者福祉法，およ

図表 5-2　福祉事務所の組織

所員等	職　務
所の長	都道府県知事又は市町村長（特別区の区長を含む）の指導監督を受けて，所務を掌理する。
査察指導員（社会福祉主事でなければならない）	所の長の指揮監督を受けて，業務事務の指導監督をつかさどる。
現業を行う所員（社会福祉主事でなければならない）	所の長の指揮監督を受けて，援護，育成または更生の措置を要する者等の家庭を訪問し，または訪問しないで，これらの者に面接し，本人の資産，環境等を調査し，保護その他の措置の必要の有無及びその種類を判断し，本人に対し生活指導を行う等の事務をつかさどる。
事務を行う所員	所の長の指揮監督を受けて，所の庶務をつかさどる。

注）上記のほか，福祉事務所には，次の職員が置かれている。
1．老人福祉の業務に従事する社会福祉主事（老人福祉法第6条）
2．身体障害者福祉司（身体障害者福祉法第11条の2）（市部及び町村の福祉事務所は任意設置）
3．知的障害者福祉司（知的障害者福祉法第10条）（市部及び町村の福祉事務所は任意設置）
4．家庭児童福祉主事

出所）『社会保障の手引』中央法規出版，2007年，p.6より一部変更

び知的障害者福祉法）の定める援護育成または更生の措置に関する事務のうち市町村が処理することとされているものをつかさどることとされている（同法第14条6項）。このように福祉事務所は，都道府県福祉事務所と市町村福祉事務所の所掌事務が異なることになる。

　福祉事務所の職員については，図表5-2のとおりである。これらの所員の定数は，それぞれの設置主体が条例で定めることとしている（同法第16条）が，現業員については，同法第16条但書で，標準数が定められている。なお，これらの所員のうち，査察指導員および現業員は，その職務の専門性の観点から，社会福祉主事でなくてはならないが，有資格者の割合は，2004年度で，査察指導員で77.3％，現業員で61.4％にとどまっている[3]。

　社会福祉主事は，年齢的要件，精神的要件および学識的要件のすべてを満たす者の中から任用されなければならない（社会福祉法第19条）。年齢的要件はその職務の性格上，20歳以上とされており，精神的要件は，人格が高潔で思慮が円熟し，社会福祉の増進に熱意のある者であることである。そして，学識的要

件は，① 新制大学または旧制の大学・高校・専門学校で厚生労働大臣が指定した社会福祉の科目を修めて卒業した者，② 厚生労働大臣指定の養成機関または講習会の課程を修了した者，③ 厚生労働大臣指定の社会福祉事業従事者試験に合格した者，④ 社会福祉士，精神保健福祉士のいずれかひとつに該当することが必要である（同第19条1～4号）。1990年の法改正以降，町村における体制整備を図るため，社会福祉主事資格認定通信教育課程の拡充がなされてはいるが，上記の有資格者の割合を考慮すると，さらに資格認定講習会の実施などによる有資格者の確保充実が必要である。

なお，市町村長，福祉事務所長または社会福祉主事の事務の執行に協力する，いわゆる協力機関として民生委員がある。民生委員は市町村に設置された民生委員推進会の推薦に基づき，都道府県知事または指定都市市長が当該都道府県または指定都市に設置された地方社会福祉審議会の意見を聴いた上で推薦した者を厚生労働大臣が委嘱する（民生委員法第5条）。民生委員の任期は3年で（同法第10条），市（特別区を含む）町村の区域に置かれ（同法第3条），社会奉仕の精神をもって，常に住民の立場に立って相談に応じ，必要な援助を行い，もって社会福祉の増進に努めるものとされる（同法第1条）。

(7) 被保護者の権利・義務と不服申立

生活保護法に基づく保護は，最低生活を営むための給付であるため，被保護者に特別の権利が与えられている。ただし一方で，その費用はすべて国民の税金によって賄われているなどのため，義務も課されている。

被保護者の権利としては，不利益変更の禁止，公課禁止，差押禁止があり，義務としては，譲渡禁止，生活上の義務，届出義務，指示などに従う義務，費用返還義務がある。また，権利として保障された保護請求権の簡易迅速な救済制度として，不服申立制度が設けられており，要保護者が保護の決定，実施などに関する処分について不服がある場合には，まず都道府県知事に対して審査請求を行う。そしてこの審査請求を経た後は，訴えを提起することも，再審査請求をすることも，または両方を行うことも可能である。

4. 生活保護の現状と問題点

　保護の動向を被保護人員（保護率，被保護世帯数）についてみると，1951年度は205万人（24.2‰，70万世帯）であったが，その後は減少傾向にあり，1957年度には162万人（17.9‰，58万世帯）となった。1963年度には175万人（18.1‰，65万世帯）へと増加したが，その後は好景気などにより被保護人員は減少を続けた。1970年頃からは景気の鈍化により微増傾向に転じたが，1985年度には143万人（11.8‰，78万世帯）となり，1988年度には保護率10‰を下回った。そして1995年度の88万人（7.0‰，60万世帯）を底として，翌1996年度後半から上昇傾向に転じている。2006年度では151万人（11.8‰，151万世帯）となっている。

　扶助の種類別受給人員の構成割合についてみると，主に生活扶助，医療扶助，住宅扶助が1995年あたりを境に増加に転じている。2006年度では被保護人員の89.4％が生活扶助を受給している。生活扶助は日常生活を営むうえで最も基本的なものであり，その動きは被保護人員全体の動向に大きな影響を与えている。

　また被保護世帯における世帯類型別世帯数の構成割合をみると，高齢者世帯，母子世帯，傷病・障害者世帯といった，いわゆる要援護世帯の割合が全体の9割を占めている。特に高齢者世帯の総数に占める割合は，1975年度には30％台であったものが，2006年度には44.1％となっている。なお，近年，高齢者世帯に占める単身世帯の割合が高くなってきていることから，今後の一般高齢者人口の急速な増加傾向を考えると，単身の高齢者世帯の割合がさらに増加すると考えられる。

　保護の受給期間は長期化の傾向にあり，2006年度では，受給期間5～10年未満の世帯が全体の24.5％，10年以上の世帯が25.4％となっており，両者を合わせると総数の約5割弱を占めるに及んでいる。これは高齢者世帯と傷病・障害者世帯における受給期間の長期化によるものである。特に高齢者世帯は，5年以上の受給期間となっている世帯が2006年度で60.7％となっている。このように高齢者世帯と傷病・障害者世帯のそれぞれの世帯総数に占める割合も高まる傾

向にあることから，今後も受給期間の長期化は続くものと考えられる。

　また市部・郡部別の保護の動向を被保護人員についてみると，全国では1995年を境に増加傾向に転じたのに対し，市部では1984年度の114万人をピークにそれまで増加傾向で推移していたものが，1985年度には112万人と減少に転じている。その後，減少傾向が続いていたものの，1994年度以降増加に転じ，2006年度では141万人となっている。郡部においては1974年度の40万人から1997年度の14万人と一貫して減少傾向，1998年度からは微増傾向で推移してきたが，2006年度では11万人と若干減少している。また保護率を地域別にみると，2006年度の保護率は全国平均が11.8‰なのに対して，最高で北海道の19.9‰，最小で富山県の1.7‰と大きな地域差がみられる。このことについては地域の産業や家族形態などが推測されるが，はっきりした要因はわかっていない。

5．生活保護の課題

　生活保護は憲法第25条と密接に結びついた制度であり，わが国の社会保障の基盤となるものである。生活保護が社会保障の基底的制度として拡充され，その補完的役割を十分に発揮するとすれば，それは生活保護の充実のみならず，社会保障制度全体の向上・発展にもつながるものと考えられる。その意味で，生活保護の制度運営にあたっては，国民の生活不能の事態に的確・迅速に対応し，漏給も濫給もないようにすることが最も大切である。しかし，わが国における捕捉率は極端に低いという指摘もある[4]。また近年では，少子高齢化の進展や国家の財政悪化などを理由に，年金・医療・介護などの社会保険の給付抑制・負担増を伴う改革とともに生活保護制度においても，2004（平成16）年に取りまとめられた「生活保護制度の在り方に関する専門委員会報告書」をふまえた保護基準の見直し・改正が順次行われ，保護を抑制する方向にある。ここでは，そうした問題をふまえ，生活保護法の運用上，改善すべき課題をあげるとすれば，第1に補足性の原理の解釈基準の法定化（生活実態に合った資産の保有，扶養義務者の範囲など），第2に国籍条項の廃止，第3に生活保護基準の法定化などである。また捕捉率との関わりでいえば，生活保護法にかかわる

現業を行うのは福祉事務所であるので、福祉事務所は民生委員などを活用して地域住民の生活の現状を把握し、漏給をなくすために努力することであろう。さらに今日の要保護世帯の抱える問題として、雇用・就労の不安定さは、その生活に大きな影響を及ぼすもののひとつである。このような状況をふまえ、わが国では2005年度から「自立支援プログラム」の導入を推進することとされ、「生活保護受給者等就労支援事業」に積極的に取り組む方針が示された。この「生活保護受給者等就労支援事業」は、ハローワークや福祉事務所の職員などにより構成される就労支援メニュー選定チームが生活保護受給者に対し、個別の面接を行い、本人の希望・能力、適正などを考慮しつつ、適正な就労支援メニューを選定するとともに、これに基づき支援を実施するというものである。こうした就労支援の方策については、時間をかけてその妥当性、有効性が確認されなければならないが、わが国の「生活保護受給者等就労支援事業」は、稼働能力の有無を法規上明確に区分することなく、勤労意欲・稼働能力のある生活保護受給者に対し行われるものであるため、その効果は限定されたものとなるであろう。

なお、近年ドイツにおいては最低生活保障に関わる根本的な改革が行われた。これによりドイツの最低生活保障は「自助努力は引き出し、保証は約束する」という新しい指導理念の下で、稼働能力のある者とない者を制度上分離し、同水準の生活保障を行い、それぞれに対応するシステムへの抜本的転換が図られた。わが国では、三位一体改革の名の下に費用負担割合と財源委譲のことが取りざたされているが、その前にまずは雇用創出に力を入れ、制度改革にあたっては、労働することの価値と意欲を高める改革の考え方と方向性を示し、法構造を含めた抜本的改革を行う必要がある[5]。その意味でドイツの改革は、わが国の公的扶助としての生活保護法をはじめとする社会給付のあり方を展望する上で参考となるであろう。

第2節　家族・児童福祉

1．家族・児童の生活問題の現代的視点

　わが国の合計特殊出生率は，2006年に1.32になりやや増加傾向を示したものの，すでに人口減少過程に入ったといわれている[6]。この少子化の問題が，多くの国民の注目を集めている理由は，社会的負担の増加と，それに伴う将来の生活不安や，医療，社会保障など，私たちの生活に直結するさまざまな問題が含まれているからであろう（図表5-3）。

　少子化による社会的負担の増加は1980年代後半から社会的な関心のひとつになっているが，その負担割合は当初の予想をはるかに上回って増加している。また，医療や福祉，教育に関する費用負担が各家庭の家計を圧迫しはじめ，生活を「下流」と実感する階層が増えている。そのために，児童を養育する家庭の問題は，より深刻で，複雑・多様なものになりつつある。児童の福祉は，児童の問題への対処というだけでなく，教育や保健・医療，労働等，その家庭・家族も含めた総合的な施策として，社会全体で考えていかなければならなくなっている。

(1)「児童の権利に関する条約」とわが国の課題

　児童が，一人の人間として，「世界人権宣言」および「人権に関する国際規約」に基づく権利を保障されるとともに，発達しつつある存在として，特別な保護や援助を与えられるべきであることを明示したのが「児童の権利に関する条約」（1989年　国連採択）である。

　その内容をみると，① 基本的人権としての児童の生存権・発達権の保障，② 最善の利益を前提にした保護を受ける権利の保障，③ 権利の主体である児童の社会参加の保障といった構成になっている。また，児童と家族との関係について，その前文で，「家族が社会の基礎的な集団として，並びに家族のすべての構成員特に児童の成長及び福祉のための自然な環境」[7] となるように，

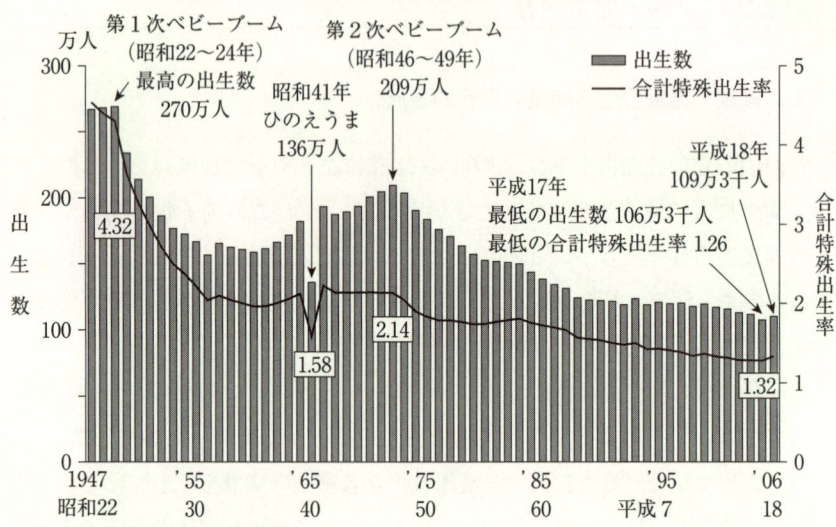

図表 5-3　出生数と合計特殊出生率の推移

第1次ベビーブーム（昭和22～24年）最高の出生数 270万人
昭和41年 ひのえうま 136万人
第2次ベビーブーム（昭和46～49年）209万人
平成17年 最低の出生数 106万3千人　最低の合計特殊出生率 1.26
平成18年 109万3千人

4.32　1.58　2.14　1.32

資料）厚生労働省「人口動態統計」
出所）厚生統計協会『国民の福祉の動向』第54巻第12号, 2007年, p.12

「社会が必要な保護及び援助を与える」と述べている。また，本文第18条では，父母および法定保護者の児童養育の第一義的責任と締約国の責任を定め，第9条では児童の最善の利益に反しない限り，父母から分離されないことを定めた[8]。

　児童の権利に関する委員会は，わが国の児童の権利保障の現状について，「① 差別の禁止（第2条），児童の最善の利益（第3条）の保障，児童の意見の尊重（第12条）の原則が，障害児など特に弱者の範疇に属する児童について十分に取り入れられていない。② 家庭内における性的虐待を含む児童の虐待及び不当な扱いの増加を懸念する。また，虐待された児童の早期発見，保護及びリハビリテーションを確保するための措置が不十分である。③ 学校における暴力の頻度及び程度，特に体罰が幅広く行われていること及び生徒の間のいじめの事例が多数存在する」など，多くの課題があり，児童の権利への対応はまだまだ不十分であるとしている[9]。

(2) 家族の状況と児童の問題

家庭は，児童にとって，成長・発達の自然な環境として，また，生存権・発達権保障の場として重要な役割をもっている。しかし，近年の社会経済の低迷と超少子・高齢社会を背景に，その「家庭」環境が，児童にとって，「最善の利益」を保障するものではなくなってきている。

① 勤労者世帯の状態と児童の生活リズム

近年，乳幼児の生活リズムが乱れ，「昼間，活動が不活発」「集中力がない」など行動面でも問題をもつ児童が増えているといわれる。厚生労働省が行った2005年の乳幼児栄養調査では，「4歳未満児で10時以降に就寝する子どもが3人に1人の割合」[10]となっており，こうした夜型の児童は朝食を食べない割合が高くなっていると報告している（図表5-4）。こうした乳幼児の生活パターンは，親の生活や仕事の仕方を反映していると思われる。

2006年の国民生活基礎調査をみると，男女ともに労働時間が年々長くなって

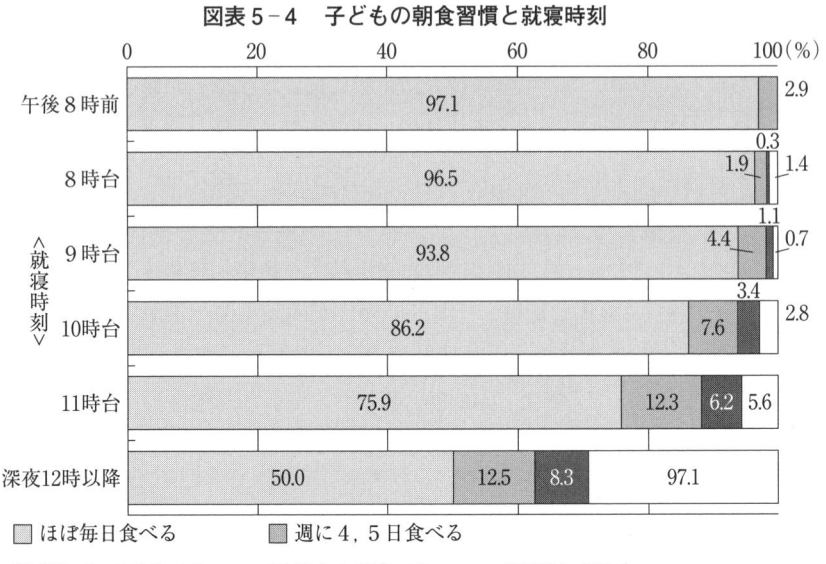

図表5-4　子どもの朝食習慣と就寝時刻

就寝時刻	ほぼ毎日食べる	週に4,5日食べる	週に2,3日食べる	ほとんど食べない
午後8時前	97.1			2.9
8時台	96.5	0.3	1.9	1.4
9時台	93.8	1.1	4.4	0.7
10時台	86.2	3.4	7.6	2.8
11時台	75.9	12.3	6.2	5.6
深夜12時以降	50.0	12.5	8.3	97.1

「不詳」を除く

資料）厚生労働省「乳幼児栄養調査」
出所）全国保育団体連絡会・保育研究所編『保育白書 2006年版』ひとなる書房，2006年，p.21

おり，それは子育て中の40～44歳の間で最もいちじるしくなっている。父親の帰宅時間は夜8時前後が最も多く，父母ともに自由時間が減っている[11]。また，児童のいる世帯で「母親が働いている」世帯は年々増加し，2005年には58.7%となった。児童の年齢が高くなるに従い母親の就労率も高くなるが，仕事の形態はパート・アルバイトが多くを占めている。

こうした勤労者の生活を反映し，家族が夕食を共にしたり，一家団欒の時間をもつことも少なくなっているといえる。日本では，家族全員で夕食をとった回数が1週間に2.7回であるのに対し，スウェーデンでは4.8回と報告されている[12]。

父親の育児参加が必要といわれていながら，親の仕事の仕方や生活の実態をみると，父母ともに育児と仕事を両立することはかなり難しいのが現状のようである。

② 「いじめ」「虐待」人間関係の形成について
ア．虐待の実態

児童虐待は，児童の人格形成に重大な悪影響を与え，生命をも脅かす人権侵害につながる。2000年に「児童虐待の防止等に関する法律」が施行され，児童虐待の禁止，予防，早期発見と相談体制，被虐待児の保護，自立支援，国および地方公共団体の責任などが定められた。児童相談所で受け付けた児童虐待件数をみると，1999年に11,631件であったものが，2005年には34,472件と約3倍になっている。そのうち「児童虐待の防止等に関する法律　第28条」に関連するケースが97件から184件と倍増しており，対応が困難なケースが増えていることがわかる。主たる虐待者は，1999年以降，一貫して「実母」が最も多く約60%強を占め，次いで「実父」が約20%強となっている。家庭の中で，子どもが安心して信頼できるはずの親子関係が崩れていることが予想される[13]。

イ．いじめの実態

文部科学省は，2006年度に「いじめ」の定義を「その子どもが精神的に苦痛を感じた場合」と改正し，実態調査を行った。その結果，2005年度に約2万件であった「いじめ」の件数が，2006年度には12万4,898件に上ったと報告している[14]。

「いじめ」による自殺等の報道が一時的に沈静化し，「いじめ」はないとしている学校も40％近くあり，この問題は一応終息しているかのように思えるが，実際には潜在化しているだけで，問題が解決しているとはいえないのが実情と思われる。「いじめ」によって不登校や，人との関係に恐怖を感じるようになった子どもなど，心理的に回復できない傷を受けた児童については，スクールカウンセラーの配置などが制度化されているが，まだ十分な対応はできていない。

近年，児童は家庭で大人と一緒に生活する時間を奪われ，生活のスキルを学習する機会も奪われている。家庭でも，地域でも，孤立化する子どもたちが増えている一方で，幼児期・学童期の仲間との集団経験は，保育所や幼稚園，学校など，大人に管理されているものが多くなっており，主体的に人間関係を調整する力を養いにくくなっていることが問題の発生の背景にあるといえる。

2．家族・児童福祉の概念と施策の動向

児童は，日本国憲法とそれに従う児童福祉法に基づき，「心身ともに健やかに生まれ，かつ育成され」また，「ひとしくその生活を保障され，愛護されなければならない」（児童福祉法第1条）。そのために「家庭環境の下で幸福，愛情及び理解のある雰囲気の中で成長すべき」（児童の権利に関する条約前文）である。つまり，児童の福祉は，経済的にも安定した，「健康で文化的な」生活が保障される家庭で，成長・発達権を保障され，人格の豊かな成長を図ることができなければならないのである。「国際家族年」（1994年）では，家族を「民主的な社会の最小単位」として認め，その構成員である児童についても，他の家族と同様に，社会の一員としてその尊厳を認められることを宣言している。

児童と家族の福祉は不可分な課題であり，国や地方公共団体は，家庭が児童の養育環境として「最善の利益」となるように法制度を整備する責任がある。

「社会福祉基礎構造改革」（1998年）以降，福祉施策は在宅対策の充実が柱となってきており，児童のさまざまな問題についても，家庭環境の整備を含めた総合的な在宅福祉サービスに重点がおかれるようになった。

(1) 超少子・高齢社会の子育て支援施策

出生率の低下は，「① 子育て期にある男性労働者が仕事優先で，育児や家事に費やす時間がない。② 地域の子育て支援サービスの普及が十分ではない。特に都市部ではまだ不十分である。③ 若者が社会的に自立することが難しい」などにあると考えられている。こうした中で，より具体的な少子化対策として，① 家庭や地域での総合的な子育て支援対策の充実，② 要養護児童と被虐待児への対応，③ 超少子・高齢社会対策のための社会保障の見直し，などがあげられている[15]。

これまでの経緯をみると，1994年の「今後の子育て支援のための施策の基本的方向について」（エンゼルプラン）に代表されるように，女性の仕事と育児の両立を実現するために，保育所保育の充実を図る内容となっていた。その後策定された「少子化対策推進基本方針」「重点的に推進すべき少子化対策の具体的実施計画について」（新エンゼルプラン）（1999年），「仕事と子育ての両立支援策の方針について」（2001年），「少子化対策プラスワン」（2002年）も同様に，親，特に働く母親の子育て支援対策が中心であった。その中で，「育児も仕事も」担っている女性の負担や一般家庭での育児不安などが問題となり（図表5-5），「男性を含めた働き方の見直し」「地域における子育て支援」「社会保障における次世代支援」「子どもの社会性の向上や自立の促進」への取り組みの必要性が認識されるようになった。

2003年に制定された「少子化社会対策基本法」「次世代育成支援対策推進法」を基盤に，「子ども・子育て応援プラン」（2004年），続いて「新しい少子化対策について」（2006年）が策定された。

「新しい少子化対策について」では，子育てに関する「社会全体の意識改革」と，「子どもと家族を大切にするという視点に立った施策の拡充」を少子化対策の柱としている。その内容は，「妊娠・出産から高校・大学に至るまでの総合的な子育て支援策」「働き方の改革（若者の就労支援，パートタイム労働者の均衡処遇，女性の継続就労・再就職支援など）」「家族・地域の絆を再生する国民運動など地域全体での取り組み」などとなっている。

図表5-5 専業主婦の母親に大きい育児不安

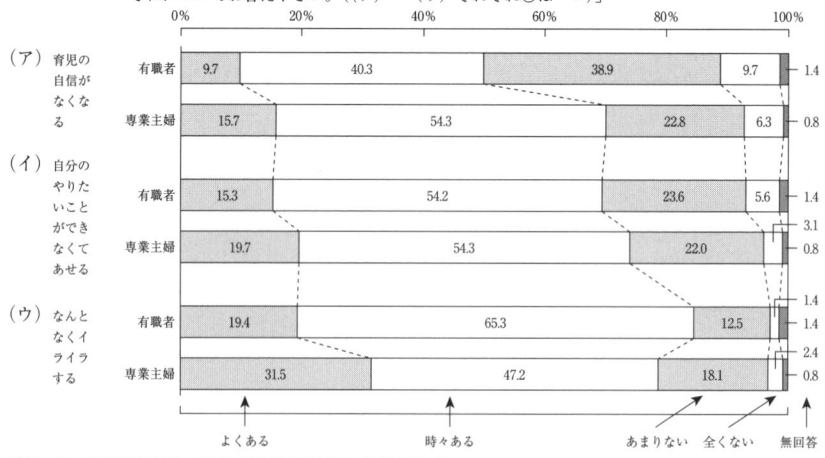

「お子さんを育てながら次のように感じることがありますか。次の(ア)～(ウ)のそれぞれについてお答え下さい。((ア)～(ウ)それぞれ○は一つ)」

		よくある	時々ある	あまりない	全くない	無回答
(ア) 育児の自信がなくなる	有職者	9.7	40.3	38.9	9.7	1.4
	専業主婦	15.7	54.3	22.8	6.3	0.8
(イ) 自分のやりたいことができなくてあせる	有職者	15.3	54.2	23.6	5.6	1.4
	専業主婦	19.7	54.3	22.0	3.1	0.8
(ウ) なんとなくイライラする	有職者	19.4	65.3	12.5	1.4	1.4
	専業主婦	31.5	47.2	18.1	2.4	0.8

注) 1. 回答者は第一子が小学校入学前の女性である。
2. 有職者にはフルタイム, パートタイムを含んでいる。
資料) 経済企画庁国民生活局「平成9年度国民生活選好度調査」
出所) 福祉士養成講座編集委員会編『児童福祉論』第4版, 中央法規出版, 2007年, p.47

2007年には「子ども家族を応援する日本」重点戦略検討会議が発足し, 現在, 政府はより積極的に少子化対策を推進しようとしている[16]。これらの施策を実効あるものにするためには, 児童の立場にたって事業提供者の点検・評価が行われることが必要である。

(2) 児童福祉法の改定と要養護児童対策

超少子高齢社会のさまざまな問題に対処するために, 福祉施策も見直しを迫られているが, それに連動して, 児童福祉施策も措置制度から利用契約制度へ, また, 在宅サービスを中心とした施策へと転換が図られた。また, それに伴って児童福祉法やそれに関連する法の改定もすすめられた。一方, 子育て中の家庭を取り巻く環境も年々厳しいものになっており, 離婚の増加, 家庭内の人間関係の崩壊, さらには, 児童虐待やDV等が大きな社会問題となってきた。こうした問題に対処するために, 1998年以降, 何度かの児童福祉法の改定が行わ

れてきた。

1998年の児童福祉法の改定では、少子化の進展と多様化・複合化した要養護児童の問題に対処するために、児童福祉施設の名称等の変更が行われた。教護院や養護施設の名称が変更され、虚弱児施設が児童養護施設に統合された。また、児童家庭支援センターが新設され、地域の身近なところで保護者からの相談に応じる体制が整備されることになった。また、入所施設と地域の関係を密にし、通所しながら施設の専門機能を利用することができるようにもなった。その後も増加する児童虐待に対し、2000年に「児童虐待の防止等に関する法律」が制定された。

2004年の児童福祉法の改定では、虐待問題等の相談体制を強化することを目的に、市町村に相談窓口を置き、児童相談所では、より深刻で、専門的な対応が必要なケースについて相談にのること、市町村への指導を行うことなどが定められた（図表5-6）。

さらに、できるだけ家庭的な環境のもとで養育することをねらいに、里親制度の見直し（専門里親の設置）や、児童養護施設の小規模化、グループホームや小規模生活支援施設などの小規模の生活施設を設置することになった。また、児童養護施設では児童のアフターケアのために児童自立生活援助事業（自立援助ホーム）を実施し、児童の自立をより確かなものにする配慮ができるようになった。

(3) 障害児と障害者自立支援法・発達障害者支援法

2005年に障害者自立支援法が成立した。これまで障害種別によって、また、児童と成人とで、サービスの提供方法や利用方法に相違があったが、この法律によって、障害の種別を越えて、生涯にわたって生活の支援を実施する体制となった。

ノーマライゼーションの理念が普及し、障害者が地域で自立した生活を送ることができるように、さまざまな在宅支援サービスを提供するためのシステムづくりが進められてきた。法改定では、「実施主体を市町村に一元化」し、「地

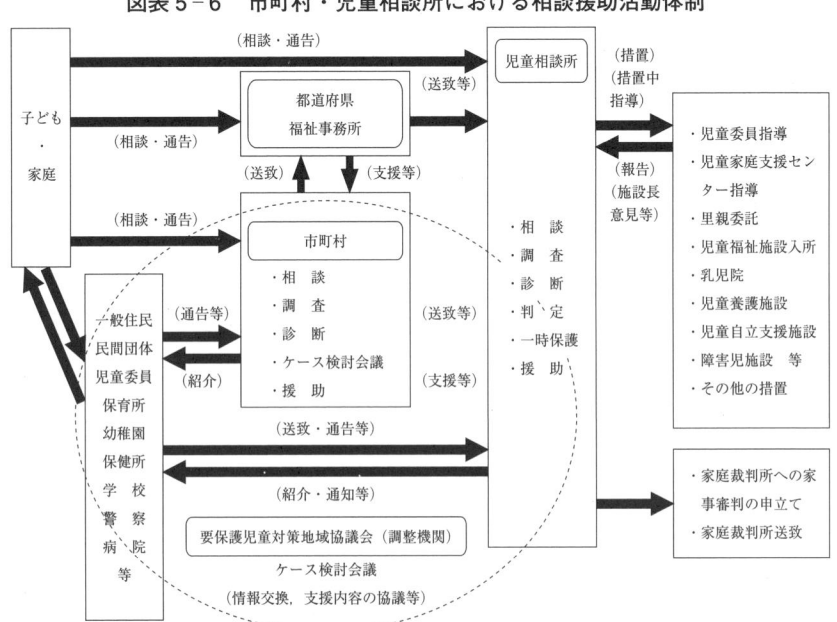

図表5-6 市町村・児童相談所における相談援助活動体制

```
                    (相談・通告)
子ども・家庭 ──────────────→ 児童相談所        (措置)(措置中指導)  ・児童委員指導
         (相談・通告)   都道府県          (送致等)              ・児童家庭支援セン
         ──────────→ 福祉事務所                               ター指導
                    (送致)  (支援等)      (報告)              ・里親委託
         (相談・通告)                   (施設長意見等)         ・児童福祉施設入所
         ──────────→ 市町村                                 ・乳児院
                     ・相 談            ・相 談              ・児童養護施設
一般住民   (通告等)    ・調 査   (送致等)  ・調 査              ・児童自立支援施設
民間団体   ─────→   ・診 断  ─────→  ・診 断              ・障害児施設 等
児童委員              ・ケース検討会議     ・判 定              ・その他の措置
保育所    (紹介)      ・援 助   (支援等)  ・一時保護
幼稚園               (送致・通告等)       ・援 助
保健所    ←──────────────────
学 校    (紹介・通知等)                              ・家庭裁判所への家
警 察    ←──────                                    事審判の申立て
病 院    要保護児童対策地域協議会(調整機関)            ・家庭裁判所送致
等              ケース検討会議
         (情報交換,支援内容の協議等)
```

出所) 社会福祉の動向編集委員会編『社会福祉の動向 2007』中央法規出版, 2007年, p.156

域生活支援」や「就労支援」などに地域での自立を可能にするサービスに重点を置いたものになっている。また, 重度の障害者も自宅で生活ができるように, サービスも新設された。そのために「事業提供者に関する規制緩和」や, NPOなど既存の社会資源を活用する地域のネットワークづくりなど, 総合的な支援対策が構築されるようになった[17]。一方, サービスの費用負担については, 利用者が選択したサービスの量に応じて1割を負担する定率負担が導入された。このような障害者自立支援法の施行によって, 児童福祉法に定められていた障害児の福祉に関連する項目も一部改定され, 地域生活支援事業の利用や療育等のサービスによって, 家庭の事情に応じて障害児と家族の支援をする形になった。

さらに, 軽度の発達障害をもつ児童や対人関係が困難な児童, 集団での適応行動が困難な児童など, 発達に障害のある児童について, その成長・発達を支

援するために，発達障害者支援法（2004年）が制定された。この法律は，早期からの発達支援と，地域での生活，保育・教育を保障し，さらに発達障害者の家族の支援を行うことなどを定めたものである。特に，学校教育については，特別支援学校などを整備することで，適切な教育支援を行えるように配慮された。

障害をもつ児童の生活支援は，家庭での生活を基盤に，福祉サービス事業に関しては児童福祉法で，利用料，利用手続き等については障害者自立支援法で，教育面では発達障害者支援法でそれぞれカバーされることになった。しかし，実質的には，家族の介護，経済的負担などまだ十分に検討されていない課題が多く残されている。

3．家族・児童福祉制度の現状

児童と家庭を対象とした福祉制度についてみると，次のようになる。

(1) 児童福祉の法体系

児童の福祉は，日本国憲法を基本として，児童の福祉に関わる基本的理念や対象，福祉事業，実施体系を示した福祉の根幹に関わる法体系と，教育や医療，保健など福祉に関連する領域の法体系によって保持されている。

① 児童福祉の基本になる法律

児童の福祉に直接関わる法律としては，「児童福祉法」および「母子及び寡婦福祉法」「母子保健法」「児童扶養手当法」「特別児童扶養手当等の支給に関する法律」「児童手当法」がある。

ア．児童福祉法（1947年）

児童福祉法第1条では，「すべて国民は，児童が心身ともに健やかに生まれ，且つ，育成されるよう努めなければならない。② すべて児童は，ひとしくその生活を保障され，愛護されなければならない」と，児童の生活権・発達権の保障がその目的であることを明らかにしている。そして，この目的を達成するために，事業や施設，専門機関，実施の方法などについて定めている。

児童育成の責任については，「国及び地方公共団体は，児童の保護者ととも

に，児童を心身ともに健やかに育成する責任を負う」（第2条）と定め，保護者と行政は同等の責任をもって児童を養育することを明確にしている。

児童福祉の原理を具体的に実現していくために，本法は次のような事業および施設を定めている。

○児童の福祉に関わる事業

「児童自立生活援助事業」は，児童養護施設や児童自立支援施設など，入所型生活施設に措置されていた児童，里親に委託されていた児童が，義務教育終了後に自立しようとする時，共同生活の場を提供し，児童の相談や就職支援，日常生活上の援助をする。

「放課後児童健全育成事業」は，小学校に就学している概ね10歳未満の児童で，保護者が仕事などで昼間家庭にいないものを対象に，放課後の生活を守り，遊びの提供をして，心身の健康な発達を図る。

「子育て短期支援事業」は，保護者の疾病その他の理由で，家庭での養育が一時的に困難になった場合に，児童養護施設などに入所させ，その子どもに必要な保護を行う[18]。

○児童福祉施設

児童福祉法第7条に基づく児童福祉施設が14種類，児童福祉施設最低基準によるものが4施設ある（図表5-7）。

イ．母子及び寡婦福祉法（1964年）

「母子家庭等及び寡婦の福祉に関する原理を明らかにするとともに，母子家庭等及び寡婦に対し，その生活の安定と向上のために必要な措置を講じ」（第1条），その養育する児童の健全な発達を促し，また，母等に健康で文化的な生活を保障しようとするものである。

ウ．母子保健法（1965年）

母性は「児童がすこやかに生まれ，かつ，育てられる基盤」として尊重され，保護されなければならないという考えのもとに，「母性並びに乳児及び幼児の健康の保持及び増進を図るため，母子保健に関する原理を明らかにするとともに，母性並びに乳児及び幼児に対する保健指導，健康診査，医療その他の措置

図表5-7　児童福祉施設

施設の種類	施設の目的および利用者	専門職員
助産施設（第36条）	保健上必要があるにもかかわらず、経済的な理由で、入院助産を受けることができない妊産婦を入所させて、助産を受けさせる。	医療法に規定する職員、助産師
乳児院（第37条）	乳児（保健上、安定した生活環境の確保その他の理由により特に必要のある場合には幼児を含む）を入院させて、これを養育し、あわせて退院した者について相談その他の援助を行う。	医師、看護師、栄養士及び調理員
母子生活支援施設（第38条）	配偶者のない女子又はこれに準ずる事情にある女子及びその者の監護すべき児童を入所させて、これらの者を保護するとともに、これらの者の自立の促進のためにその生活を支援し、あわせて退所した者について相談その他の援助を行う。	母子指導員、嘱託医、少年を指導する職員、調理員
保育所（第39条）	日々保護者の委託を受けて、保育に欠けるその乳児又は幼児を保育する。また、特に必要があるときは、保育に欠けるその他の児童を保育することができる。	保育士、嘱託医、調理員
児童厚生施設（第40条）	児童遊園、児童館等児童に健全な遊びを与えて、その健康を増進し、情操を豊かにする。	児童の遊びを指導するもの
児童養護施設（第41条）	保護者のない児童（乳児を除く。ただし安定した生活環境の確保その他の理由により特に必要のある場合には乳児を含む）、虐待されている児童その他環境上養護を要する児童を入所させてこれを養護し、あわせて退所した者に対する相談その他自立のための援助を行う。	児童指導員、嘱託医、保育士、栄養士及び調理員（職業指導員）
知的障害児施設（第42条）	知的障害のある児童を入所させて、これを保護、又は治療するとともに、独立自活に必要な知識技能を与える。	児童指導員、嘱託医、保育士、栄養士及び調理員
自閉症児施設（児童福祉施設最低基準）	自閉性を主たる症状とする児童を入所させる。医療法に規定する病院としての施設を設置するものを第1種自閉症児施設、病院の設備を要しない場合を第2種自閉症児施設という。	児童指導員、嘱託医、保育士、栄養士及び調理員（医療法に規定する職員）
知的障害児通園施設（第43条）	知的障害のある児童を日々保護者の下から通わせて、これを保護するとともに、独立自活に必要な知識技能を与える。	児童指導員、保育士
盲ろうあ児施設（第43条の2）	盲児（強度の弱視を含む）又はろうあ児（強度の難聴児を含む）を入所させて、これを保護するとともに、独立自活に必要な指導又は援助をする。	嘱託医、児童指導員、保育士、栄養士及び調理員
難聴幼児通園施設（児童福祉施設最低基準）	難聴児を通園させて、独立自活に必要な指導又は援助をする。	嘱託医、児童指導員、保育士、栄養士及び調理員、聴能訓練担当職員、言語機能訓練担当職員
肢体不自由児施設（第43条の3）	肢体不自由のある児童を治療するとともに、独立自活に必要な知識技術を与える。	医療法に規定する病院として必要な職員、児童指導員、保育士、理学療法士、作業療法士
肢体不自由児通園施設（児童福祉施設最低基準）	肢体不自由児を日々保護者の下から通わせて、独立自活に必要な知識技術を与える。	医療法に規定する診療所として必要な職員、児童指導員、保育士、看護師、栄養士及び調理員
肢体不自由児療護施設（児童福祉施設最低基準）	病院での治療は必要ではないが、家庭における療育が困難な肢体不自由児を入所させて、独立自活に必要な知識技術を与える。	嘱託医、児童指導員、保育士、看護師、栄養士及び調理員
重症心身障害児施設（第43条の4）	重度の知的障害及び重度の肢体不自由が重複している児童を入所させて、これを保護するとともに、治療及び日常生活の指導をする。	医療法に規定する病院として必要な職員、児童指導員、保育士、心理指導を担当する職員、理学療法士、作業療法士
情緒障害児短期治療施設（第43条の5）	軽度の情緒障害を有する児童を、短期間、入所させ、又は保護者の下から通わせて、その情緒障害を治し、あわせて退所した者について相談その他の援助を行う。	医師、心理療法を担当する職員、児童指導員、保育士、看護師、栄養士及び調理員
児童自立支援施設（第44条）	不良行為をなし、又はなすおそれのある児童及び家庭環境その他の環境上の理由により生活指導等を要する児童を入所させ、又は保護者の下から通わせて、個々の児童の状況に応じて必要な指導を行い、その自立を支援し、あわせて退所した者について相談その他の援助を行う。	児童自立支援専門員、児童生活支援員
児童家庭支援センター（第44条の2）	地域の児童の福祉に関する各般の問題につき、児童、母子家庭その他の家庭、地域住民その他からの相談に応じ、必要な助言を行う。	支援を行う職員

を講じ，もって国民保健の向上に寄与する」(第1条) ことを目的にしている。
　エ．児童育成のための経済的支援
　児童扶養手当，児童手当，特別児童扶養手当等の社会手当によって，児童を養育する際に発生する家庭の経済的な負担を軽減しようとするものである。
② その他児童の福祉に関わる法律
　ア．児童虐待の防止等に関する法律（2000年）
　児童の権利を侵害し，成長・発達をいちじるしく阻害する児童の虐待について，虐待を禁止し，その予防と早期発見，被虐待児の保護と自立の支援を定めている。また，児童虐待の防止のための国や地方公共団体の責任やそのための施策を促進することを定めている。
　イ．育児休業，介護休業等育児又は家族介護を行う労働者の福祉に関する法律（1991年）
　育児や介護休業や看護休暇，育児・介護を行う労働者の勤務時間に関する制度等を設け，職業生活と家庭生活が両立できるようにするとともに，そのものの福祉を図ることを目的としている。現在，育児休業などを利用するのは大半が女性である。厚生労働省は，今後，男性労働者の30%が育児休業等を取ることができるようになることを目標に，環境整備を行うと述べている。
　このほか，障害者自立支援法，発達障害者支援法，売春防止法，少年法（1948年　2006年改正），教育基本法，学校教育法など，児童の成長・発達に関わる法律がある。

(2) 児童福祉の専門機関と実施のしくみ
　児童のさまざまな問題について，児童の最善の利益のために必要なサービスを提供し，適切な援助を行う実施機関が必要となる。
　その中心的・指導的役割を果たす専門機関が児童相談所である。都道府県は，児童相談所を設置しなければならないことになっている。
　虐待を含む養育相談が増加する中で，児童福祉法や児童虐待の防止等に関する法律などが改定され，それに伴って児童相談所の役割も改定された（最終改

定　2006年)。

　児童相談所の役割は，次のようになっている。

　児童および妊産婦の福祉について，①「広域的な見地から実情を把握する」，②「家庭その他からの相談のうち，専門的な知識及び技術を必要とするものに応ずる」，③「児童及びその家庭につき，必要な調査並びに医学的，心理学的，教育学的，社会学的及び精神保健上の判定を行う」，④児童やその保護者に「調査又は判定に基づいて必要な指導を行う」。

　児童相談所には，必要に応じて児童を一時保護する施設を設けなければならない。

　市町村は，児童相談所と連携しながら，児童および妊産婦の福祉について次のような業務を行う。「必要な実情を把握する」「情報の提供を行う」「家庭その他からの相談に応じ，必要な調査及び指導を行うこと並びにこれらに付随する業務を行う」[19]。

　また，保健所は，児童の健康相談や保健指導を行ったり，障害児や長期療養中の児童の療育指導を行う。必要があれば，市町村や児童相談所等とも連携し，問題の早期発見と必要な援助について検討する。

(3) 専門職員

　児童福祉に関わる専門職員には，次のようなものがある。

　①　保育士：「専門的知識および技術をもつて，児童の保育及び児童の保護者に対する保育に関する指導を行うことを業」とするものをいう（児童福祉法第18条の4）。

　②　児童指導員：児童養護施設をはじめ，知的障害児施設，肢体不自由児施設，情緒障害児短期治療施設など，入所型の生活施設で，児童の自立支援計画を立案し，生活指導，家庭との連絡調整などの役割を担う（最低基準42条，43条，44条）。

　③　児童自立支援専門員・児童生活支援員：児童自立支援施設で，児童の自立支援を行うものを児童自立支援専門員という。また，児童の生活支援を行う

ものを児童生活支援員という。

この他，児童厚生施設には，児童の遊びを指導する者を置かなければならない。また，児童相談所には，児童福祉司を配置することになっている。

4．家族・児童福祉の現状と問題点

(1) 子育て支援対策と保育の現場

2006年以降，少子化社会対策会議は，それまでの少子化対策に変えて「新しい少子化対策」を決議したが，こうした方針が，家庭の子育て不安の解消や子育て支援事業を実施している保育所等で効果的に実践されるためには，まだいくつかの課題がある。

第1は，児童の養育基盤となる家庭の経済的な安定と父母の働き方の問題である。「新しい少子化対策」の柱である「働き方の改革」で提案されていることは，「パートタイム労働者の均衡処遇の推進」「女性の就労の継続・再就職支援」などである。しかし「格差社会」といわれる現在，非正規雇用者も増加している。父母の就労の改善によって家庭の経済的安定を図ることが，児童の生存権を保障するためにも必要である。また，父母が児童とともに生活する時間を保障することが必要である。父母が児童と一緒に食事や自由時間を楽しむ等ゆとりのある生活を保障することが，児童の心身の健やかな発達にとって必要であり，親が育児を楽しみ，ストレスを軽減することにもなる。

第2は，社会的なシステムとしての子育て支援事業が児童の発達に配慮されているかという問題である。子育て支援の拠点となる保育所は，「保育対策等促進事業」として，「一時・特別保育事業」「地域子育て支援センター事業」「保育環境改善等事業」などを行っている。これらの事業は，多様化する保育ニーズに対応するものであるが，乳幼児の保育環境は十分整備されているであろうか。

地域子育て支援事業を行っている保育所では，児童の保育を実施するだけでなく，親の子育ての悩みや不安に対処し，親としての成長・発達をも支援する。児童とどのように関わってよいのかわからない，地域の中で児童の友達を見つ

けられず子育て支援センターをあちこち巡り歩いている親などに対して，自信をもって，主体的に子育てできるように援助をする役割も求められている。そのためには，そこに配置される職員に専門的な援助技術が求められるし，保育の環境も豊かなものにしていかなければならない。

(2) 要養護児童と児童虐待
① 児童虐待の実態

児童虐待の実態をみると，身体的な虐待が最も多く，次にネグレクト，心理的虐待，性的虐待の順で，虐待を加えているものは実母が最も多くなっている。被虐待児は，小学生が最も多く，続いて3歳以上の幼児である。

熊本県では「こうのとりのゆりかご」の設置が許可され，親の存在を明確にせずに児童を遺棄できる受け皿となっている。これは児童の生命を守るためのやむをえない処置として容認されたが，一方で，児童の「親を知る権利」「可能な限り，子どもの最善の利益を保障し，保護者のもとで成長する」権利を侵害することにもなる。

「子捨て」は，わが国が貧困に喘いでいた過去の問題ではない。国は児童の福祉施策として，児童を養育する家庭が，安心して子育てができるように，経済的な基盤を保障することが重要である。

② 要養護児童の問題

児童虐待の背景は，個別の家庭の問題ということではなく，経済的な問題や地域の中での家庭の孤立など，現在の社会状況を反映したものといっても過言ではない。

家庭の再構築と同時に，各家庭が孤立しないように地域の関係を再構築することで，被虐待児の発生を予防する地域環境が確立できる。また，身近なところに虐待について相談できる専門機関や援助者を増やしていくことも重要である。児童家庭支援センターは，本来，校区単位に設置することを目標としていたが，現実には児童養護施設等への併設となっている。施設数も少なく，地域的なかたよりもあり，気軽に利用できないのが現状である。

5. 家族・児童福祉の課題

近年の超少子高齢社会の中で，子育て支援は対処療法的に児童を預かるサービスを行うだけでなく，親が安心して子どもを産むことのできる生活基盤を構築する必要がある。そのためには，将来の家庭生活に希望がもてること，児童が成長する環境や自立した後の生活に見通しがもてることが必要である。

また，一方で，児童にとって「最善の利益」になる支援とは何かを検討する必要がある。児童の意見表明権，特に，乳幼児の意見表明権について十分に配慮し，乳幼児期の状況をしっかりとキャッチし，健全な発達に繋がる支援対策を構築しなければならない。

そのうえで，家庭で親子が充実した生活を創造できるように，子育て支援の内容を充実させることが必要である。そのことは，要養護児童の発生を予防することにも繋がる。

「児童の権利に関する条約」が批准されて以降，わが国の社会福祉施策は大きく変化しているが，そのことが児童の生活権，発達権保障につながっているのか，今後の児童の福祉施策の中で，児童の権利保障の実情を把握し，評価をしていかなければならない。

第3節 障害のある人の社会福祉

1.「障害のある人」への福祉の基本的視座

(1) わが国における「障害のある人」への福祉の方向

わが国の障害のある人への支援の歴史を概観すれば，満足な支援が常に提供されていたということはできない。むしろその歴史は浅く，本格的に始まるのは，日本国憲法が施行されてからのことである。

それまでは，迷信や誤った考え方に基づいて「障害」を理解していたため，責任の所在を個人に帰し，家族扶養が原則であった。そのため障害のある人に対する公的な支援は生活困窮者対策の一環として行われており，「障害特性」

を考慮した支援ではなかった。また富国強兵策の影響から生産能力に重点が置かれ，作業効率の悪い障害のある人は「無用な者」「社会のお荷物」，あるいは「哀れみ」の対象とされ，さらには為政者が救済を通して権力を示すための道具として扱われることもあった。そこに人として「あたりまえの生活」を営む姿を見いだすのは難しい時代であったといえよう。

　戦後，日本国憲法によって生存権が保証され，それに伴い国民の最低生活の保障が国家責任であることについて言及されたことによって，障害のある人への公的支援が開始される。まず1949年に傷痍軍人あるいは戦争傷病者などの救済を目的とした身体障害者福祉法が制定され，1960年には18歳以上のすべての知的な障害のある人を対象とした精神薄弱者福祉法（現・知的障害者福祉法）が制定されている。精神に障害のある人の福祉施策は1995年の精神障害及び精神保健福祉に関する法律に基づいて開始されている。さらには発達障害者支援法などが整備され，現在では，障害のある人に対する専門的な支援が展開されている。

　このような法整備の背景には，物質的な豊かさが飽和するにしたがって価値観が多様化したこと，また少子高齢社会の到来が福祉的課題を他人事ではなく，我がコトとしてとらえるようになったことなどから，障害を個人の責任に帰すのではなく，社会全体で考えるように変化していると考えることができよう。言い換えれば，これは障害のある人を切り捨てる社会から，共に参加する社会へと変化しつつある現れととらえることができる。

　しかしすべての人が「あたりまえ」に暮らす社会が実現したとは未だ言い難く，現時点では「支援」の方法が変化しただけであり，その根底にあるマジョリティがマイノリティを「救済」するという構図は変わっていない。

　このことに関しては人類が発展する過程においては踏まなくてはならない段階であるといえるかもしれないが，現状にとどまることなく，社会を成熟させることによって，真の意味での対等な生活の実現を目指すように努める必要がある。そのためには，障害を越えた人間的つながりのある社会，あるいは「障害」に「障害」以上の意味を見いださない社会の実現を目指す必要があろう。

このことはこれからの課題であるといえるが,今その入口に立とうとしているといえるだろう。

(2) 用語からみた「障害」のとらえ方

「障害」という単語には,たとえば「障害物競走がはじまった」や「このプロジェクトに彼は障害となる」,あるいは「通信障害が発生した」といったように,「邪魔」「阻害」「干渉」「妨げ」などといった,どちらかというと否定的な意味が含まれている。

「障害のある人（障害者）」という表現には,一般的には身体,知的,あるいは精神上に何らかの困難を抱えている人のことを指しているが,その一方で,「邪魔な人」という意味も背後に隠れもっているともいえる。

さらには「障害のある人」という文脈で使われる際,「障害」という言葉ではその人の「障害状態」を的確に表すことに適していない,という問題もある。たとえば,「事実としての障害」と「体験としての障害」のどちらも,同じ「障害」という言葉でしか表すことができない。

また「障害」という言葉を用いる側の想いも伝わりにくく,使い手が障害のある人をどのようにとらえているのか,理解しにくいというもどかしさがある。このことを乗り越えようとして,たとえば,「障害」を「障がい」,「障碍」あるいは「しょうがい」と表現する場合もあるが,本質的な解決からは遠く,なかなか難しいのが現実である。日本語でいわゆる「なんらかの困難をもつ人」に対して「障害」という言葉を用いるのは,正しい理解が得られず,好ましくないのかもしれない。

一方,英語圏をみてみると,「障害のある人」の表現は,「people with disability」というように,前置詞のあとに「障害」を現す単語を置き,障害よりも人間に焦点を当てている。また形容詞に定冠詞を組み合わせ,たとえば「the disabled」で障害のある人を表したり,「障害」というニュアンスをまったく含めず「the challenged」と表現したりする場合もあるように,表現の方法はさまざまである。特に後者の表現からは,障害を否定的にとらえるのでは

図表 5-8　国際障害分類（ICIDH）

Disease or Disorder　→　Impairment　→　Disability　→　Handicap
病気／変調　　　　　機能障害　　　　能力障害　　　　社会的不利
　　　　　　　　　　　　　　　　　（能力低下）

なく，「挑戦」という肯定的な側面からとらえようとしている，用いる側の思いが読み取れる。

　しかしやはり「障害」の表現に関する問題は言語の文化的背景によるところが大きいため，各国共通理解を促進するのを目的に1980年にWHOよりICIDH（国際障害分類）が示されている（図表5-8）。

　この分類では障害を3階層でとらえ，① impairment，② disability，③ handicapとし，その前段階には「disease/disorder」があるとしている。前段階として病気がその基礎に置かれていることからわかるように，ICIDHはICD（国際疾病分類：疾病や傷害等についての標準的な国際的分類のこと）からの派生であり，障害を病気の一種としてとらえている。そのため，ICIDHの問題点として，たとえば，①「障害」と「病気」を同列に扱って，「治すもの」という認識を与えている，② 機能障害の範囲が曖昧である，③ 障害を克服するという視点が根強くあるため，個人的責任から抜け出せていない，④ 環境面，社会面との関わりが不明瞭等がある等，総じて障害のある人を，社会から切り離された別の存在として扱ってしまっている。

　そこで，障害を生活環境との関連の中でとらえ直し，ICFとして改訂版がだされている（図表5-9）。日本語訳出は2002年で，国際生活機能分類と訳され「普遍的な人間のさまざまな生命，生活に関する機能の分類を作る」という視点で作成されている。特徴としては，① プラスの機能の視点を取り入れ，生活機能との関連を考慮した，② 障害のそれぞれの次元，とりまく要素を有機的に相互に関連づけている，③ 障害というとらえ方だけでなく，環境因子など，社会的背景を考慮に加えている。

図表5-9 国際生活機能分類（ICF）

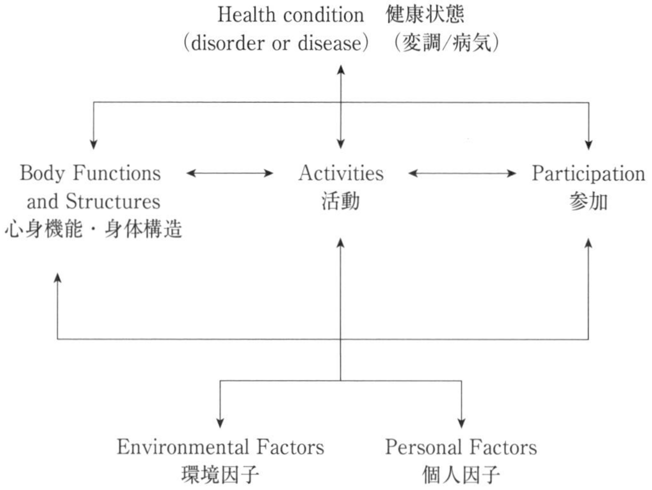

```
                    Health condition    健康状態
                   (disorder or disease)  (変調/病気)
                              ↕
        ┌─────────────────────┼─────────────────────┐
        ↓                     ↓                     ↓
  Body Functions  ←→      Activities       ←→   Participation
  and Structures            活動                    参加
  心身機能・身体構造
        
        ↑                     ↑                     ↑
        └─────────┬───────────┴───────────┬─────────┘
                  ↓                       ↓
          Environmental Factors      Personal Factors
              環境因子                    個人因子
```

(3) 障害のある人の定義

① 障害のある人

　社会は「障害のある人」について漠然としたイメージをもち，そのイメージに合致した人を「障害のある人」と認識している。しかし「障害のある人」を定義化するのは難しく，社会生活上，何らかの困難や制約を受けている人を一括りに「障害のある人」と定義することはできない。そこで障害者基本法では便宜的に，「身体障害，知的障害又は精神障害（以下「障害」と総称する。）があるため，継続的に日常生活又は社会生活に相当な制限を受ける者をいう」と定義しているものの，あくまでも運用上，便宜上の定義であることに注意をしなければならない。

　また各々の定義についても該当する法律上の定義であって，その条件に当てはまらないからといって，福祉サービスを受給することが阻まれるような仕組みづくりは避けなければならない。この点に注意して，以下，法律上の定義をみてみたい。

② 身体に障害のある人

身体障害者福祉法第4条に「『身体障害者』とは，別表に掲げる身体上の障害がある18歳以上の者であつて，都道府県知事から身体障害者手帳の交付を受けたものをいう」と規定されている。別表とは「身体障害者障害程度等級表」のことであり，また「身体障害者手帳」については，第15条に規定されている。

③ 知的な障害をもつ人

知的障害者福祉法には知的な障害をもつ人の定義はされていない。そのため，定義としては，知的障害児（者）基礎調査の「知的障害とは，知的機能の障害が発達期（おおむね18歳まで）に現れ，日常生活に支障が生じているため，何らかの特別の援助を必要とする状態にあるもの」が用いられている。

④ 精神に障害のある人

精神に障害のある人の定義は精神保健及び精神障害者福祉に関する法律の第5条に「統合失調症，精神作用物質による急性中毒又はその依存症，知的障害，精神病質その他の精神疾患を有する者をいう」と規定されている。知的障害も精神障害のひとつとして定義されているが，実際は知的障害者福祉法が対応している。

2．障害のある人のための法律と政策

(1) 基本的な法体系

障害のある人のための福祉に関する法律の憲法的役割を担う法律として障害者基本法が定められている。この法律は1970年に制定された心身障害者対策基本法を1993年に全面改定したものであり，心身障害者対策基本法が「障害の発生予防」に力点が置かれていたのに対して，障害者基本法では「障害のある人の自立と積極的な社会参加」に力点が置かれている。

この法律では障害のある人の福祉の増進を図るため，国民に広く啓蒙を行い，また本人たちが積極的に社会参加を行うことを目的として，12月3日から12月9日の一週間を「障害者週間」と定めている。なお，12月3日は，1982年の国連総会において「障害者に関する世界行動計画」が採択された日であり，12月

9日は1975年の国連総会において「障害者の権利宣言」が採択された日である。

わが国において「障害のある人」のための直接的な法律は，1949年に制定された身体障害者福祉法である。継いで1960年に精神薄弱者福祉法（1999年に知的障害者福祉法へと改正），1995年に精神保健及び精神障害者福祉に関する法律（通称：精神保健福祉法）となっている。なお，精神障害者については1993年の障害者基本法によってはじめて障害者として位置づけられたが，それまでは疾病患者扱いであった。

① **身体障害者福祉法**

1949年に制定された身体障害者福祉法は，傷痍軍人，戦傷病者救済からスタートしているため，成立当初は「身体上の障害のため，職業能力が損傷されている18歳以上の者」が対象であり，その目的は職業的自立であり，重度の身体障害者は対象外であった。しかし職業復帰のみが身体障害者福祉法の目的でないことを明確にするために，51年の改正で「職業能力の損傷」が削除され，67年の改正で，「生活の安定に寄与」することが目的と改められている。

現在は，「身体障害者の自立と社会経済活動への参加を促進するため，身体障害者を援助し，及び必要に応じて保護し，もつて身体障害者の福祉の増進を図ること」とその目的が規定されている。

② **知的障害者福祉法**

1960年の成立当初の名称は「精神薄弱者福祉法」であったが，「精神薄弱の用語の整理のための関係法律の一部を改正する法律」（平成10年法律第110号）によって「精神薄弱」という用語が「知的障害」に置き換わったことに伴って，1999年に「知的障害者福祉法」となっている。

この法律の対象者についての明確な定義はされていないが，これは「知的障害」の定義が難しく，またその原因を特定することも困難であることに由来している。

成立当初は「更生と保護」が目的であったが，現在では「自立と社会経済活動への参加」が目的であり，社会の一員としてあたりまえの生活を営むことの重要性が認識されるに至っている。

③ 精神保健及び精神障害者福祉に関する法律

　精神に障害のある者に対する法律は古く，その淵源は1900年の精神病者監護法にみることができる。しかしながら近年に至るまで，精神に障害のある人に対する福祉は粗末であり，実際には100年近い時を要している。たとえば，精神病者監護法では，精神病院の未整備などからその責任を家族に負わせ，私宅監置を認めるなど抑圧的な内容であった。1919年の精神病院法によって，精神障害者は治療の対象となったが，財政難より，事実上は治療を行われることは稀であった。

　1950年に制定された精神衛生法によって病院以外の場所に精神障害者を収容することが禁じられ，私宅監置は制度上は消滅している。この頃から精神に障害のある人に対する福祉施策が開始され，ライシャワー事件（1964年：統合失調症の少年が，アメリカのライシャワー大使を刺した事件）を受けて，翌年，精神衛生法が改正され，地域社会精神医療の推進が主目的となっている。

　その後，宇都宮病院事件（1984年：精神病棟内で，看護者が入院患者を暴行した事件）を受けて，精神障害者の人権の確保と社会復帰施策の必要性から1989年に，精神保健法が制定されている。

　そして1995年に精神保健及び精神障害者福祉に関する法律（通称，精神保健福祉法）が制定され，福祉施策の対象となっている。

④ 発達障害者支援法

　この法律は2004年に制定され，広汎性自閉症や学習障害，注意欠陥多動性障害など，今までの障害者関連法の谷間にいた発達に障害のある人たちを対象としている。その目的は，① 発達障害の早期発見・早期支援の実現，② 発達障害に対する国民の理解促進，③ 発達障害のある人に関係する機関の有機的な連携，などが掲げられている。しかしながら現在は理念法の段階であり，今後の展開が期待されている。

⑤ 障害者自立支援法

　2003年4月より身体および知的な障害のある人に対する「支援費」制度が導入されたが，財源確保の問題が露呈したり，あるいは障害種別ごとの縦割りサ

ービスが，格差を生み出したり，さまざまな問題が生じてきた。そこでサービスの一元化と障害のある人が安心して暮らせる社会づくりのために，2005年10月に障害者自立支援法が制定された。

　この法律では，サービス利用者は利用料金の原則1割を負担することになっており，費用の公平な負担を求めている一方で，十分な所得が保障されていない障害のある人にとっては利用控えなどの問題も生じており，今後の改善が求められている。

(2) 障害のある人への福祉政策
① 所得保障

　日本国民は，最低限度の生活を営む権利をもち，また国家によってそれを保障されている。そのため何らかの事情によって最低生活を営むことが適わなくなった場合，法律の定めにしたがって所得保障が国家によって行われる。

　障害のある人の場合，国民年金法に基づく障害年金があり，まず障害基礎年金がそのよりどころとなっている。障害基礎年金は障害の程度，等級，また障害を負った時期等によって，その支給額が決定される。その他，障害厚生年金，特別障害者給付金，特別障害者手当，障害児福祉手当などがある。また障害のある子どもを養育する者に対しては，特別児童扶養手当がある。

　なお優遇税制制度，優遇措置制度なども，所得保障政策の一環としてとらえることができるだろう。

② 就労支援

　障害のある人の就労に関しては，大きくは障害者雇用促進法に基づき行われている。この法律では，法定雇用率を定め，企業などに一定以上の障害者雇用を義務付けた基準値を設けている。しかしながら生産効率や設備投資との兼ね合いから，雇用率を達成するに至らないのが現実である。そこで，障害者雇用納付金制度や助成金制度，あるいはトライアル雇用制度などを設け，障害のある人が働くことができる環境づくりが始められている。

　また，障害程度により一般企業に就労することが困難な状態にある人に対し

て，福祉的就労の場が設けられており，授産施設などでの職業訓練を経て段階的に一般就労へと繋げている。

3．障害者福祉のこれから—「あたりまえ」の生活を目指して

「障害のある人」という表記は，「障害のない人」という表記と表裏一体の関係にあり，そこには「障害」の「ある・なし」による断絶がある。この溝を乗り越える理念としてノーマライゼーションがある。

デンマークの行政官であったバンク–ミケルセンが自分の戦争体験に基づいて，障害のある人もあたりまえの生活を営む権利を有していることを指摘し，「ノーマライゼーション原理」を表した。これは，障害をあるがままに受容した上で，障害のある人も「あたりまえ」に生活をすることを目指した考えであり，現在では，障害のある人の福祉を越え，社会福祉の根元をなす思想となっている。

第4節 高齢者福祉

1．高齢者の生活問題への現代的視点

日本の高齢化の勢いは当分の間止まらない。その原因は，団塊の世代（1947年〜1949年に出生，2023年〜2025年には75歳以上の後期高齢者になる）層の台頭であり，少子化である。これからさらに少子化が進み，人口の減少が予測される。その意味で，現在進められている国の施策を理解し，真に必要なことは何かを国民一人ひとりが考える時期に来ている。つまり，2025年に向けた取り組みが日本の社会を変えていくだろうし，高齢者のみならず国民生活に大きな影響を及ぼすことが確実だからである。

少子高齢社会において，国民の自己負担が増える傾向にある。当然のことだが，サービスを利用するためには相応の負担が生じる。年金生活に入ったからといって，財政的に保護される世界はどんどん狭くなっている。年金やその他の保険財源は，現在の働く者たちが多く負担している。世代を超えた議論が必要である。そして医療保険制度や介護保険制度の主役は利用者である。正しい

選択をし，よりよいサービスが受けられることが重要である。しかし，そのための支援策を充実するためには財源確保，人材確保の大きな課題を乗り越えなければならない。その意味で，世代間の支え合いの大切さを国民がしっかりと理解していかなければならない。

ここで，今後押さえておくべき高齢者の生活問題に関わる視点を列挙すれば次の項目に整理できる。

(1) 年金改革

年金制度については，長期的な給付と負担の均衡を図り，将来にわたって制度を持続させていくため，厚生年金支給開始年齢を60歳から65歳へという段階的な引上げが2001年4月から始まっている。さらに，2004年の改革において，厚生年金保険料率を2017年度まで段階的に18.3%まで引上げた後は将来にわたり固定することとした。また，国民年金の保険料についても段階的に引き上げ，2017年度以降は16,900円で固定することとした。仮にこの改革を行わなければ厚生年金保険料率で25.9%までの引上げが必要であると想定されている。

(2) 高齢者の定年延長と再雇用

わが国の雇用慣行としては，これまで，終身雇用，年功序列賃金体系，早期定年制が定着していた。しかし，2004年6月に改正された「高齢者等の雇用の安定に関する法律」により，事業主は，定年の引上げ，継続雇用制度の導入または定年の定めの廃止により，上記の年金支給開始年齢（将来的に65歳）までの安定した雇用を確保することを，2006年4月から義務付けられた。継続雇用制度とは「現に雇用している高年齢者が希望するときは，当該高年齢者をその定年後も引き続いて雇用する制度」で，「勤務延長制度」と「再雇用制度」がある。これは，高年齢者が長年培った知識と経験を生かし，社会の支え手として意欲と能力のある限り働き続けられる社会を目指しており，高齢者の65歳まで安定した雇用の確保を実現するためである。

(3) 医療制度改革

① 後期高齢者医療制度

2007年の医療制度改革により，1983年施行の「老人保健法」は「高齢者の医療の確保に関する法律」に切り替えられ，新たに「後期高齢者医療制度」が2008年度からスタートする。主旨は，今後ますます膨らんでいく高齢者医療費の財源を現役世代が払う保険料や税金などで賄われている現状では，世代間負担の公平の視点からはずれ，政府の社会保障政策に対する一貫性を欠くことになる。そこで，高齢者医療費を圧縮するために高齢者にもコスト意識をもってもらい，現役世代の負担も過重にならないようにしようとするものである。内容としては，75歳以上はすべて強制加入となる。子どもの扶養を受けていた者も例外ではない。保険者は都道府県ごとに全市町村参加の「広域連合」となる。保険料については，個人単位で年金から天引き（介護保険と同様）の予定である。低所得者への手厚い対応が必要となろう。

②在宅療養支援診療所

在宅の高齢者を最終的に看取る24時間往診可能な体制を作るために導入された。医師，看護職がほかの医療機関との連携も含め日頃の訪問診療を続け，往診も24時間対応し，緊急入院先の確保，介護支援専門員らとの連携，在宅看取り数などの報告が義務付けられている。利用する場合は，患者個々人との契約となる。

③療養病床の再編

療養病床は医療の必要度の高い患者を受け入れるものに限定して医療保険で対応し，医療の必要度の低い高齢者は介護保険で対応する。つまり，老健施設または在宅，居住系サービスへの再編である。これにより，介護療養病床の廃止と医療療養病床の縮小が図られる。

(4) 介護問題

介護保険制度については，制度の持続可能性を確保するとともに，新たな課題に対応するため，2006年度の改正において，① 軽度者のサービス利用が急

増していることを踏まえ，予防給付の内容の見直し，介護予防事業の創設など，介護予防を重視したシステムへの転換を図り，② 認知症高齢者や高齢者世帯が今後急増すると見込まれることに対応し，地域密着型サービスの創設，地域包括支援センターの創設など，新たなサービス体系を創設し，③ 施設と在宅の利用者負担の均衡を図るため，施設給付の範囲を見直し，食費・居住費を保険給付の対象外とした。

2．高齢者の社会福祉の概念

(1) 明治以前

　福祉制度が未発達な時代には弱者たるものが自らの能力相応に生きていた。そして，明治時代以前から窮民救助は行われていた。しかし，統一された国の制度としてではなく，個々の地域において，お互いにたすけあうことが基本であった。つまり，民間福祉が支えていた時代である。そして民間福祉の草の根の支え手がボランティアであり，民間福祉の思想的基礎がボランタリズムであったと考えられる。

　今から167年前，出羽の国（秋田県）に「感恩講」が創設された。感恩とは恩に感ずる意味，講は相互扶助組織を意味する言葉で，宗教活動ではなく，正真正銘の民間福祉活動である。平時には生活保護，冷害・風水害のときには災害救助を行うために，現代でいえば福祉基金を創設した。福祉制度の未発達な時代は，対象年齢に関わらず民間福祉が主体的に行っていた。

(2) 明治～昭和戦中期

　1874（明治7）年，国の施策として恤救規則が制定される。この法律は日本の社会福祉の萌芽といってよい。しかし，家族・隣人等による私的な救済が中心で，「無告の窮民」（他に寄る辺のない者）のみ公が救済する規則であった。その後，1929（昭和4）年に救護法が制定された。この法律が公的扶助の原型である。この法律により，初めて救護を国の義務とした。しかし，当時の財政状況は非常に悪く，施行は1932（昭和7）年となった。救護法も権利性はまだな

く，貧困者のうち怠惰，素行不良のものは対象外であった。

　明治以降は，イギリスの救貧行政を範としており，右大臣岩倉具視が1881（明治14）年に閣議に付した意見書の中で，「いわゆる貧民なる者は，怠惰にして業を努めず自ら貧困を招く者をさすなり」と述べていることからも，当時の国の考え方がよくわかる。この考えが明治・大正を経て昭和戦中期に至るまで政府を支配していた。戦後の新憲法ができるまで，国民の基本的人権の概念が確立されておらず，社会福祉の対象は貧困からの救済であった。このため，高齢者のみを対象とした施策がとられるには1963（昭和38）年の老人福祉法の制定を待たなければならなかった。

　その間，民間活動としては，日本最古の公立施設東京都養育院（1872（明治5）年に始まり，公立であるが当初は公費の裏づけがなされず，寄付金に頼っていた）の初代院長で，当時の財界の巨頭渋沢栄一の活動があげられる。彼は論語をよりどころにした「道徳経済合一説」を強調した。この意味は，経済を発展させ，利益が出ればそれを独占するのではなく，国全体を豊かにするために，富は国民全体で共有するものとして社会に還元することが重要であることを説いた。そして，社会の安定こそ国の繁栄の基礎であるとして，社会活動に精力的に取り組み，福祉・医療の充実に尽力した。民間福祉の偉大な支援者であり，中央慈善協会（全国社会福祉協議会の前身）の初代会長も勤めた。渋沢の視点は少子高齢化が進む現代においてもさらに将来の社会保障のあり方を考える上でも参考になると思われる。

　1938（昭和13）年に，社会福祉事業法の先行法に当たる社会事業法が制定された。昭和初期の日本においても，民間（私設）社会事業が圧倒的な比重を占めていたが，昭和不況の中で社会事業の対象が激増する一方，民間（私設）社会事業の経営資金は枯渇していった。その解決のためにこの法律が制定された。法律の目的は，助成と規制の両方で，民間（私設）社会福祉事業の困窮を救うために優遇税制や補助金支出（公的助成）の道を開く一方，施設の濫立や不良施設の防止のための規制も盛り込まれた。この法律は，実質的に民間（私設）社会事業の財政難打開に道を開くものであり，ボランタリズムに基づくべき民

間福祉を法定するという取り組みであった。当時,諸外国にモデルがなく,類例のない唯一独特の法律であった。

(3) 戦　後

　社会事業への公的補助の道が開かれたわけであるが,日本は,1945年,第二次世界大戦により敗戦国となり,新しい憲法の下で再出発をするにあたり大きな壁を乗り越えなければならなくなった。それは,憲法第89条の規定で,公の支配に属さない福祉事業に公金を流すことを禁じたからである。われわれの先輩たちは,この課題を乗り越えるために並々ならぬ努力を傾けた。その結果,戦後日本の社会福祉の発展に寄与した社会福祉事業法を1951年に成立させ,社会福祉事業法において公の支配を受ける社会福祉法人と措置制度を位置づけることができた。その後,措置制度の時代は戦後50年続いた。

　現在は,高齢者福祉が措置制度から契約制度に移行した。契約制度の導入により,救貧対策から一般高齢者を対象とする制度になった。現状はまだ,扶助制度（生活保護）,措置制度（養護老人ホーム,児童福祉施設）と契約制度の混合であるが,将来的には契約制度が主流を占めるだろう。

3．高齢者の社会福祉の内容

(1) 高齢者福祉の流れ

　戦後しばらくは,要援護高齢者の支援策として,生活保護法による養老施設への収容や国民年金法に基づく老齢福祉年金支給などが行われていた。つまり生活保護法は,1963年,老人福祉法が施行されるまで,高齢者を支える法律であった。

　戦後の高齢者福祉に関する改革の流れを整理すると大きく4期に分けられる。第1期が老人福祉法の制定で,要援護高齢者を生活保護制度からはずし,より広い施策の体系に位置づけることを基本に高齢者を対象とした独自の法体系を整備した。第2期は1971年の社会福祉改革論議で,わが国が高齢化社会（高齢化率7％）に突入した時期で,5万円年金の成立など福祉元年へ向けた内容で

あった。第3期は1990年の老人福祉法等関係八法改正で，人口高齢化が急速に進み，在宅福祉サービスを中心とするゴールドプラン（高齢者保健福祉推進十か年戦略）の策定などがあった。注目されるのは，八法改正の中の社会福祉事業法改正や老人福祉法改正において在宅福祉サービスが法制化されたことである。さらに社会福祉事業の基本理念を明確にし，住民参加と地域福祉の視点を盛り込んだ。そして，第4期が社会福祉基礎構造改革である。わが国が高齢社会（高齢化率14%以上）に入り，社会保障改革が重要な政策課題となり，その第一歩となる介護保険法の制定が行われた。

(2) 老人福祉法の制定

老人福祉法制定前の高齢者福祉は，上記のように生活保護の枠内で行ってきたが，多様な高齢者福祉対策を講じるうえで根拠となる法制が曖昧なため，円滑な推進が期待できない状況であった。しかも老人福祉法制定当時から高齢者人口が増加傾向になり，非労働力人口の増加や生産年齢人口にかかる扶養負担の加重等が産業，国民生活，政治，行政等各方面に困難な問題を発生させる要因となってきた。このような状況の下で老人福祉法が施行され，高齢者を独自に対象とする社会福祉の領域が成立し，要援護高齢者が低所得という経済的要因ばかりではなく，老人の心身の生活障害を考慮した施策によって援助されることになった。しかし措置制度の下では，限定された一部の「弱者」である高齢者を対象にする形を超えることはできなかった。介護保険制度の導入によりはじめて対象者の普遍化が実現したといえる。

1973年の一部改正においては，老人医療費支給制度（老人医療費の無料化）が創設された。無料化は，老人福祉の向上を図ることが目的だったが，高齢者の過剰診療と医療費の増大を招いた。そのため，1982年に老人保健法が制定され，老人医療費の無料化が見直された。

(3) 老人保健法の制定

老人保健法の制定により，老人の保健，医療に関する規定が独立した。この

法律は，国民の健やかな長寿を確保するため，老後の健康に対する自助努力，自己責任を求め，治療偏重の医療を反省し，疾病の予防や健康づくりのための施策を総合的に進めるとともに，老人医療に要する費用を国民が公平に負担するという制度である。1982年8月に法律が制定され，1983年2月から施行された。財政的には各医療保険が支える形で出発している。

当時，オイルショックが起き，日本経済は高度成長から一転して低成長の時代に入る一方，老人医療の無料化制度が医療費の急激な増加を招き，それに伴って各医療保険制度間の負担の不均衡，特に被用者保険に比べて国民健康保険の負担がいちじるしく重くなり，その是正を求める声が強くなっていたという背景がある。老人福祉法が施行され老人医療の無料化が行われてわずか10年で終止符を打つことになり，医療保険制度間の財政調整が実質的に始まることとなった。1989年には老人保健施設が創設されている。要介護高齢者を受け入れる施設を医療保険の枠内に作ったものといえる。

(4) 公的介護保険制度の制定

その後，老人福祉と老人保健（医療保険）のそれぞれの分野で，要介護高齢者に対するサービスが別々に行われているのは望ましくなく，統合が必要だという議論が起こった。

また，高齢者を一部の社会的弱者の範疇で捕らえる従来の枠組みから，高齢者を等しく社会の一員としてとらえながら社会全体で高齢者の介護を支え合う制度導入の議論が起こった。これらの議論が公的介護保険制度導入につながったといえる。

まとめれば，老人福祉法制定以降，老人医療の問題は老人保健法の制定により方向性を築いたが，これまでの社会保障制度では高齢社会における不可欠の領域である高齢者介護対策は十分ではなかった。そこで，公的介護保険という社会保険方式を導入することになった。このことは，それまでの特別養護老人ホーム，老人保健施設，老人病院などの入所や在宅福祉対策，さらに年金・医療保険全体に係わる，社会保障全般の「構造改革」に影響を及ぼすことになっ

た。

4．高齢者の社会福祉の現状と問題点

(1) 現状認識

　社会が豊かになり生活水準は向上しているが，家庭機能が弱くなり外部サービスを利用する割合が高くなっている。そのため，サービスに対する要求（サービスの多様性と質と利用しやすさ）も高くなり，個人にあったサービスの提供が求められる。しかも，規制緩和により，市場原理による自由な競争が福祉の世界まで浸透してきており，利用者からすれば，サービスを選択する上で，自己責任の名のもとにリスクを抱えることになる。

　社会生活においては，家族，会社，コミュニティといった集団の結びつきが弱くなっており，さらに日本の文化的伝統から生まれた思いやりの気持ちや調和を大切にする日本人固有の倫理観も失われつつあることが憂慮される。

(2) 高齢者福祉の今後の取り組み

　高齢になっても，個人としての生活を尊重する「生活の質」への対応が求められるようになり，利用者が主体となってサービス内容を決定する介護保険制度の充実がなお一層求められる。しかし，利用者の希望を尊重し，その人らしい自立した生活が送れるような幅広いサービスはいまだ不十分であることは否めない。今後の社会福祉の方向としては，介護保険制度の導入により，高齢者も社会の一構成員として負担能力に応じて保険料を払う義務を負うというシステムは，今までになかったシステムであり，その内容は他の社会福祉事業に拡充していくことであろう。

　今後の取り組みで重要なことは，所得格差の拡大が進み低所得者が適正なサービスを受けられない状況は避けなければならないし，福祉事業の基本として，国民生活の下支えをどうするかという視点を忘れてはならない。さまざまなリスクに対応する社会保障システムは一定の生活レベルを保証し，所得の再配分機能を果たしていたが，これを継続させることが重要である。新しい時代に向

けたセーフティーネットとしての社会福祉法人の役割も確立しなければならないだろう。

(3) 介護問題

　介護における今後の方向性を示しているのが，厚生労働省老健局長の私的研究会である「高齢者介護研究会」が報告書として出した「2015年の高齢者介護」であろう。この研究会は「ゴールドプラン21」（1999年）後の新たなプランの策定の方向性，中期的な介護保険制度の課題や今後の高齢者介護のあり方について検討するために設置された。2015年を見据えたこの報告書は，1947～1949年に生まれた団塊世代の高齢化にスポットを当てたもので，これからの高齢社会においては，「高齢者が尊厳をもって暮らすこと」を確保することが最も重要であり，介護が必要となってもその人らしい生活を自分の意思で送ることを可能とすること，すなわち「高齢者の尊厳を支えるケア」の実現を基本に据えた。

　概略をみると，2015年の高齢者介護のあるべき姿を4本の柱で示している。それは，① 高齢者の尊厳を支えるケアの確立，② 新しいケアモデルの確立，③ 新しい介護サービス体系の確立，④ 介護予防・リハビリテーションの充実である。特に強調しているのは，要介護高齢者の相当数が認知症高齢者であり，高齢者ケアの標準を認知症高齢者ケアの確立においている。認知症高齢者に対応する新しいケアモデルやその対策は，一般高齢者のケア対策として普遍的に展開されるべきであるということが，報告書の基本コンセプトである。これは今までのケアモデルの転換である。認知症高齢者のケアへの仕組みがしっかりと整備されていないと，今後の日本の高齢者介護はその価値をいちじるしく減じることになることは確実であろう。

　認知症高齢者のためには，日常生活の場所や空間を基本としたサービス体系の構築が重要となる。その基礎は，① 小規模の居住空間，② 家庭的な雰囲気，③ なじみの人間関係，④ 住み慣れた地域での生活の継続である。つまり，これまでの生活の継続性を維持し，可能な限り在宅で暮らすことを目指すという

のが今後の方向性である。そして可能な限り在宅で生活するという方向性であれば，在宅介護を保障するサービス体系が必要となってくる。そのために，① 在宅で小規模・多機能型サービスを活用する，② 自分の家では住み続けられないけれども施設まではいかないという，自宅でも施設でもない中間型「第3類型」の新しい住まいを提供する居住型サービス，③ 施設においてケアの連続性を保障するサービスの提供であることを提示している。小規模・多機能拠点として考えた場合，365日・24時間のサービス体系になる。そこでは利用者の様子をよく知った，同じスタッフによる継続的なサービスが求められる。人材の確保が大きな問題となろう。

5．高齢者の社会福祉の課題

(1) 日本の社会構造

　一般的な社会構造は人口が増えていくことを前提に作られているが，日本は少子化による人口の減少と高齢化が進み超高齢社会が持続していく構造になっており，このまま社会を維持していけるかどうかが重要な課題となる。そこで，かつて経験したことのない社会をどのようにデザインしていくか，政治，経済をはじめあらゆる視点から検討しなければならない。具体的にみると，少子高齢化がさらに進み，国や自治体の財政が苦しくなってくると，総合的な視点をもって，公平で効率的な負担と給付の方策を考えなければ，社会保障全体が立ち行かなくなる恐れがある。このまま，制度改革をしなければ将来の財政支出の拡大をさらに進め，国民負担率は増大し，「勤労意欲・企業の投資意欲の低下」をもたらし，日本経済全体が，経済活力の減退を起こしていくというマイナスのシナリオを描かざるをえない。現在行われているさまざまな改革は，このような影響をできるだけ少なくし持続できる社会の構築を目指している。この改革の中で，財源節約＝受給抑制が発生すれば，社会保障の枠組みとしての問題が大きくなるであろう。そこで，今後の社会保障をデザインする上で，リスクは，どこまでが公的に担われ，どこからを個人的に担わなければならないかというトータルな議論が必要である。つまり，福祉・医療・年金そして少子

化等全体をみて公私の役割分担という議論を進めていく必要がある。

(2) 年金制度

年金制度は, 積み立て方式（長期間保険料を積み立てて, これを原資に年金を支給する方法）と賦課方式（現在の保険料収入で現在の年金給付費を賄う方式, 若い世代から老齢世代への所得再配分の形となる）の二通りあるが, 日本では賦課方式に近い修正積み立て方式をとっている。このため, 若年人口が減少し高齢人口が増加する中で, 年金を見直すたびに保険料が上がる, あるいは給付水準が切り下げられるということは避けられない状況である。

年金制度は福祉の前提となる制度である。介護保険制度に代表されるように, 高齢者にもサービス利用に自己負担が求められる前提には, 年金制度が成熟し, 経済的な生活の安定が保障されていることである。そのためには, 年金制度の改革を考える場合, 一番大切なポイントは年金制度の存続可能性となる。このためには, 働く意欲のある高齢者にもっと働いてもらい, 社会を支える側にいてもらうという施策が重要である。

(3) 社会保険としての介護保険制度

社会保険の概要を知っておく必要がある。社会保険は, 病気や介護が必要になる（事故にあう）確率は国民誰もが同じであり, 保険料を支払うことにより, 事故にあった場合のリスクを少なくする制度である。保険制度は, 保険者が給付に際して保険事故が発生したかどうかを確認する仕組みがなければならない。もし仕組みがなければ, その保険は財政的に破綻してしまうか, 破綻を防ぐために保険料のアップを被保険者に求めなければならないことになる。保険契約上どのような内容を保険事故とするかが重要であるばかりではなく, 保険者は給付を申請する者に関する保険事故の有無を厳密に審査することが, 被保険者の負担を最小限にするとともに, ひとたび保険事故が発生した場合に給付される便益を最大限にする最も適切な方法となる。つまり, 保険者が保険事故の認定を適切に行うことは被保険者の利益を守るための必要条件であるといってよ

い。

　介護保険の場合は，介護という保険事故がどの程度生じているかの認定（要介護認定）を適切に行うことと，ケアマネジメントが適正に行われることが介護保険制度の持続を可能にするといってもよい。

(4) その他の課題

　介護保険は，老人医療から介護を切り離すという趣旨で作られたものともいえるが，高齢者介護を，介護と医療で線引きすることは難しい。そこで将来的には老人保健制度と介護保険制度を統合した方向（基本的には医療と福祉の垣根をなくし，連携していく方向）で制度の改革が進むであろう。また，高齢者が尊厳をもって暮らすために，成年後見制度があり，日常生活自立支援事業（旧・地域福祉権利擁護事業）が行われているが，サービスを使いやすくするための工夫や従事者の増員が求められる。

　政治の動きをみると，三位一体の改革により，国から地方への補助金の削減，税源の移譲，地方交付税制度の改革が同時並行的に行われている。これからは本格的な地方の時代となる。それぞれの地域に根ざした市民参加型のシステムを構築していくことが大きな流れとなるであろう。そして，国民一人ひとりの自己責任の重さを実感しつつ，人間の尊厳の視点から，もう一度長寿の意味を考える必要があると思う。新たな高齢期の哲学が必要であると考える。

第5節　地域福祉

1．地域社会における生活問題への現代的視点

　2003年からNHKで放映中の「ご近所の底力」（月2回）という番組で扱われた内容の一覧（図表5-10）をみると，いま地域で切実に解決が必要とされている問題が理解できる。「暮らし」「健康」「高齢化」などのカテゴリーには福祉に直接関わる問題が多い。他のカテゴリーで扱われている内容も含めて，これらは当然ながら，私たちの生活に身近で起きる切実な問題ばかりである。

図表5-10　NHK　難問解決「ご近所の底力」のこれまでの放送内容

カテゴリ／年	2003年	2004年	2005年	2006年	2007年
防犯	やればできる！住宅街の防犯（4/10）	放火から町を守れ（2/12）	パトロールが効かない？空き巣対策決定版（5/26）	町に潜む痴漢を追放（1/12）	泥棒に入られない（9/23）
	油断大敵！マンションの防犯（10/2）	女性の敵　ひったくり（2/19）	もう許せない！痴漢撃退（9/8）	自転車盗難から愛車を守れ（2/9）	
	犯罪から子どもを守れ（10/23）	車上荒らしから愛車を守れ（4/1）	犯罪から子どもを守れ（12/22）	防げ！万引き（3/23）	
	女性の敵　ひったくり（11/6）			マンションの防犯（8/28）	
悪徳商法		もう詐欺にはダマされない（8/19）	払っちゃダメ架空請求（4/14）		
			トラブルに注意！夢のリフォーム（4/21）		
			二度と騙されない悪質商法（11/3）		
迷惑行為	大迷惑！町の落書き（5/1）	許せない！住宅街の迷惑駐車（1/8）		なくそう！電車内の迷惑行為（4/17）	ゴミの不法投棄を防げ（3/26）
	若者よ　タムロはやめて！（6/19）	我慢も限界！マンションの騒音（4/29）		落書き被害をなくせ！（7/31）	飲酒運転をゼロに（4/08）
	抜け道暴走族を撃退せよ（7/10）	もうやめて！ゴミのポイ捨て（5/6）			花見に大迷惑！（4/22）
	放っておけない放置自転車（10/9）	さらば！ピンクチラシ（10/21）			抜け道に大迷惑！（5/20）
	ステ看板に大迷惑！（9/18）				暴走族を許さない（6/3）
	大迷惑！歩道を暴走する自転車（10/9）				危ない！歩道を走る自転車（10/7）
災害・自然		大地震　まさかに備える（1/29）	大地震への備え〜新潟、阪神・淡路に学ぶ（1/20）	不安解消　マンションの耐震性（1/26）	さらば熱中症　夏を涼しく（7/29）
		大地震　避難の極意（7/1）	大津波に備える（2/10）	大雪　被害を防げ（3/2）	大地震に備える（8/26）
		我慢できない！夏の猛暑（8/5）	台風から町を守る（7/14）	大地震　家に帰りつくには（5/22）	
		水害から町を守る（10/28）	我慢できない！夏の猛暑（7/28）		
			油断大敵　マンションの地震（9/1）		
暮らし	スーパー撤退買物大作戦（5/29）	生活のかなめ　スーパーを守れ（2/26）	これでいいのか！子どもの食卓（10/27）		困った！バスの廃線（5/6）
	マナー違反のゴミ退治（6/5）	女の人生四十から生きがい探しの第一歩（3/4）	大型スーパー撤退買物大作戦（11/10）		ゴミ出しルールを徹底する（6/17）
	許しません！分別しないゴミ（6/12）	食卓に安心を取り戻したい（6/3）	主婦のこづかい倍増作戦（12/1）		困った！バスの廃線（8/19）
	バスも鉄道もない生活の足がほしい（10/30）	交通事故一掃大作戦（6/17）			
		誰か子供を預かって！（7/15）			

カテゴリ						
			かかりつけ医がほしい (7/22)			
			生活の足 鉄道を守れ (9/2)			
			実現！夢の田舎暮らし (11/4)			
			我慢も限界！渋滞 (11/18)			
生き物	犬のフン害に憤慨！(4/17)	住宅街に出没 サルとの総力戦 (2/5)	竹が住宅街を襲う (3/31)	もうお困り猫とは言わせない (2/16)	大迷惑！ハトのフン害 (10/21)	
	カラスの勝手は許さない (5/22)	カラスの勝手は二度と許さない (5/13)	よみがえれ わが心の桜 (5/19)	イノシシの害を防ぐ (9/25)		
	野良猫 増えて困ったニャン (6/26)	竹が住宅街を襲う (6/24)	山歩きにご注意！クマ出没 (6/2)	さらばムクドリ 静かな夜をもう一度 (10/30)		
	犬のフン害に憤慨！(7/31)	平和を乱す ハトのフン (9/30)	もうお困り犬とは言わせない (6/23)			
	平和を乱す ハトのフン (10/16)	住宅街に来襲！スズメバチ (10/7)	メダカよ よみがえれ (9/22)			
	住宅街を狙うネズミにチュー意 (11/13)	シカたなくない シカの害 (11/25)	住宅街に来襲！スズメバチ (9/29)			
	マンションでペットを認めるか (11/27)	緑は欲しいが 落ち葉はイヤだ！(12/9)				
健康		元気な老後を送りたい (5/20)	血管いきいき脳卒中を防ぐ (1/27)	町ぐるみで防げ 糖尿病 (3/9)		
		脳を元気に！ボケずに長生き (9/9)	寝たきりを阻止 転倒を防げ (4/7)			
			町ぐるみで防げ 糖尿病 (6/9)			
			解消！気になるおなか (7/7)			
			不安よさらば 認知症早期発見 (10/20)			
			歯を守る秘訣 ご近所にあり (12/15)			
高齢化	定年後 もう一花咲かせたい (4/24)	故郷の親を世話したい (1/15)	事故を防げ 高齢ドライバー (2/17)		介護の悲劇を防ぐ (1/22)	
	お年寄りの閉じこもり解消大作戦 (9/11)	終（つい）のすみかをどうする？(4/22)	元気なうちは働きたい (2/24)		孤独死を防ぐ (7/1)	
		大解決！お葬式の不安 (6/10)	わが町を終（つい）のすみかに (3/17)			
		男が介護を始めるために (7/8)	わが家でいつまでも暮らしたい (5/12)			
		大解決！お墓の悩み (10/14)				
		家族を救え 痴呆の介護 (11/11)				
		故郷の親を世話したい (12/16)				
その他	元気回復！ふるさとの商店街 (7/17)	町工場を元気にしたい！(12/2)	温泉街に春を呼べ (3/3)	農家の男性に春を呼べ (2/2)	子どもが外で遊ばない (2/26)	

	日本の夏 祭りよみがえれ (7/24)		放っておけない 空き家 (6/30)	放っておけない 空き校舎 (3/16)	ご近所のその後特集 (9/9)
	手を焼く部下を何とかしたい (12/4)		解決なるか マンション紛争 (8/4)		
	どうする 外国人とのご近所づきあい (12/11)		めざせ！ニート脱出 (10/13)		
			週末農業がやりたい！(11/17)		

出所）NHK HP　ご近所の底力　http://www.nhk.or.jp/gokinjo/　より筆者作成

(1) 社会問題は地域で起きる

「ご近所の底力」で扱われる内容が私たちに身近なのは，日本や世界で起きている大きな社会問題でもあるからである。環境問題が身近になって久しいが，世界的な問題となっている地球温暖化に対して，マイバッグ持参やゴミの分別など「今私たちにできること」はあると感じている。「ご近所の底力」の「その他」にある若者のニート問題は，世界の経済動向に影響される雇用対策の課題であり，一見，地域とは違う次元の問題と感じるかもしれない。しかし，職がなく地方に戻る若者が暮らすのは実家のある地域である。働かない，消費しない近所の若者を，地域の人がどう受け止めるか。また職がなく都会に留まるホームレスの若者が泊まるネットカフェも，具体的なある都市に存在する。野宿する人がいる公園のご近所の人びとにとって，ホームレス問題は身近で切実である。これらの地域で起きる問題は，さまざまな立場の人の利害に絡む生活問題でもある。

こうした意味で，あらゆる生活問題はすべて地域という場で起きる問題である。現代は，世界と日本で起きる社会問題を地域生活において実感し，行動を始める人びとが増えてきているのが特徴である。

(2) 地域で生活問題を共有して解決できる

「ご近所の底力」の内容の中で「健康」に含まれる問題には，一見，個人的なレベルの問題であると感じるものもある。しかし生活習慣病は生活習慣に原因するのだから，生活を営む地域で課題を共有して解決の糸口を見出せるはず

である。他の地域の解決策に刺激されて始まる実践もある。その意味では，これまで個人的な問題とされたことも地域の場での共通の問題として認識され，協働で解決しようと考える人びとが増えていることも現代的な特徴といえる。

もちろん私たちは，一方で自らの欲求や夢を追求する価値観に慣れてしまい，プライバシーを重視する生活を大切にしている。しかし生活にはつきもののトラブルに対して私たちは，まず個人の力で対処する。次に家族や学校，職場で対処をするが，限界も多い。地域はさまざまな年代や立場の人が住む場である。その場で課題を共有して解決への工夫が今，求められている。この番組のHPでも示されている諸問題への「妙案」は「～してはいけない」という道徳的なものではない。専門知識を基礎に検証されたこれらの取り組みは創意工夫に満ちている。

社会福祉の問題は，子育てにせよ介護にせよ，近代以前は地域であたりまえに行われていたことでもある。都市化と核家族化，少子高齢化が極端に進んだ現代は，単に国や自治体への要求だけではなく，意識的に地域の課題を共有して新たな生活の知恵を生み出していく場としての地域に今注目が集められている。

2．地域福祉の概念

地域福祉は，研究も実践もまだ歴史が浅いため，その概念も漠然として，とらえにくい面がある。しかし新しいからこそ，可能性のある領域でもある。日本の社会福祉制度の枠組みには，児童福祉や老人福祉，障害者福祉といった属性別に分野を整理する認識が基礎にある。しかしこれでは制度別の課題は理解できるが，制度別の縦割りの整理では説明のつかない現実も多い。元来，福祉問題は人間が生活する家庭や地域の場で起こる個別性の高い問題であるので，実際には制度の視点だけでは，生活問題とその解決をカバーできない。

その意味で，いま地域で起こっているさまざまな活動や実践をどのように説明して，その実践を方向づけるかが，今後の社会福祉には重要になる。以下では，まず社会福祉法における地域福祉の位置づけを紹介する。

(1) 社会福祉法における地域福祉

社会福祉法の第1条は「地域における社会福祉（以下「地域福祉」という。）の推進を図る」と明記され，地域福祉を社会福祉の根幹をなすものと位置づけている。また第4条で「地域住民，社会福祉を目的とする事業を経営する者及び社会福祉に関する活動を行う者は，相互に協力し，福祉サービスを必要とする地域住民が地域社会を構成する一員として日常生活を営み，社会，経済，文化その他あらゆる分野の活動に参加する機会が与えられるように，地域福祉の推進に努めなければならない」とされている。

ここでは「地域の福祉」を「地域福祉」と同義に使っているが，「地域福祉」の概念が意味するのはもっと積極的なものである。その意味を探るために，次に戦後の地域福祉の流れを簡潔に触れた後に，地域福祉の概念＝地域福祉論の代表的な2つの考え方を紹介する。

(2) 戦後の地域福祉の流れ

1960年代から1970年代前半の時代は，経済的な好景気と生活水準の向上に伴って福祉も貧困問題だけでなく，低所得層の生活問題が焦点になる。その生活問題を対人社会サービスとして個別に対応するところから老人，障害者，児童などの福祉六法が成立して拡大する。そしてこの時期の福祉政策とは高齢者や障害者に入所施設サービスを提供するものが中心であった。

しかし1970年代後半からの経済停滞の時期からは，財政的な制約から在宅福祉サービスが注目されるようになる。またこの背景には北欧で生まれたノーマライゼーション理念の影響もある。それまでハード面で福祉施設をつくることを中心として福祉を進めた国家に対して，すでに1970年代から各自治体が始めたのがホームヘルパーなどの在宅福祉サービスであった。これが1980年代以後，全国の自治体に徐々に広がり，1990年の社会福祉八法改正では在宅福祉サービスが法律的に位置づけられ，さらに1993年には地方自治体が社会福祉の主体として実際に位置づけられた。

こうして1990年代は地方自治体の主導による在宅福祉サービス計画を実施，

拡大させることが，国の福祉政策の中心課題となる。2000年以後は，特に介護福祉の分野で，それまでの在宅福祉3本柱（訪問介護，通所介護，短期入所）に加えて，地域にある介護サービスを利用者につなげる機能をもつ地域包括支援センターや，宅老所など小規模・多機能（利用者のニーズによって訪問，通所，短期入所で柔軟に対応）施設などの地域密着型サービスを発展させてきた。

(3) 政策としての地域福祉論―中央集権から地方分権へ

さて上の1970年代後半からの変化は，地方自治体が福祉行政の担い手の中心となる変化でもある。国家による中央集権型から，住民に身近な地方自治体が主体となって福祉政策を展開する地方分権型への変化である。もともと戦後の福祉行政は，国と都道府県を中心に組み立てられ，その事務の多くが「国の機関委任事務」であったため，特に市町村の自主的で自立的な福祉政策の展開は，きわめて限定されていた。これが1990年以後は社会福祉政策の主体として地方自治体が注目されるにいたる。

このように政策として地域福祉をとらえ，地方自治体による政策の役割をどう考えるかについてこれまで次の2つの立場が認められてきた。① 資本主義経済によって生成される労働者の階級・階層性の矛盾を課題にして，地域生活条件の悪化を改善する制度形成を重視し，最終的には他の社会保障制度の充実と併せて生存権を保障することを目的とする制度を議論する立場，② 地域住民の政策形成への参加と自治を重視して，国家による政策に対して住民運動を展開して住民の権利獲得を重視する運動論的な立場がある。

(4) サービスとしての地域福祉論―入所施設サービスから在宅福祉サービスへ

先述の戦後の福祉の流れを見直すと，地域の利用者に提供するサービスが入所施設中心から在宅福祉中心に変わり，また1990年代以後は，地域にある諸サービス資源をどう組み合わせ，また発展させるかをポイントにした理論が展開された。社会的ニーズに対する社会福祉サービスの機能に注目した概念といえ

る。

　入所施設中心のサービスから在宅福祉サービスへの再編，さらに地域の福祉ニーズに対応するために，入所施設サービス・在宅福祉サービスを含め，地域にある多様なサービス資源をどう組み合わせ，また新たなサービスとはどのようなものかを議論するのが，機能的な地域福祉論である。

　このように地域福祉を，地域におけるサービス体系としてとらえる場合には，① 福祉サービスを受ける住民側から地域の福祉サービスのあり方を考える主体論的な立場と，② サービス提供する側から対象とサービス内容を，どうすれば適切に効率的に配分できるかを考える資源論的な立場がある。

(5) 地域福祉における実践と政策

　先述の戦後の歴史を再度みると，1970年代後半から地方自治体が始めた在宅福祉サービスを1990年に国が法的に位置づけた経緯，また1980年代から民間で開始された小規模・多機能のサービスを2004年に介護保険法に位置づけた経緯などは，上の２つの地域福祉論の流れのそれぞれにおいて，地域での実践と政策が互いに影響を及ぼしながら形成された展開が読みとれる。

3．地域福祉の内容

(1) 地域福祉を推進する組織と内容

　地域福祉を推進するさまざまな組織と活動内容を以下に整理しておく。

① 社会福祉施設──入所型・通所型・訪問型・利用型・多機能型など──

　先述したように入所施設，通所施設，訪問型のサービスなど，利用者に直接サービスを提供する地域の福祉施設は，現在では利用者の地域生活を維持するためにケアの連続性を重視して統合的に機能している。これはイギリスを中心に展開したコミュニティケアの実践方法である。このためにサービスを提供する施設・機関が横に連携し，ときにボランティア組織との連携も必要になる。

　またこれらの施設は，最近ではグループホームのように小規模化の傾向にある。さらに宅老所に代表されるように，従来の通所型・入所型施設も，たとえ

ば，一時的な預かり・保護，また地域住民に育児・介護の情報提供，相談機能などを併せる多機能化の傾向にある。

② 社会福祉協議会――全国・都道府県・市区町村に設置――

社会福祉協議会は，通称「社協」と呼ばれている，社会福祉法で地域福祉推進の要として位置づけられている民間組織である（多くが社会福祉法人）。市区町村社会福祉協議会の事業は，主に地域福祉推進機関として，当事者組織への支援，ボランティア情報提供，小地域福祉活動の推進など多岐にわたり，地域におけるニーズ調査，当事者組織への支援などコミュニティワークの機能をもつ。都道府県社会福祉協議会は，福祉従事者の研修，福祉事業者に対する指導，市町村社会福祉協議会間の調整を行い，また社会福祉法で「地域福祉権利擁護事業」と「福祉サービスに関する苦情解決事業」の実施が加わった。

③ その他の地域福祉のさまざまな推進組織

民生委員・児童委員組織は，地域の一定区域ごとに配置され，地域住民の相談，支援を行う。都道府県知事の推薦で厚生労働大臣が委嘱し，任期3年の無償のボランティアである。古い歴史をもつ民生委員制度は，近年，一人暮らし高齢者や子育て不安の深刻化に伴い，住民の立場にたった新たな活動が期待されている。

先述した地域福祉の歴史の流れにおいて1980年代からの変化には，同時に福祉の民営化（主体の多様化）の流れが確認される。そのひとつが，サービス利用者と担い手が対等な立場で会員となり有償でサービスを提供する住民参加型在宅福祉型の組織の登場である。次に特に介護サービスで営利を目的にした企業の福祉参入が広がっている。最後に1998年の「特定非営利活動促進法」の成立により，民間非営利組織（NPO法人）が，各々独自の問題意識で育児や介護などさまざまな福祉活動を行っている。また最近は災害時に注目されるような任意のボランティア団体の日常的な支援活動も広がっている。

(2) 地域福祉のめざすべき理念――住民参加とノーマライゼーション――

地域福祉の概念でみた2つの地域福祉論の違いは，従来までの代表的な福祉

理論である制度論と方法（援助技術）論の視点の違いを反映している。それだけに，これらの概念では，主体や内容の面で多岐にわたる地域福祉活動を説明できない面もあり，今後の地域福祉の方向性がみえにくい。その点でポイントとなる概念が住民参加とノーマライゼーションである。

　社会福祉の活動において原則とされる住民参加には，サービス受給者がサービス提供者として参加する場合と，サービス運営や政策決定過程に住民が参加する意味の2つがある。前者は先述した住民参加型在宅福祉サービスにみられるが，これは少子高齢化が進み，多くの人が福祉問題を実感する現代型の相互扶助である。後者の意味での住民参加は古くて新しい課題である。これには多くの人が福祉問題に当事者意識をもてない困難さがいつも伴う。さらにもっと困難なのは，かりに住民参加が実現した場合でも，最終的に多数決で結果として多数者の利害が優先する場合もあることである。

　その意味でノーマライゼーションの理念は重要である。これは障害者が地域で普通の暮らしができるような福祉実践の理念を示すが，北欧で発展したこの思想の核心は，少数派を排除する社会への抵抗の理念である。その意味で地域福祉は，サービスの策定や計画において，住民参加を重視した民主的運営を維持するだけの活動ではなく，社会的に弱い立場にある少数派の利益を守ろうとする明確なノーマライゼーションの価値を中核にもつことが重要となる。

4．地域福祉の現状と問題点

(1) 格差問題が地域社会に与える影響

　2000年以後，格差社会というテーマが一般的になっている。それは雇用と所得あるいは教育の面での富裕層（高学歴）と貧困層（低学歴）の二極分化を示すが，地域格差も問題となっている。これは地域福祉にも直接に重なってくる。

　地域格差という場合に，財源の豊かな自治体と貧しい自治体，あるいは高齢化の進み具合，過密と過疎化などの地域間の格差の問題として認識される。また各都道府県内でも市町村間の格差が意識され，さらに市町村内でも認識される。

地域格差や所得格差の実態とその認識は、福祉問題を抱える個人を社会的に孤立する立場に追い込みやすい。そして地域の中の家庭が、さらに家庭の中の個人が孤立することにつながる。私たちが自らを主張し、表現する社会的な場を失う結果につながることは、地域福祉にとって大きな課題である。

最初に述べたように現代は、一方で個人主義が進み、自分の夢や欲求を満たすことに価値が優先される。そしてその自由を保障する仕組みとして世界的規模で進む競争原理と自由主義経済は、今後いっそう私たちの生活に大きな影響を与えることになると思われる。

(2) 地域格差が社会福祉に与える影響

さてこうした地域格差は教育・雇用や所得格差の問題と重なり、福祉問題にどのような影響を与えるのであろうか。2000年以後、ほとんどの社会福祉サービスは契約化され、サービス提供者と受給者の関係は法的には対等になった。そして国や地方自治体はサービス設計・計画を担い、監視する役割になり、サービス提供組織に対する行政の規制緩和が進んだ。しかしその運営について、たとえば保育所や介護事業者に関する基準の眼や地域の眼が厳しくなり、各機関・施設において生き残る競争をしなければいけないという現実は一般的になっている。

他方で社会福祉の政策内容は、少子高齢化が進む現在、最終的には財源に制約されることが多くなる。たとえば、介護保険法改正（2005年）は急増した居宅介護の抑制を意図した面が大きい。財源が厳しいからサービス水準を低くすることが、各地域間の格差を強める傾向にある。もともと2000年度から施行された介護保険制度は、医療保険と同様に介護サービス需給両面における管理システムでもある。介護サービス水準の地域格差も、共通尺度があるから格差と認識される。こうした管理の下で財源難を理由とする政策は、効率的な制度の設計の点からは必要なことだが、これに対抗する地域の福祉に対する力（＝地域の福祉力）をますます弱くさせる傾向にある。

さまざまな福祉制度は現代の生活の一部になっている。制度によって生活の

水準と内容が規定される面が大きい。介護や医療や子育て支援は私たちの日常生活の一部になりつつある。その福祉政策の内容・水準が地域間，地域内生活格差を拡大させる結果になる。過疎の財源の少ない地域の生活は制度面では弱くなり，不平等感を伴う自立を求められることになる。

では，こうした政策の流れと結果としての地域格差の問題に対抗するため，各地の地域福祉活動を盛んにして地域の福祉力を強化するためには何が必要となるか。

5．地域福祉の課題―地域福祉活動に携わる人びとの専門性とは何か

ノーマライゼーションとは，多数派中心の社会に対して，少数派の利益を最大限に重視する福祉実践の理念であると述べた。社会的に排除される人の声を引き出し，代弁する役割を担うことが，これから地域で福祉活動に関連する人には重要となってくる。しかし，それは社会的には緊張を引き出す場合もある。これは近年ソーシャルワーク論において重視されているエンパワーメント・アプローチの視点につながる考え方である。この点から行政職員や施設職員も含めて地域福祉を推進するすべての福祉専門職にとっての課題は何か。

地域における福祉活動を推進する専門性には，地域生活に絶えず困難が生み出されることを地域住民に具体的に提示することが，まず重要となる。「援助」から「支援」という最近の福祉で使われる言葉の変化にみられるように，福祉の専門職とは，住民の代わりに住民の生活問題を解決する人ではない。むしろ当事者としての悩みをつきつけることでもある。つきつけるためにこそ，冷静なニーズ調査や的確なアセスメントなどの専門性が要求される。その上で，専門職は地域のさまざまな組織や人びとをその問題解決に参加・協働を促す職業である。この際に人間の集団には少数派を排除する働きがあることを現実的に自覚すべきである。その上でその働きを注意深く避ける努力が必要となる。

元来，社会福祉が支援対象とする「生活」は，個々人がその独自の文化や歴史の地域で具体化される営みである。それを援助の対象とするために，分析して総合化するところに福祉の視点が生まれる。広い意味で，介護や子育て支援

や障害者支援は，こうした生活の一要素として現にすでに行われている営みともいえる。社会福祉制度が日常生活の一部になりつつある現在，この簡単なことが意外に盲点となる。最初にみた「ご近所の底力」でテーマとなる問題とその地域ぐるみの創意工夫に満ちた解決案は，住民自身が問題に直面した中から考え出した文化であり歴史である。

現代が個人主義的な価値を優先させる生活になっていることは，何度も述べたが，それ自体は良いことである。それによって私たちは自分の夢をあきらめずに頑張れる面もある。しかし，他方で社会福祉制度の変化に振り回されない，社会的なつながりによって生活を守ることができる場の創出が，私たちには必要である。制度とは別の論理で，なによりも地域格差に対抗するためにこそ，地域社会の中で絶えず生まれる生活問題を協働して解決する場を作り出して維持，発展させることが，現在の地域福祉の課題ともいえる。

第6節　医療福祉

1．はじめに

戦後わが国は，日本国憲法第25条で基本的人権としての生存権を明らかにし，社会保障を充実させることが国の義務であるとして，その精神を生かす方向で社会保障，医療保障の制度を充実させてきた。

しかし近年，保健医療をめぐる状況は大きく変動している。たとえば，2004年末には保険診療と自費である保険外診療とを併用する診療，いわゆる混合診療の原則解禁が議論になったことはそのひとつの現れである。このような国民皆保険を変えていく方向，国民医療の不平等を引き起こす混合診療導入の動きは，多くの国民，患者・家族に不安を与えている。

2007年9月，大阪府内で「全盲患者公園置き去り事件」が起きた。これは，院内トラブルを繰り返し治療費も払えない全盲の長期入院患者を前妻のもとに「強制退院」させたが，前妻から引き取りを断られたため，公園に置き去りにしたという事件である。命を預かる医療機関と身寄りのない患者双方の抱える

問題を解決できないまま,「放置」という最悪の結末に行き着いた。

　事件を契機に医療と福祉の橋渡し役となる「医療ソーシャルワーカー」の重要性を指摘する意見が相次いでおり,職員が入院患者を置き去りにした医療機関でも,事件を契機に不在であった医療ソーシャルワーカーの配置を検討しているとのことであるが,この事件は,氷山の一角である。

　本節の主題は,保健・医療・福祉を取り巻く状況が,どのような形で医療現場に,とりわけ多くの課題を抱えた患者の療養生活上に影響を与えているかを明らかにし,今後の医療福祉の課題を整理することにある。

　そのために,まず,ソーシャルワーカーの視点からとらえたわが国の医療保険制度成立の歴史的経過を取り上げる。医療保険制度の成立過程と,政策的要請の背景を知り,医療福祉問題への現代的視点を整理することが必要であると考えたからである。次に,医療福祉実践(医療ソーシャルワーク)についての歴史,わが国における資格運動の現状と課題について述べる。そして,傷病に伴う生活問題とソーシャルワークの課題について述べる。

2．わが国における医療保険制度の成立とその変遷

(1) 医療保険制度の成立とその社会的背景(第二次世界大戦前)
① 健康保険法の成立

　近代的な社会保険制度は,1881年ドイツにおいて作られた社会保険の計画に始まる。この計画は,当時のドイツ国内の社会主義思想に対し,労働者の懐柔政策として立案されたもので,それ以前から存在していた共済組合制度を改革し政府の監督下におくとともに,事業主にもその費用を分担させることにより労働政策的,労務管理的なものに変革することを意図したものであった。ドイツではこの計画に基づき,1883年に,まず「労働者の疾病保険に関する法律」が,1884年には「災害保険法」が,1889年には「廃疾老齢保険法」等が制定された。他のヨーロッパ諸国は,ドイツのこのような動きに刺激され,19世紀末から20世紀にかけて社会保険制度を実施していくこととなった。

　この頃,わが国では日清戦争の勝利のもと,近代工業の発展が顕著になると

労働問題が国民の課題となる。労働者の生活の安定は，ひいては資本主義の発展を図ることとなり，そのために社会保険の創設が必要であると有識者の間で議論された。1905年炭坑労働者のための「鉱業法」が，1911年一般労働者に対する「工場法」が制定された。大正時代になると，第一次世界大戦を契機にわが国の経済は飛躍的な成長を遂げる。一方，戦後のインフレーションにより実質賃金の低下による労働争議の頻発，米騒動の全国への波及など不安定な社会状況となる。これにより，社会保険の早急な実施が求められることとなる。

1920年，当時の農商務省工務局労働課において「健康保険法案要綱」が立案され，1922年法案として帝国議会に提出，1927年全面的施行となった。この法律の目的は，労働者の生活上の不安を除き，労働能率の向上と労使協調によって国家産業の健全な発達を図るとされ，ドイツ型社会立法の性格を有するものであった。健康保険の医療費とその支払い方法は，ドイツに習い単価点数方式と現物給付とし，政府管掌健康保険は，毎年度始めに政府と医師会で契約する被保険者一人当たりの年間医療費とそれに被保険者数を乗じた額の範囲内で請け負う方法（団体請け負い方式）が採用された。この方式は，第二次世界大戦後の1948年，社会保険診療報酬支払い基金の創設により，出来高払い方式（外来，入院患者の実績によって支払う方式）に移行することになるが，単価，点数，現物給付が現在も原則的に堅持されている。

② 国民健康保険法の成立

不況にあえぐ農山漁村の住民と都市の中小企業者の生活の安定を図り，また，戦時体制下の労働力と兵力の確保に寄与するため，1938年「国民健康保険法」が創設された。国民健康保険は，当初，市町村の区域を単位とする任意設立の健康保険組合を保険者とし，任意加入の制度として発足したが，わが国の医療保険が労働保険の域を脱し，一般国民をも対象とすることとなった。

しかし，国民健康保険法の企画の誘因は，まずなによりも大恐慌の災禍を最も受けた農村の厚生対策を講じることにあったと『厚生省五十年史 記述編』（厚生省五十年史編集委員会，厚生問題研究会，1988年）に述べられている。1929年の世界恐慌は，わが国においても，各分野に大打撃をあたえ，特に農村に与

えた影響は大きかった。村立小学校の教師の給料の遅配, 子どもの身売り, 欠食児童の増加などが起きた。物価の下落, 生産の減退, 所得の減少といった恐慌の影響は, 農村救済を求める右翼運動へと広がった一方, 左翼思想や労働争議, 小作争議などの左翼運動も活発化した。政府には, その打開策として農村における貧困と疾病の連鎖の切断と医療の確保, さらに医療費の軽減のための施策が要請されたため, 国民健康保険制度の創設はその方策として計画された。しかし, 農村の住民のみならず, 広く一般国民も不況の影響を受けていたため, 国民健康保険の対象は, 農村にとどまらず被用者以外の一般国民を広く対象とした。一般国民の健康を保険制度によって保障しようとしたのには次の3つの背景があった。それは, ① 古くから各地に医療共済組合に類する事業が存在したこと, ② 1927年から実施されていた健康保険制度が労働者の健康保護に効果が現れていたこと, ③ デンマーク, スウェーデン等では広く一般国民を対象とする国民健康保険制度が設けられ成果をあげていたことであった。

1938年, 厚生省が創設された。これは, 1937年の徴兵検査などによって国民の体力低下が明らかになり, その改善策が求められたことによる。特に, 結核患者の増大により, 青壮年層の死亡率が高く, 平均値の4倍近くあった。このことが, 経済活動や国民生活に大きな影響をもたらし, 国防国家建設を進める上で人的資源の涵養は喫緊の課題とされた。また, ヨーロッパ諸国では, 衛生省を設け, 国民の体力向上に努めているが, わが国ではその対策が遅れ, 国民の体力の低下を招いていることが指摘され, 新設された厚生省がそれらを所管することとなった。

1945年までのわが国の医療保険制度は, 社会事業としては小額所得者の防貧政策, 産業政策として労働力保全, 政治的には労使協調, そして軍事的には兵力の確保として成立した。

(2) 医療保険制度の変遷とその社会的背景 (第二次世界大戦後)
① 国民皆保険の実現
1948年のアメリカ社会保障制度調査団報告書 (ワンデル勧告) に基づき, 同

年，内閣に社会保障制度審議会が設置される。同審議会は，1950年「社会保障制度に関する勧告」を政府に提出。これは，社会保険を中核に公的扶助でこれを補足し，さらに公衆衛生と社会福祉をあわせて推進することによって社会保障制度の目標を達成するものであった。社会保障制度審議会は，翌1951年，社会保障行政の一元化，医療保障制度，特に国民健康保険の強制実施と財政援助等を内容とする「社会保障制度推進に関する勧告」を行っている。

制度的には，1947年，「労働災害補償保険法」と「失業保険法」が制定され，健康保険においては業務外の事故のみ給付が行われることとなった。

1948年，「社会保険診療報酬支払基金」が設立され，診療報酬の審査と支払いの一元化による迅速な支払い機能の確立が図られた。

国民健康保険では，1948年，市町村公営の原則が確立されたものの，保険財政の苦境は続く。1951年，診療報酬の審査制度の確立とともに，国民健康保険税制度によって収入の確立を図る等，数次にわたってその財政政策が行われた。

1950年の朝鮮戦争の勃発前後からわが国の産業界は戦後の混乱を脱し，その後の経済の好況を背景に医療保険分野では国民皆保険計画がクローズアップされることとなる。1956年，社会保障制度審議会は，「医療保障制度に関する勧告」の中で，「現下における医療保障制度並びに国民生活の実情にかんがみ，速やかに医療保障制度の改善を行い，国民皆保険体制を確立する必要がある」と述べ，国民健康保険の強制実施等を勧告した。

1957年度から，国民皆保険全国普及4ヶ年計画が着手される。1958年「新国民健康保険法案」が提出され，1959年から施行。1961年に国民皆保険が実現した。

② 高額療養費制度の創設

高額療養費制度の創設は，特に医学・医療技術の進歩により，高度な医療（高額な費用を要する医療）が一般的になってきたことによる。従来の医療制度では，定率の自己負担部分があり，一定の収入がある場合でも高額な医療費の捻出ができない世帯が生じてきた。このような世帯に対して，生活保護の医療扶助の受給者の枠を広げ，高額の医療費に対して医療扶助として支給する方

法をとる場合が生じた。一般被用者世帯が高額な医療費が支払えないということで生活保護受給世帯になることへの批判的意見が多く，高額療養費支給制度の創設に至ることとなった。

　1973年，前述の高額療養費支給制度の創設のほか，家族給付率の引き上げ（5割→7割）が実施された。このことにより国民健康保険を含め各医療保険の給付率が最低の水準にそろえられた（ただし，日雇健康保険を除く）こととなる。

③ 老人福祉法の改正（老人医療費「無料化」）と老人保健法制定

　老人福祉法は，1963年に制定された。1956年に発表された経済白書には「もはや『戦後』ではない」と表現された。1972年，その一部改正により，老人医療費支給制度（老人医療費の「無料化」）が創設された。これは，医療保険の自己負担を公費負担とし，高齢者には費用の心配なく医療を受けることを保障した。一方，高齢者の受診率が高まり，老人医療費は，国民医療費の伸びを大きく上回り増加することとなった（1973年度を100とすると，1981年度の国民医療費326，老人医療費554）。高齢者の保健医療対策が医療費保障に偏り，疾病の予防からリハビリテーションに至る一貫した保健医療対策となっていないことと，医療保険各制度間で高齢者の加入率に違いがあり，老人医療費の負担に不均衡が生じていること等の問題点が指摘されることになった。

　厚生省は，高齢化社会の到来に対応し，疾病予防，治療，機能訓練にいたる総合的な保健医療対策を進める制度として，その必要な費用は国民が公平に負担することを目的として，老人保健法案を提出し，1983年より実施されることとなった。高齢者の健康については自己責任の観点に立ち，老人医療費を高齢者も他の世代も国民皆で公平に負担し，医療を受ける際には，高齢者に一部負担を義務づけた。

　しかし，人口の急速な高齢化に伴い，要介護老人対策が重要な課題となった。急性期の治療後の医療ニーズと生活ニーズに適切に応えられる体系が求められるものの，これらのニーズに対応できず，家族に負担を強いたり，「社会的入院」という形で医療機関に入院する利用者が拡大することとなる。このような

背景から，1988年，老人保健法の改正により，急性期治療が終わった高齢者の家庭復帰の橋渡し機能を果たす施設として，老人保健施設が新設された。

④ 被用者保険本人10割給付の見直し

1984年，国民皆保険制度が定着し，被用者保険本人とその家族，あるいは国民健康保険の被保険者との間に給付格差があることは，公平さの確保という観点から問題があるとされ，また，10割給付の場合，利用者も医療関係者もコスト意識が欠け，医療内容や医療の効率性の観点から問題があるとして健康保険法の改正が行われた。この改正で，被用者保険本人の給付率は9割として実施され，1997年の改正では8割給付率となった。

その他に，国民健康保険に退職者医療制度が創設された他，今後の国民医療費の伸びを中長期的には国民所得の伸び率程度に止め国民所得に占める医療費割合を現行水準程度にとどめることが，最大の政策目標となっていった。

⑤ 在宅医療の推進

1994年の医療保険制度の改正は多岐にわたっている。なかでも注目すべきは，在宅療養が法律に位置づけられたことである。在宅医療は，「居宅における療養上の管理及びその療養に伴う世話その他の看護」として明記された。それまでは，医療を提供する場は医療機関であったが，疾病構造が感染症中心から生活習慣病中心へと変化し，長期間の療養生活を送る患者が増えてきたことから，在宅での療養を希望する患者には医療保険制度においても必要な措置が講じられることとなった。その後の診療報酬では，入院医療に比べ在宅医療の推進のための診療報酬の改定が図られていった。

また，1992年から老人保健法により実施されていた老人訪問看護事業は，健康保険や国民健康保険等の老人以外の被保険者にも拡大して制度化されることになり，訪問看護事業者（訪問看護ステーション）の訪問看護を利用した場合，その費用が支給（訪問看護療養費）されることになったほか，医療機関での付添看護の禁止，入院時の食事に係る自己負担を徴収する入院時食事療養費の創設等が新たに行われた。

⑥ 介護保険制度創設

「介護保険法」は1997年に成立し，2000年より施行された。人口の高齢化の進展に伴い，寝たきりや認知症などにより介護を要する高齢者が急速に増加しているものの，核家族化の進展等による家族の介護機能の脆弱化とあいまって，高齢者介護問題が国民の老後生活における最大の不安要因となっていることがその背景である。

　介護保険制度では，これまで縦割りに提供されていた福祉・保健・医療サービスを総合的に利用できるよう，従来，自治体またはその委託を受けた社会福祉法人等に限られていた福祉サービスの提供主体を，多様な主体に広げることにより介護サービスの質の向上と基盤整備をはかることとした。

　しかし，介護サービスの内容は，その大半が従来の措置制度として提供されていた老人福祉法のサービスの一部と医療保険制度において提供されていた医療サービスの一部によって成り立ち，今後増加が見込まれる介護費用を医療保険から切り離し（医療費の削減），社会保険制度としていこうとするものでもあった。

　制度発足後，要支援・要介護者，特に軽度要介護者のいちじるしい増加や特別養護老人ホームへの希望者の増加と本来在宅復帰施設であるべき介護老人保健施設での長期入所等の施設志向の高まりが生まれた。こうした傾向の是正のため改正されたのが，2006年（施行）の改正介護保険法である。核となるのは介護予防であり，施設から在宅復帰への移行が図られることとなった。これに伴い新たに「地域包括支援センター」が設けられた。要支援・旧要介護1の一部の高齢者と介護予防マネジメントと介護保険の利用に至らない虚弱高齢者（高齢者の5％程度）に対する介護予防を「地域包括支援センター」が担うこととなった。

⑦ 老人保健一部負担および高額療養費の見直し

　2000年度，医療制度の抜本改革を行うことが政府の公約とされ，高齢者医療は，1か月の上限は設けられたものの，患者の一部負担の定率1割化が実施されることとなった。また，高額療養費は，受けた医療が反映されるように，医

療費の1％を負担することとなった（低額所得者には適用されない）。

⑧ 一部負担の見直し

2002年，医療制度全般の改変が行われた。特に，3～69歳について原則的に給付率7割に統一（3歳未満は2割）されたことが大きな改変であった。高齢者医療制度については，前期高齢者と後期高齢者に対する施策と財源について公費負担割合を区分けし，後期高齢者への施策を重点化することとした。

第二次世界大戦後の日本の医療保険制度の変遷は，このほかにも多々あるが，ソーシャルワーカーとしての視点で検討する立場から代表的な事項を列挙した。それらは，高度経済成長期までと，それ以降とでは大きな相違がある。1973年のオイルショック以前は，十分とは言い難いが社会保障制度としての医療保障としていくつかの法制度の実現がみられたものの，以降の種々の法制度の実現は，高齢化社会に対応するため，医療費削減を視野にいれ実施されたものといえる。

3．医療福祉の実践—医療ソーシャルワーク

医療ソーシャルワークとは，医療分野で展開されるソーシャルワークのことをいう。Medical Social Worker，略してMSWは，医療ソーシャルワークを担当するソーシャルワーカーを指す。法的な根拠は，1947の保健所法（現・地域保健法）における医療社会事業の規定である。保健所への担当者の配置が発展の契機であることが，わが国の医療ソーシャルワーカーの特徴である。従来から，医療と福祉は車の両輪に例えられ密接な関係にある。特に，高齢社会の進展が社会問題となり，在宅療養・在宅福祉が重要視される中で，その関係はますます重要となっている。医療ソーシャルワークは1970年代まで医療社会事業と呼ばれていた。

(1) 医療ソーシャルワークの歴史

1895年，イギリスのロイヤル・フリー・ホスピタル（王室施療院）に慈善組

織協会（COS）から選任されたスチュアート（Stewart, M.）が，アルマナーという職名で仕事を始めたのが始まりとされている。アメリカでは，イギリスに遅れること10年，1905年に医師であるキャボット博士（Dr. Cabot, R.）が，マサチューセッツ総合病院に医療社会事業家をおき，2年後キャノン（Cannon, I. M.）が職員になって以来，発展を遂げてきた。

　わが国における専門的な医療ソーシャルワークの歴史は昭和初期，1929年に聖路加国際病院に浅賀ふさが着任したことから始まる。浅賀ふさはアメリカでキャノンに教えを受け，帰国後，聖路加国際病院でソーシャルワーカーとして勤務した。しかし，その他の戦前の活動は泉橋慈善病院（現・三井記念病院），恩賜財団済生会芝病院などわずか数ヵ所に限られていた。本格的な医療ソーシャルワークは，第二次世界大戦後の連合国軍総司令部（GHQ）公衆衛生部の指導により，全国のモデル保健所に配置することが計画され，研修制度も併せて開催された。当時，わが国では結核の罹患率が高く，占領軍の兵士を守るためにも保健所の活動は整備される必要があった。1949年，GHQの要請によって厚生省（当時）と日本赤十字社の共催により開催された「医療社会事業講習会」は，全国の医療ソーシャルワーカー養成の契機になった。

(2) 医療ソーシャルワークの資格運動

　戦前の専門的な医療ソーシャルワークを学んできた浅賀ふさ，大畠たね，中島さつき，吉田ますみ（4人とも聖路加国際病院に勤務歴がある）らが中心に，講習会を開催していたが，当初から求められる「専門性の高さ」と教育機会の不均衡が大きな課題であるとされていた。

　1953年，講習会の受講者197名が中心となり「日本医療社会事業家協会」が設立される（4年後事業家の「家」をとり専門家のみではない組織とした）。1950年，愛知県は県協会を設立。以後，東京都，埼玉県，などの地方協会が続々と設立された。

　患者・家族の生活の困窮を支援するためには，まず自分たちの存在を患者・家族に認知されることが必要であり，身分法によって地歩を固めたいという運

動は,以来半世紀に渡り続いている。この間,イデオロギーの対立,医療職・福祉職論争,ジェネリック・スペシフィック論争,「社会福祉士及び介護福祉士法」の成立,「精神保健福祉士法」の成立を経て,課題が次第に整理されていくこととなった。それは,① 医療ソーシャルワークの学問的な基礎は社会福祉学であること,② 養成は原則4年制大学でなされること,③ 保健医療分野で福祉職として機能することである。

① 医療ソーシャルワークの学問的な基礎は社会福祉学であること

医療ソーシャルワーカー業務指針(厚生労働省健康政策局長通達)において,「社会福祉学を基にし」と明記されたことで公的に認知された。

② 養成は原則4年制大学でなされること

日本学術会議の報告(2000年)にあるように,社会福祉士というジェネリックなソーシャルワークをベースにした養成過程が検討され今に至っている。

③ 保健医療分野で福祉職として機能すること

2003年,福祉職俸給表が当時の国立病院,国立療養所等で働く医療ソーシャルワーカーに適用されることが決定した。これにより,医療機関には医療職,事務職とともに「福祉職」が存在することが社会的に認知された。

2006年,医療機関が社会福祉士の実習指定施設となり,改定された診療報酬上に初めて社会福祉士が明記されたことで① ② ③ の課題は整理されることとなった。

医療ソーシャルワークを担当するソーシャルワーカーの国家資格は社会福祉士であることを踏まえ,保健医療というスペシフィックなソーシャルワークの教育のあり方や研修制度の整理が必要となっている。なお,医療ソーシャルワーカーを所轄する厚生労働省の主務局は健康局,社会福祉士を所轄するのは社会・援護局,診療報酬は保険局,医療法は医制局といういわゆる縦割り行政の挟間に医療ソーシャルワーカーが存在する。そのため,横断的な活躍が必要となる。また,医療ソーシャルワーカー業務指針には,資格について明記されてはおらず,第2種社会事業である無料医療制度の活用に必置となっている医療相談の専門員の要件は社会福祉主事であることなど,医療福祉分野でのソーシ

ャルワーク実践に関わる制度全体の整理は未だ不十分ともいえる。

(3) 医療ソーシャルワークの現状

医療ソーシャルワーカーの業務の範囲を定めた業務指針は，1989年に厚生省健康政策局長によって通達され，その後2002年に改正された。当初から，医療ソーシャルワーカーは精神科ソーシャルワーカーを含むことが明記されている。精神保健福祉士法成立後の改正業務指針においても同様である。業務の範囲は，① 療養中の心理的・社会的問題の解決，調整援助，② 退院援助，③ 社会復帰援助，④ 受診・受領援助，⑤ 経済的問題の解決，調整援助，⑥ 地域活動があげられている。

(4) 医療ソーシャルワークの今後の課題

最先端医療の進展，医療技術の発展は，たとえば臓器移植後の患者の生活を考えると，チーム医療の充実だけではなく，地域のサポートネットワークが不可欠である。そのために医療機関にソーシャルワーク実践が必要となる。疾病構造の変化，医療費の自己負担額の増大により，慢性疾患を抱える患者・家族への支援体制が必要となる。女性への虐待・暴力は医療機関において発見されることが多く，ソーシャルワークのニーズは医療機関に集中して存在する。患者の自己決定権の保障と，退院に関するソーシャルワーク支援の有無がその後の生活設計を左右する。前述した「全盲患者置き去り事件」は医療ソーシャルワークの欠如による事例である。

保健医療分野にあって，ソーシャルワークの視点に基づく活動，すなわち医療ソーシャルワークは，その洗練がますます求められている。

4．医療サービス利用者と医療福祉実践の関係性とその課題

(1) 傷病に伴う生活問題とソーシャルワーク

医療は疾病の診断とその治療を施すのに対して，医療ソーシャルワーカーは，生活者としての利用者の理解と，傷病に伴う生活問題の解決を目指して関わる

こととなる。このことによって，効果的な医療福祉の提供が成り立つ。傷病に伴う生活問題は，① 疾病の要因としての生活問題，② 療養に伴う生活問題，③ 疾病・傷害に伴う生活設計の再構成をめぐる問題が重層化することが多い。そこで，当事者あるいは関係者から支援（援助）の依頼があれば，できるだけ早期に当事者・関係者とインテーク面接を行い，生活問題は重層化するという視点からアセスメントを実施し，短期的・中長期的支援（援助）計画を作成する。計画実施の過程では，関係機関との調整，ケースカンファレンスの開催等を行い，転院・退院の準備を進める。また，患者グループの組織化，地域の社会資源の開発，制度改善の要求等を利用者の参加と協働のもと展開していく。

(2) 医療福祉実践の課題

保健医療をめぐる状況が大きく変動している中で，医療政策の抱える矛盾や限界は，他方であらたな問題を生み出している。それは，社会福祉・医療福祉実践（医療ソーシャルワーク）も対応しきれない以下のような問題の発生である。

① 「入退院援助」と医療政策の意図：在院日数の短縮化政策のもと，病気の理解や治療の見通しもままならないうちに，「転院か，退院か」と次の移動先の選択を迫られる。医療者への不信感を抱えながらの転・退院を余儀なくされる。

② 医療保障制度の枠外にある人びとの増加：国民皆保険制度によって整えられたわが国の医療保障制度にあって，実際はその枠外におかれている人びとが増えている。ホームレス，外国人労働者，非正規雇用の労働者等である。このような人への制度の適用要件は，通達や自治体ごとに異なる解釈がされていたり，付帯条件等によっては，医療保障制度から締出していたり，また，雇用主の社会保険への非加入によって労働者の無保険状態を放置することになっている。時代や地域によって制度の適用に格差が生じている。

③ 患者としての権利の保障：医療保障制度と社会福祉制度の双方の適用が

困難な状況にある問題がある。薬害・医療被害者への問題である。薬害エイズやC型肝炎によって明らかになったように，その根底に，医療における情報の非公平性や被害を受けた時に申し立てをする組織や救済を実現する仕組みが整備されていないことである。インフォームド・コンセントや患者の権利が当然のこととして唱えられてはいるものの，その法的な保障や医療ソーシャルワーカーの業務としての位置づけは曖昧なままとなっているといえる。

現代の医療政策が新たに生み出す社会問題や生活問題を発見し，個々の問題解決へ対処することにとどまらず，制度・政策へフィードバックしていく活動が，医療福祉実践；医療ソーシャルワークによりいっそう求められる。

第7節　国際社会福祉

1．国際社会福祉問題への現代的視点

社会学者ギデンズ（Giddens, A.）[20]が指摘しているように，私たちは，グローバル経済の暴風が吹き荒れる「暴走する世界」において生き残る術を求めようとしている。仮に，読者のあなたが今それほど強い危機感を実感していないとしても，たとえば，人生の多くの局面での選択肢の幅や有無，近未来の不確実性，不安の拡大は，世界各地で多くの人びとが共有している課題である。危機や問題の内容や程度・質は，先進国か開発途上国かによっても大きく異なるが，いずれにせよ生活の安定・安全・安心は自明のものではない。

国際社会福祉問題でいう「国際」の意味は，国家間の協調や協力を指す「国際化」に限定されない。むしろ，グローバル化の進展のもとで，国家という枠組みそのものが問い直される現代では，国家という線引きを越えた社会空間で多様な事項が相互に影響・作用し合う状況に注目することに意義がある。グローバル化そのものが多義的であり，多国籍企業の活動によるボーダレス・エコノミーの形成にとどまらず，情報通信技術の飛躍的な進歩による情報社会の出現と深化，資本・物資・サービスや人の移動と流動化にいたるまで，さまざま

な次元・生活空間でみられる「越境」の諸現象である。また，従来の線引きの見直しや流動化に伴う不安定化への反発ともいえる動き（原理主義や極端な愛国主義を含む）もグローバル化の一部である。

グローバル化は市民生活にとって必ずしもメリットばかりとは限らない。情報へのアクセスと情報を駆使する技能（メディア・リテラシー）をもつ者が優位に立ちうる知識経済では，デジタル・デバイドという問題が生じている。メディア・リテラシーにおける格差（もつ者ともたざる者）のために，後者（もたざる者）は知識経済の恩恵を享受する機会から排除されがちである。障害者・児，低所得者，虚弱な高齢者たちは，従来の国家福祉においても社会的弱者の範疇に含まれてきたが，知識経済の台頭とともに社会的弱者の発生と存在について新たな視点が必要となっている。

グローバル化は経済・政治レベルでの利害関係の再構築であると同時に，社会・文化レベルでの価値や規範の再編成でもある。20世紀後半から今日21世紀初めにかけて，国際連合などを通じた国際社会での合意形成によって，生存権をはじめとする人権の確立と擁護，ノーマライゼーション，各種の差別撤廃，人間の安全保障といった理念の意義が広く認識されるに至っている。しかし，これらは理念であって，人びとの生活水準や生活の質の実態には非常に大きなばらつきがある。

2．国際社会福祉の概念と内容

従来から，社会福祉の問題群については，一国単位，つまり，国家福祉としてミクロレベルの視点での研究が積み重ねられてきた。日本に限らず，各国の研究者たちが取り組んできた「国家福祉」的な枠組みでの社会福祉研究には，現場・実践に論考の焦点を絞るミクロレベルの特徴として，議論の内向性がみられる。社会福祉の各分野での実践活動から抽出される問題群について研究を深めることは重要である。しかし一方で，研究から得られた知見をさらに広く国外や異分野（特に隣接領域）の研究者コミュニティと共有しようとすることにおいては，ミクロレベルの限界もある。

国際社会福祉の概念の理解は一様ではない。「国際福祉」は日本以外の各国における社会福祉の課題や，福祉問題への制度的対応としての社会福祉政策の展開に関する研究ジャンルとして，日本社会福祉学会の年次大会などでも独自の部会が置かれている。ここで注目すべきことは，国際福祉研究は社会福祉についての国際比較研究であることが多く，内容面では，実用的な援助方法や施策の開発や評価を目的とする研究領域と，理論的研究の領域という2つの潮流がある。この意味でも国際社会福祉の研究は，日本を含め先進国で1980年代以降活発に行われ[21]，先進国での福祉国家の縮減や再編の時期とも重なっている。低成長下での少子高齢化社会として，先進国は福祉の問題群（高齢者の介護や生活・居住の保障，子育て支援，雇用対策など）を共有しつつも，現実には問題への対応はさまざまであり，福祉国家の施策のパターンには多様化がみられる。OECD報告『福祉国家の危機』（1979年）が発表され，さらに1989年から1990年代初頭にかけての東西の冷戦の終焉を経て今日まで新自由主義（ネオリベラリズム）[22]の影響力が強まる中で，福祉国家の変容と新たな方向性・存在意義が問われている。

 さらに，国際社会福祉は「国際社会」福祉としても解読できる。それは，国際社会の課題への福祉の視座からの研究であり，生活問題の基本的な5つの分野（所得保障，保健サービス，教育，住宅，ソーシャルワーク）に加え，貧困，差別，虐待・暴力といった問題群も研究対象に含まれる[23]。国際社会という大きな枠組みには曖昧さもつきまとうが，社会の安寧が脅かされている状況は，国際社会の安定と平和にとって重大な挑戦である。

 国際社会での福祉の活動主体は，国民国家や国連の国際機関だけではない。活動目的，組織規模および構成員などにおいて多種多様な民間グループ・団体が大きな役割を担っている。民間による活動は，地元の地域生活の安定や向上を目指す活動から，国境を越えての支援活動をもカバーしている。地元（ローカル）中心の活動も越境的（グローバル）な活動もどちらも，原動力はコミュニティ意識である。コミュニティの空間の設定は異なっても，他者の直面している困難への共感・連帯感（憐れみ・気の毒という温情主義的(パターナリスティック)なアプローチと

は異なる）が出発点である。世界各地の社会問題についての情報やニュースがより迅速に共有されるようになった点では，情報化としてのグローバル化のメリットがある。近隣か遠隔かにかかわらず，他者のニーズについて福祉的な感性をもつことの根幹には，価値や規範のグローバル・スタンダード化が影響している。

　ところで，ミッジリー（Midgley, J.）は，社会福祉を，社会問題の処理の程度，ニーズの充足および（教育や雇用の）機会の保障という3つの要素から定義づけ，社会状況の安定的な改善に結びつく発展過程としての「社会開発」の視座から福祉の役割を論じている[24]。開発研究は経済学，国際関係論，文化人類学などの研究者も関わってきた分野であるが，南北問題の観点から研究対象は途上国に限定されてきた。他方，福祉研究が工業化の進んだ北側（OECD諸国）をほぼ自明の研究対象としてきたという点では，二極化による研究領域間の対話の不在・不足も指摘できよう。しかし，1995年の国連世界社会開発サミット（於：コペンハーゲン）以降，途上国だけでなく先進国にとっても社会開発の意義が確認されるようになった。経済成長を最優先させること（経済成長第一主義）や福祉を経済成長にとっての負荷とする見解への見直しが行われている。経済成長だけでは貧困問題の解決に至らないことは，たとえば，1980年代のブラジルの経験（経済の底上げ効果による貧困問題の改善を目指した政策の失敗）などから，国際社会の共通認識となっていった。格差是正に向けての政策介入としての社会開発は，経済と福祉の建設的な関係（あるいは，秀でた循環[25]）の探求である。

　また，1994年に国連開発計画（UNDP）が提唱した「人間の安全保障」（human security）は，安全保障の課題を環境破壊，人権侵害，貧困など人の生活や尊厳に対するあらゆる脅威として包括的にとらえようとする。ここでは安全保障は，国家間の軍事力の関係という国際政治の課題に限定してきた冷戦期のアプローチを越えて，より広義に理解されている。人間の安全保障は究極には欠乏と恐怖からの解放を求める理念である。特に，アメリカ本土がテロリズムの標的となった9・11事件（2001年）後の世界では，テロリズムそのものだ

けでなくその背景にある貧困・格差問題の根深さについても国際社会の関心が向けられるようになった。セン（Sen, Amartya）は厚生経済学者であるが，インドの貧困問題の研究から，個人の潜在的能力（ケイパビリティ）に注目する人間開発論（特に教育機会の保障の意義）や格差に起因する弱者の脆さ（バルネラビリティ）についての論考[26]を通じて，人間の安全保障の議論に大きく貢献している。

このように，社会開発論から人間開発論・人間の安全保障論への展開は，国際社会福祉の概念の拡大と深化を示唆している。国連によれば，社会福祉の役割は，貧困，人口，健康，教育，住宅，都市と農村の開発，雇用と職業訓練サービスの提供までを含む広範囲なものとされる[27]。こうした包括的な社会福祉の理解は，先進国だけでなく世界約180ヵ国の大半を占める途上国にまで配慮した結果でもある。

3．国際社会福祉の現状と問題点

具体的な目安の一例として，国連人口基金（UNFPA）の人口統計を手がか

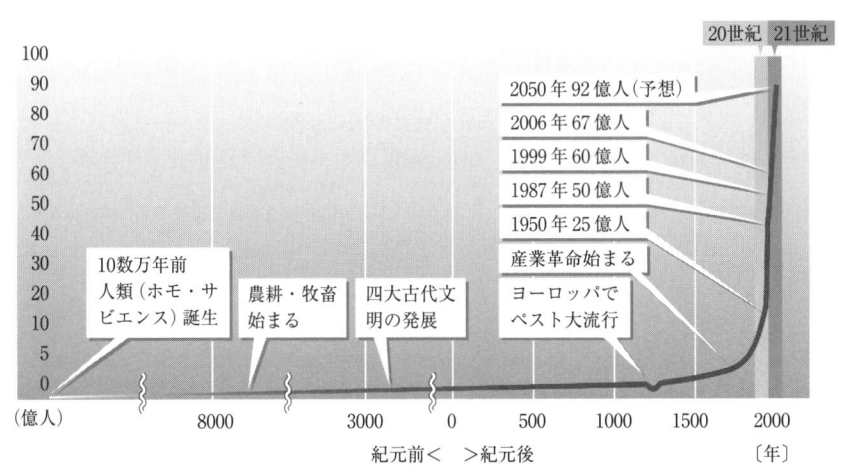

図表5-11　世界人口の推移（推定値）

出所）国連人口部 *World Population Prospects: The 2004 Revision*, 2005.（http://www.unfpa.or.jp/p_graph.html）

りに，国際社会福祉の現状を考えてみよう[28]）。

　図表5-11は，産業革命後，そして特に20世紀後半からの世界人口の劇的な増加を示している。2050年の世界人口は90億人強とも予測されている。工業化が進み生活水準が相対的に良好とされる先進国は，人口比率からすれば全世界の2割にも及ばず，8割以上は途上国の住民である。近未来の人口増は先進国ではなく途上国の比率のさらなる増大であり，途上国の中でも最貧国の人口が先進国人口を上回ると予測されている（図表5-12）。合計特殊出生率，乳児死亡率，幼児死亡率および平均余命が示すように，途上国では適切な医療制度を含む社会インフラの未整備，あるいは，内戦などの軍事紛争のしわよせによる物資輸送ライン（ライフライン）の断絶などが人びとの生命への重大な脅威となっている。ただし，誤解してはならないのは，途上国の住民が一様に貧しいのではないことである。途上国間の大きな差異，そして，いちじるしい社会的不平等と格差に対する政策的な介入が不在であるか効果を上げていない状況に注目しなければならない。

　また，飢餓の極限にある子どもたちの姿がマスコミによって報じられる時，人口爆発と絶対的貧困とが単純に結びつけられてしまいがちである。しかし，実際には，そうした状況が生じる主な要因は多くの場合，その国内あるいは国境付近での軍事・政治紛争による物資の輸送や医療サービスの停滞・遮断であ

図表5-12　世界の人口統計

	総人口 （2007年推計）	総人口予測 （2050年予測）	合計特殊出生率 （2007年推計）	乳児死亡率 （2007年推計） （0歳児1000人中）	幼児死亡率 （2007年推計） （5歳未満，男／女）	平均余命 （2007年推計） （男／女）
世界総計	66億1590万人	90億7590万人	2.56	53	80／77	64.2／68.6
先進国	12億1750万人 (18.4％)	12億3620万人 (13.6％)	1.58	7	10／9	72.5／79.8
途上国	53億9840万人 (81.6％)	78億3970万人 (86.4％)	2.76	58	87／85	62.7／66.2
途上国のうち最下位グループ	7億9560万人—	17億3540万人—	4.74	92	155／144	51.4／53.2

出所）UNFDP, *State of World Population 2007*, p. 86, p. 90.（総人口割合（％）は筆者加筆）

る。「平和」の福祉的な意味の重さはここにある。先進国の市民にとっては，平和は空気のようにあたりまえのものかもしれない。しかし，国際社会は，世界の他の地域での人命・生活環境への重大な脅威を対岸の火事とはみていない。国家間や国連の諸機関から民間の専門家組織まで，緊急時だけでなく中長期にわたる各種（金融，経済技術，水道，医療・保健，教育など）の開発支援・協力が，さまざまなレベルで実施されている。

　さて，アジアにも少し目を向けてみよう（図表5-13）。2007年推計値において，世界人口の3分の1強を占める中国とインドという人口大国を擁している一方で，モンゴル（270万人）やブータン（230万人）などの小国もある。また，生活水準では，先進国レベルから途上国・最貧レベルまで，アジアは多様性のショーウィンドーともいえよう。日本は確かに「アジアの一員」であるが，アジアとはこうした顕著な不均衡を抱えている地域であることも忘れてはならない。相対的には，シンガポールも含め東アジアは中国を中心として急速な経済成長が各種の統計数値を押し上げているが，たとえば，中国では都市部と農村部の格差，韓国では都市部の住宅問題や若年者の失業問題など未解決の問題が山積している。

　さらに，国連開発計画による人間開発指標も国際社会福祉の現状の把握にと

図表5-13　アジア諸国の人口統計（2007年推計）

	総人口	総人口予測（2050年予測）	合計特殊出生率	乳児死亡率（0歳児1000人中）	幼児死亡率（5歳未満，男／女）	平均余命（男／女）
日本	1億2830万人	1億1220万人	1.36	3	5／4	79.1／85.1
韓国	4810万人	4460万人	1.19	3	5／5	74.4／81.8
中国	13億3140万人	13億9230万人	1.73	31	30／41	70.7／74.4
香港	720万人	920万人	0.95	4	5／4	79.2／85.1
モンゴル	270万人	360万人	2.23	52	75／71	63.7／67.7
タイ	6530万人	7460万人	1.87	17	26／16	68.2／74.8
シンガポール	440万人	520万人	1.30	3	4／4	77.5／81.2
カンボジア	1460万人	2600万人	3.76	88	130／120	54.2／61.1
ベトナム	8640万人	1億1670万人	2.15	26	36／27	69.8／73.7
インド	11億3560万人	15億9270万人	2.79	60	84／88	63.0／66.5

出所）UNFDP, *State of World Population 2007*, p. 87, p. 91.

って有意義である。人間開発指標（HDI：Human Development Index）は「健康で長生き」「教育を受けられ」「人間らしい水準の生活」という人間開発の3つの側面について，平均余命，成人識字率，初・中・高等教育の総就学率，1人当たりの国内総生産（GDP）をもとに算出される。所得や経済成長のような経済的な側面だけでなく，より幅広く生活の豊かさ（あるいは，貧しさ）を測る指標として1990年から毎年『人間開発報告書』によって公表されている。2005年のHDIでは，データが算出された177ヵ国のうち日本は8位であり，経済大国が必ずしも生活大国としてのトップではない[29]（図表5-14）。

国連開発計画も認めているように，HDIは，決して人間開発に関する包括的な指数ではなく，ジェンダーの不平等，人権尊重，政治的自由といった指標は含まれていない[30]。たとえば，1995年から人間開発報告書には，ジェンダー開発指数（GDI）とジェンダー・エンパワーメント指数（GEM）が導入されている。前者（GDI）はHDIについての男女別の達成度であり，後者（GEM）は経済・政治活動における女性の活動状況（ジェンダー格差）に注目した指標である。

図表5-14　人間開発指標とジェンダー・エンパワーメント指数（2005年）

HDIランク	国名	GEMランク	国会の女性議員比率（％）	司法・行政管理職の女性比率（％）	所得の男女比（男性を1とする）
1	アイスランド	5	31.7	27	0.72
2	ノルウェー	1	37.9	30	0.77
3	オーストラリア	8	28.3	37	0.70
4	カナダ	10	24.3	36	0.64
5	アイルランド	19	14.2	31	0.53
6	スウェーデン	2	47.3	30	0.81
7	スイス	27	24.8	8	0.63
8	日本	54	11.1	10	0.45
9	オランダ	6	36.0	26	0.64
10	フランス	18	13.9	37	0.64

出所：UNEP, *Human Development Report 2007/2008*, p. 330.

こうした指標が意図するところは、オリンピックのような各国間の競争ではなく、特定の観点からその社会の人間開発についての改善点を示唆している。ジェンダーはその観点のひとつであり、特に日本についてはHDIの主軸である平均余命、教育水準、国内総生産の指数では上位10ヵ国に留まっているが（2004年は7位）、GEMでは54位に急落しHDIとの乖離がきわだっている。

4．国際社会福祉の課題

前節で紹介したような人口統計やHDI, GEMは多くの統計・指標のごく一部でしかない。また、こうした情報は生活の豊かさ・貧しさについて計測できる側面を指摘しているという限界もある。もちろん、福祉問題の研究方法は、計量を中心とする量的調査だけではない。各種のインタビュー、ライフヒストリー、エスノグラフィー、文献解釈など質的アプローチも生活世界を細やかに描出する上で有用である。

冒頭で指摘したように、現代は社会問題の越境化が進み、従来の線引きやカテゴリーの見直しが要請される時代である。本章では詳細に検討されていないが重要な国際社会福祉の課題として、たとえば、人身売買、プライベートな親しい間柄での暴力問題[31]、相対的に豊かな社会にもみられる社会的排除[32]など、多岐にわたる問題が指摘できる。私たち自身だけではなく、近未来を生きるはずの次世代のために、どうすればよりよい福祉社会を築いていけるだろうか。環境問題にとどまらず、国際社会福祉の課題への研究と対処のためには、まさに「分断された世界で試される人類の団結」[33]が必要であり、この意味での福祉の原動力は、グローバルなコミュニティ意識と人としての共感である。

［福祉レジーム論］

1990年にエスピン-アンデルセン（Esping-Andersen, Gøsta ）[34]が福祉供給の政治経済システムについて3つの類型（自由主義、保守主義、社会民主主義）を福祉レジーム論として提示して以来、国際比較研究の理論について欧米だけでなく、東アジア社会を含む新興福祉国家について研究者たちの関心が広がっ

ている[35]。福祉レジーム論は福祉供給について政府・市場・家族のどのセクションが主要であるかに注目し上記の3類型を提示している。主要概念として3つの「脱」（3 'd's），すなわち，脱商品化（decommodification），脱階層化（destratification），脱家族化（defamilialization）がそれぞれの福祉レジームの3類型の特徴の説明に用いられている。平易にいえば，これらそれぞれ，社会保障（老齢・疾病年金など）によって個人が生計を得るために自らを労働力として労働市場で商品化することからどの程度解放されているか，極端な所得格差への政策介入がどの程度進んでいるか，そして，ケアについて家族以外の担い手（社会的なケアサービス）がどの程度整備されているかの尺度である。福祉レジーム論は国際福祉研究に大きな影響を及ぼしたが，唯一の絶対的な理論枠組みではない。類型論（総論）から各論（国別の特性との整合性）へのつながりに関して福祉レジーム論は多くを語らず，日本を含め東アジア社会といった欧米圏外の福祉システムの位置づけの課題も未解決である[36]。

〈注〉
1) 田畑洋一編著『現代公的扶助論』学文社，2006年，pp. 19-20
2) 伊藤安男・高橋信行編著『現代社会福祉―鹿児島からの発信』ナカニシヤ出版，2005年，p. 150以下
3) 厚生統計協会編『国民の福祉の動向』厚生統計協会，2005年，p. 55
4) 「わが国の今日の生活保護制度の捕捉率（人員率）は，全体として10%にも満たない程度で1990年代前半ではせいぜい6～7%，同後半期から今日までの期間ではさらに低下している…」と指摘している。河合克義「公的扶助の行政組織と福祉労働」日本社会保障法学会編『講座社会保障法5 住居保障法・公的扶助法』法律文化社，2001年，pp. 270-271
5) 田畑洋一編著，前掲書，p. 207以下
6) 厚生統計協会『国民の福祉の動向』第54巻第52号，廣済堂，2007年，p. 12
7) 保育福祉小六法編集委員会『保育福祉小六法』2007年版，みらい，p. 62
8) 同上書，p. 64.
9) 日本子どもを守る会『子ども白書　2006年』草土文化，2006年，p. 71
10) 全国保育団体連合会・保育研究所編『保育白書　2006年』ひとなる書房，2006年，p. 20
11) NHK放送文化研究所『2005年　国民生活時間調査報告書』2006年

12) 日本子どもを守る会『子ども白書 2005年』草土文化，2005年，p 131
13) 社会福祉の動向編集委員会『社会福祉の動向 2007』中央法規出版，2007年，p. 155
14) http://headlines.yahoo.co.jp/11/16 配信　産経新聞
15) 社会福祉の動向編集委員会『社会福祉の動向 2007』中央法規出版，2007年，p. 130
16) 厚生統計協会『国民の福祉の動向』第54巻第52号，廣済堂，2007年，p. 46
17) 社会福祉の動向編集委員会『社会福祉の動向 2007』中央法規出版，2007年，p. 200
18) 保育福祉小六法編集委員会『保育福祉小六法 2007年版』みらい，2007年，p. 70
19) 同上書，p. 71
20) ギデンズ，アンソニー（佐和隆光 監訳）『暴走する世界―グローバリゼーションは何をどう変えるのか』ダイヤモンド社，2001年（原著Giddens, Anthony, *Runaway World : How Globalization is Reshaping Our Lives*, 1st edition, Routledge, 2000）
21) 古川孝順「比較社会福祉学の視点と方法―その基礎的諸問題―」阿部志郎・井岡勉編『社会福祉の国際比較：研究の視点・方法と検証』有斐閣，2000年，pp. 23-24.
22) 政府の役割・介入は最小限にとどめ，個人の自由と責任を基調とし市場原理や競争による効率を重視する考え。
23) 沈潔「国際社会福祉の意義と展望」仲村優一ほか編著『グローバリゼーションと国際社会福祉』中央法規出版，2002年，p. 38.
24) ミッジリィー，ジェームス（萩原康生訳）『社会開発の福祉学―社会福祉の新たな挑戦』旬報社，2003年（原著：Midgley, James, *Social Development : The Developmental Perspective in Social Welfare*, SAGE, 1995.)
25) ヒマネン，ペッカ＆カステル，マニュエル著（高橋睦子訳）『情報社会と福祉国家：フィンランド・モデル』ミネルヴァ書房，2005年（原著：Himanen, Pekka & Castells, Manuel, *The Information Society and the Welfare State : the Finnish Model*, Oxford University Press, 2002）
26) セン，アマルティア（池上幸生ほか訳）『不平等の再検討―潜在能力と自由』岩波書店，1999年（原著：*Inequality Reexamined*, Clarendon Press, 1992）
27) 沈，前掲書，p. 53.
28) 各国の統計情報については国連諸機関やアジア開発銀行http://www.adb.org/，先進工業国についてはOECD（http://www.oecdtokyo.org/）やEU（欧州連合メンバー国対象，http://jpn.cec.eu.int/）などが，多くの有用なデータを公表している。

29) 人間開発報告書2007/2008速報．http://www.undp.or.jp/hdr/pdf/release/japanfacts.pdf（2007年12月10日アクセス）
30) 同上．
31) ドメスティック・バイオレンス（DV）は主にカップル間で発生する暴力（支配と抑圧の関係，異性愛に限定されない）を指すが，高齢者虐待や子ども虐待など，実際には広範囲におよぶ．
32) 社会的排除（social exclusion）は「生活保障システムの機能不全ないし逆機能の所産」であり，貧困や所得格差の経済的側面と社会的疎外や犯罪・暴力といった社会関係・政治的側面にまでおよぶ．大沢真理『現代日本の生活保障システム—座標とゆくえ』岩波書店，2007年，p. 11, p. 23
33) 人間開発報告2007/2008のタイトルの副題『Fighting climate change : Human solidarity in a divided world』．
34) エスピン-アンデルセン，G. 著（岡沢憲芙・宮本太郎監訳）『福祉資本主義の三つの世界—比較福祉国家の理論と動態』ミネルヴァ書房，2001年（原著：Esping-Andersen, Gøsta, *The Three Worlds of Welfare Capitalism*, Polity Press, 1990.）
35) 東アジアとイギリスの社会政策・社会福祉の研究者たちが立ち上げた東アジア社会政策研究ネットワーク（East Asian Social Policy Research Network）は，近年の比較研究への意欲的な取り組みの一例である．http://www.welfareasia.org/参照．
36) 福祉レジーム論での日本の位置付けの問題については，富永健一『社会変動の中の福祉国家—家族の失敗と国家の新しい機能』中公新書・中央公論新社，2001年参照．

〈参考文献〉
・福祉士養成講座編集委員会編『障害者福祉論 第5版』中央法規出版，2007年
・福祉臨床シリーズ編集委員会編『社会福祉原論』弘文堂，2006年
・上田敏『リハビリテーションを考える』青木書店，1983年
・高齢・障害者雇用支援機構編『障害者雇用ハンドブック 平成19年度版』雇用問題研究会，2007年
・竹原健二編『現代社会福祉学』学文社，2006年
・野口勝己ほか編『社会福祉論』建帛社，2007年
・「老人福祉施設協議会五十年史」全国社会福祉協議会・老人福祉施設協議会
・厚生省社会局老人福祉課監修『改訂 老人福祉法の解説』中央法規出版，1987年
・社会保障の在り方に関する懇談会報告書「今後の社会保障の在り方について」1998年6月17日

- 高齢者介護研究会報告書概要「2015年の高齢者介護〜高齢者の尊厳を支えるケアの確立に向けて〜」2003年3月
- 中央社会福祉審議会社会福祉構造改革分科会報告書「社会福祉基礎構造改革について（中間まとめ）」
- 『月間福祉』全国社会福祉協議会・出版部
- 『福祉新聞』福祉新聞社

〈必読文献〉
- 田畑洋一編著『現代公的扶助論』学文社，2006年
    生活保護の全体像をわかりやすく，具体的に記述したものであり，社会福祉士国家試験対策のテキストないし参考書としても有用である。
- 阿部省吾『知的障害者雇用の現場から』文芸社，2006年
    知的障害のある人の雇用を具体的視点でまとめている。また「働くこと」の意味について問いかけている。
- 野沢和弘『条例のある街』ぶどう社，2007年
    障害者差別を禁止する条例の制定を通して，「差別」や「障害」について深く考えさせられる一冊。
- 小浜逸郎『「弱者」とは誰か』PHP新書，1999年
    「弱者」という言葉を解き明かそうとしている意欲作。強気の姿勢で書かれてるため注意が必要だが，多面的な考察が加えられている。
- 上野谷加代子・松端克文・山縣文治編『よくわかる地域福祉』ミネルヴァ書房，2007年
    地域福祉を本格的に理解するための入門的な教科書。本書では現段階の「地域福祉」の実践活動を紹介しながら，地域福祉の全体像を示している。その理念，概念，歴史をわかりやすく説明している。
- 全国社会福祉協議会『地域福祉型福祉のすすめ―小規模，地域密着の可能性を探る』全国社会福祉協議会，2006年
    各地で先駆的に展開されている地域福祉型福祉サービスのサービス形態，利用者，サービスの担い手，活動主体等さまざまであり，サービス創設の契機や展開も独自の経緯をたどった10事例の紹介が具体的で理解しやすい。
- ニィリエ，ベンクト（河東田博訳）『ノーマライゼーションの原理―普遍化と社会変革を求めて』（新訂版）現代書館，2004年
    今後の地域福祉において，ノーマライゼーションの理念の真の理解は重要である。障害をもつ人をノーマルに近づけるのではなく，その人がいる生活環境をその人に適した形で得られるような共生社会を目指すノーマライゼーションの理念が理解できる。専門的で難解かもしれないが，じっくり読んでほしい。

- 仲村優一ほか編著『グローバリゼーションと国際社会福祉』中央法規，2002年
　　ミッジリィの『国際社会福祉論』（中央法規，1999年）を踏まえ，アジアの視点からの国際社会福祉の問題提起を行っている。
- ミッジリィ，ジェームス（萩原康生訳）『社会開発の福祉学—社会福祉の新たな挑戦』旬報社，2003年
　　福祉と経済発展との調和による「社会開発」のアプローチを示し，社会福祉学と開発学との関係を解説している。
- 川村匡由『国際社会福祉論』ミネルヴァ書房，2004年
　　人権と平和の実現にむけての各国の現状と取り組みを豊富な資料とともに紹介している。
- 日本医療社会事業協会編『新訂 保健医療ソーシャルワーク原論』相川書房，2006年
　　医療ソーシャルワークの理念や価値あるいは目的を確認し，理論から実際の実務への展開していくためにつくられた実践知の集大成。「医療ソーシャルワーカー専門講座」のテキストとして使用されている。
- 50周年記念誌編集委員会編『日本の医療ソーシャルワーク史 —日本医療社会事業協会の50年—』川島書店，2003年
　　日本医療社会事業協会の編集委員会が10年をかけて収集した資料がまとめられている。たとえば，各都道府県協会によって作成されたそれぞれの組織の沿革と現況も収録されている。わが国の医療福祉の流れが把握できる歴史的貴重な文献。
- 川上武・小坂富美子『戦後医療史序説—都市計画とメディコ・ポリス構想』勁草書房，1992年
　　戦後の荒廃から復興をとげた日本医療を，1980年代の技術面・医療システム面からのその展開を整理し，21世紀に向って医療・福祉はどうなっていくのか，どうあるべきかを戦後史の見通しをとおして展望した文献。

〈もっと学習したい人のために〉
- 孝橋正一『新社会事業概論』ミネルヴァ書房，1987年
- 古賀昭典編著『現代公的扶助法論』法律文化社，1990年
　　公的扶助の基本・論理を学ぶ上で参考となるものである。
- 高谷清『異質の光』大月書店，2005年
　　糸賀一雄の足跡を辿りながら，彼の「実践」と「思想」を深く読み説いている。読み物としても示唆に富んでいる。
- 日本心身障害児協会島田療育センター『愛はすべてをおおう』中央法規出版，2003年

第5章 社会福祉の諸分野 193

　島田療育園を開園した小林提樹の自伝や協力者たちの回想などから，障害児医療の黎明期の苦労を知ることができる。
・フランクル，ヴィクトール E.（池田 香代子訳）『夜と霧』みすず書房，2002年
　ドイツの強制収容所での生活を通して，「生きることの意味」や「人間」について訴えかけ，深く考えるきっかけを与えてくれる名著。
・福祉士養成講座編集委員会編『障害者福祉論（第5版）』中央法規出版，2007年
・武川正吾『地域福祉計画—ガバナンス時代の社会福祉計画』有斐閣，2005年
　本文では触れなかったが，1990年代以後，地方自治体の大きな役割は，地域福祉計画策定とその実施である。自分の住んでいる地域福祉計画はインターネットなどで入手できる。それを読み込む際にも役立つ。地域福祉，社会計画，地方自治の視点を重視して解説している。
・向谷地生良『「べてるの家」から吹く風』いのちのことば社，2006年
　精神障害の当事者の声を重視した地域福祉活動である。地域社会に精神障害を訴えるため，「差別・偏見大歓迎」の会を開くなどユニークな活動をしている。地域特産の日高昆布の産地直送などの商売に挑戦して，地域の産業にも貢献している。浦賀べてるの家『べてるの家の「非」援助論—そのままでいいと思えるための25章』（医学書院，2002年）ではありのままの実践記録が読める。
・鈴木輝隆『ろーかるでざいんのおと田舎意匠帳—あのひとが面白い あの町が面白い』全国林業改良普及教会，2005年
　各地域で，地域が生き残りをかけて，面白く活気のある地域再生に結びつく実践を，筆者は30年間歩いてまとめた。平成の大合併，過疎化に長い年月をかけて積み重ねてきた地域での創意工夫に満ちた活動には，学ぶことが多い。
・久場嬉子編『介護・家事労働者の国際移動—エスニシティ・ジェンダー・ケア労働の交差』日本評論社，2007年
　介護・家事労働を担う女性労働者たちの越境に焦点をあて，グローバル経済の福祉労働力への影響を考察している。
・カナダソーシャルワーカー協会編（日本ソーシャルワーカー協会国際委員会・仲村優一訳）『ソーシャルワークとグローバリゼーション』相川書房，2003年
　グローバル化時代の社会福祉ニーズの変化とソーシャルワークの意義を検討している。
・OECD（豊田英子訳）『世界の児童労働—実態と根絶のための取り組み』明石書店，2005年
　児童労働の根絶に向けての各国における子ども福祉政策を検証している。
・平山尚ほか『社会福祉実践の新潮流—エコロジカル・システム・アプローチ』ミネルヴァ書房，1998年
　ソーシャルワークの過程について概説されている。その基本的視点が，エコ

ロジカル・システム・アプローチ（生態学アプローチ）であり，ソーシャルワーク過程を大まかに把握するために，また，現在主流の生態学的アプローチを知るために最初に読んでおくとよい。

・アギュララ，ドナ C.（小松源助・荒川義子訳）『危機介入の理論と実際―医療・看護・福祉のために』川島書店，1997年

　現代社会の危機的な状況（薬物依存，強姦，児童・老人・妻の虐待，セクハラ，新たな社会問題やライフステージ上の危機　エイズ，心的外傷後ストレス障害，燃え尽き症候群，アルツハイマー病，死など）に焦点を当てる。その危機介入，援助活動の理論とそれに基づく実践方法論について，体系的に，具体的に述べた手引書である。

・牧洋子・和田謙一郎編『転換期の医療福祉―難病・公害病・被爆者問題などへの新たな挑戦―』せせらぎ出版，2005年

　難病，結核，公害病患者，原爆被爆者，高齢者医療，障害児者医療，退院計画・援助のあり方，医療的処置における自己決定，医療従事者等について，それぞれの領域の利用者の療養生活上に現れている課題について整理された実践の書。

第6章　社会福祉政策と諸サービス

第1節　社会福祉政策の動向

　社会福祉の機能を問えば多角的な面から答えることができるだろうが，ひとつの側面として「国民生活の安寧を実現する」というのがあろう。これはいつの時代でも希求されるべき課題である。そのために社会福祉が政策として存在し，またその役割を担っている。そこで近年の社会福祉政策の動向を概観し，また法律の制定を時系列的に追ってみたい。

1．現在の社会福祉政策の動向

　わが国の社会福祉制度が整備され始めるのは太平洋戦争の終結後であるが，戦後の混乱を乗り切るために緊急的に整備されたため，現在の福祉的ニーズに対するセーフティーネットとしての役割に不足が生じてきている。

　そこで時代に即した制度へと転換するために，1997年に厚生省（当時）内に「社会福祉事業等の在り方に関する検討会」が設置され，社会福祉基礎構造改革が行われた。同年11月には「社会福祉の基礎構造改革について（主な論点）」として改革の方向が示された。その内容は，① 対等な関係の確立，② 個人の多様な需要への総合的支援，③ 信頼と納得が得られる質と効率性，④ 多様な主体による参入促進，⑤ 住民参加による福祉文化の土壌の形成，⑥ 事業運営の透明性の確保，の6点である。

　さらに翌年6月に中間まとめが報告され，改革の基本的な方向として，① サービスの利用者と提供者との間の対等な関係の確立，② 利用者本位の考え方に基づく利用者の多様な需要への地域での総合的な支援，③ 利用者の幅広い需要に応える多様な主体の参入促進，④ 信頼と納得が得られるサービスの

質と効率性の向上，⑤ 情報公開などによる事業運営の透明性の確保，⑥ 増大する社会福祉のための費用の公平かつ公正な負担，⑦ 住民の積極的かつ主体的な参加による根ざした個性ある福祉文化の創造，の7点を指摘している。具体的には，① 社会福祉事業の推進，② 質と効率性の確保，③ 地域福祉の確立，を目指すことであり，今後のわが国の福祉政策の基幹を示している。

　この指摘を受け，たとえば，行政処分の一環として行われていた「措置」を，事業者と対等な立場で「契約」を交わす制度への転換するなど，それまでの枠組みを大きく換える改革となっている。

　これらの流れを受けて，社会福祉基礎構造改革は2000年の社会福祉事業法が社会福祉法への改正として結実し，現在では新たな社会福祉制度による政策が行われている。

　なお社会福祉の本来性を鑑みれば，「質と効率の確保」という反比例する内容を比例するように転換していくことが，今後の課題であろう。

2．法律と福祉サービス

　わが国最初の福祉に関する公的な法律は1874年に制定された恤救規則とされているが，国の責任を認めておらず非常に恩恵的であった。その後，救護法を経て1946年に(旧)生活保護法が制定された。しかし素行不良の者を欠格者と見なし，救済対象としないなど問題が多かったため，1950年に無差別平等を原則とした現行の生活保護法へ全面改正されている。

　次いで戦争の災禍によって親を失った子どもを救済する目的で，1947年に児童福祉法が制定された。この法律では18歳未満のすべての子どもが対象であり，現在にも引き継がれている。さらに戦傷病人や傷痍軍人の救済を目的に，1949年に「身体障害者福祉法」が制定された。この3つの法律は戦後の混乱期を乗り切るために緊急的に整備された法律である。総称して「福祉三法」といい，またこの時代を「福祉三法の時代」という。

　その後，高度経済成長の時代を迎え，まず18歳以上の知的な障害をもつ人を対象とした「精神薄弱者福祉法」(1999年に知的障害者福祉法へと改名)が成立

した。次に1963年に来る高齢社会の対応策として「老人福祉法」が制定され，さらに翌年には母子家庭に対する総合的な福祉施策のために「母子福祉法」（1982年に母子及び寡婦福祉法へと改名）が制定された。以上の三法に，先の三法を加えて，「福祉六法」と呼び，基本的な法律体系が出来上がっている。

第2節　公的サービス

1．国家責任としての福祉サービス

わが国の福祉政策の歴史の大部分は，血縁，地縁を拠り所とした相互扶助か，為政者の権力を見せつけるための道具として，あるいは救済自体も非常に恩恵的であり，基本的には個人的責任に帰せられていた。

その後日本国憲法が制定され第25条が規定されたことによって，個人的責任から国家責任へと転換している。

第25条【生存権，国の生存権保障義務】
1　すべて国民は，健康で文化的な最低限度の生活を営む権利を有する。
2　国は，すべての生活部面について，社会福祉，社会保障及び公衆衛生の向上及び増進に努めなければならない。

第25条1は国民の権利について規定しており，2については国家あるいは地方自治体の責務について規定している。つまり第25条は国民と国家とが応答義務の関係にあることを表しており，もし国民の生活が最低限の生活を割り込むような状態になったときは，国の責任（義務）として国民の生活を安定しなければならないのである。そのためわが国の福祉サービスは，国家責任が大原則であるといえよう。

2．厚生労働省の役割

厚生労働省は，国民の健康や生活の安定を図る等，わが国の社会福祉の中核

図表6-1　厚生労働省組織図概略

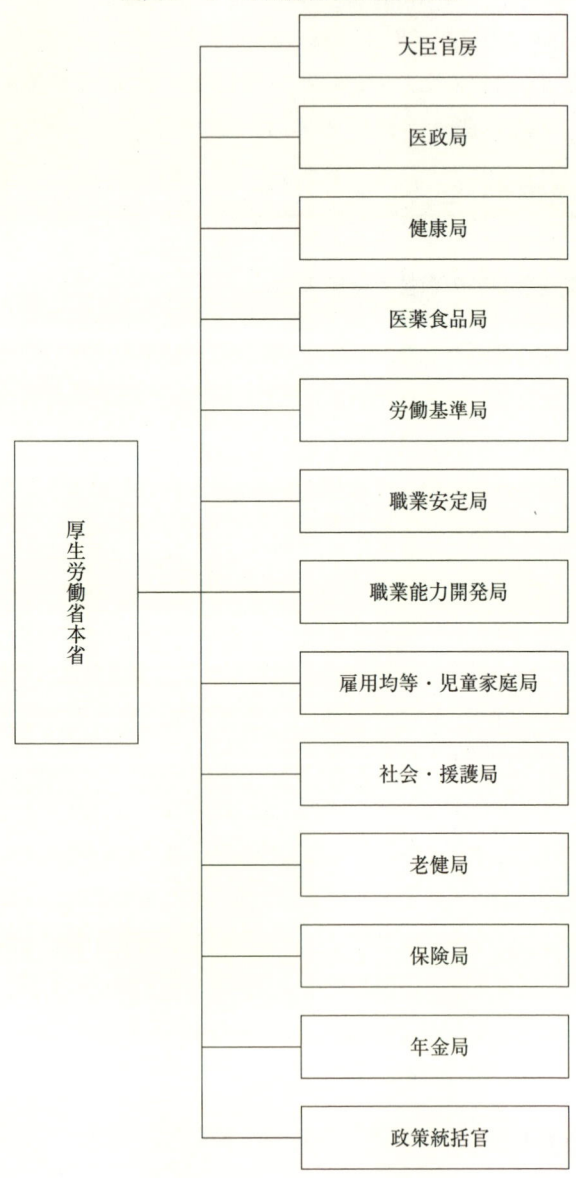

```
                          ┌─ 大臣官房
                          ├─ 医政局
                          ├─ 健康局
                          ├─ 医薬食品局
                          ├─ 労働基準局
                          ├─ 職業安定局
  厚生労働省本省 ──────────┤
                          ├─ 職業能力開発局
                          ├─ 雇用均等・児童家庭局
                          ├─ 社会・援護局
                          ├─ 老健局
                          ├─ 保険局
                          ├─ 年金局
                          └─ 政策統括官
```

出所）電子政府総合窓口（http://www.e-gov.go.jp/index.html）内の「組織・制度の概要案内」をもとに筆者作成

を担う機関である。本省には11局，大臣官房，政策統括官がおかれている。

現在の厚生労働省の組織図は簡略化して示せば図表6-1のとおりとなる。

(1) 厚生労働省の成立

明治から昭和初期のわが国は，西欧化の流れの中から階級社会が進み，貧困問題が表出した時期である。たとえば1890年に富山県で米騒動が起こり，最終的には軍隊による鎮圧で解決をみるなど，社会的不安の大きい時代であった。そこで1917年，社会問題への対応を担うために，内務省地方局に救護課が新設された。それまで国民生活の救済は慈善事業として行われていたが，社会事業としてとらえられるようになった。しかしながら世界恐慌の煽りから，戦争の影が忍び寄ると社会事業は厚生事業と位置づけられ，救済は軍事政策の一環として位置づけられるようになってしまう。

1938年の厚生省官制公布によって，内務省から独立し，体力，衛生，予防，社会，労働の部局をもつ厚生省が設置された。一方，国民を兵隊として活用するために「国民体力の向上」を目的とした「健民」政策が課題となり，戦争遂行の観点から，障害のある人などは見捨てられる時代でもあった。

第二次世界大戦が終わり，1947年に労働部局は分離独立して労働省となったが，2001年の政界再編の際再び統合し現在の厚生労働省となり，国民の生活の安定と福祉の向上を司る省として機能を果たしている。

3．地方自治体の役割

(1) 都道府県の役割

福祉行政における都道府県の役割は，県民の生活を守るために，基本的な施策の策定や市町村に対する技術的な助言・指導といった基盤整備を主に担っている。

近年注目される都道府県の主な役割としては，社会福祉法第108条で義務づけられているように「都道府県地域福祉支援計画」を策定することである。その内容は，① 市町村の地域福祉の推進を支援するための基本的方針に関する

事項，② 社会福祉を目的とする事業に従事する者の確保又は資質の向上に関する事項，③ 福祉サービスの適切な利用の推進及び社会福祉を目的とする事業の健全な発達のための基盤整備に関する事項，について策定するように求められている。なお5年1期を目安として，3年ごとに見直すこととなっている。

(2) 市区町村の役割

市区町村は福祉施策の実践機関としての役割を担い，住民の福祉向上を目指し，地域の実情に応じた福祉施策の策定，施設の整備などを行っている。ただし，市は人口規模によって格付けされており，政令指定都市および特別行政区は都道府県並の権限が与えられ，また中核都市は，福祉，公衆衛生また都市計画等に関する事業については，都道府県並の権限をもっている。

市町村も地域福祉計画の策定が義務づけられており，「地域における福祉サービスの適切な利用の推進に関する事項」などを策定するよう求められている。

なお，見直し期間については，都道府県地域福祉支援計画と同様である。

第3節　社会福祉サービスの体系

1．市場原理の導入と課題

戦後確立した福祉制度は，「措置」という行政処分によって行われていた。これは戦後の混乱を乗り切るため仕組みづくりの結果であり，責任の所在は明確であったが，受給者の意志が反映されにくいという問題があった。また事業主体も受け身であり，競争がないため基本的には画一的なサービス提供とならざるをえなかった。

そこで2000年の社会福祉法の制定によって，多様な事業主体の参入が可能になり，いわゆる民間福祉産業による市場原理が導入された。これにより「措置から契約へ」という流れの中で，事業主体と受給者が対等な立場に立ち，「契約」を交わすことで福祉サービスを受給することができるようになった。そのため事業者間競争による福祉サービスの活性化と，自由契約による利用者の意

志が反映されやすいというメリットを生みだした。一方で,「契約による自己責任」観の台頭,営利追求による「質の低下」,事業主体の財政状況による「福祉水準の変動」など,支援費制度によるサービスは新たな問題を生み出してもいる。

社会福祉がいかなる制度・体制になっても,国民は国家が責任を放棄しないように監視する必要があろう。

2．公的サービス

① 福祉事務所

社会福祉の第一線の現業機関として福祉事務所がある。社会福祉法第14条に規定されており,都道府県および市（特別行政区）においては義務設置,町村は任意設置である。

福祉事務所は,福祉六法に定める援護,育成または更生に関する業務を行う機関であるが,都道府県が設置する福祉事務所は,1993年に老人福祉と身体障害者福祉が,また,2004年には知的障害者福祉に関する業務がそれぞれ市町村の所轄となったため,現在は生活保護法,児童福祉法,母子及び寡婦福祉法の三法を担当している。

② 各種相談所

公的な相談所としては,身体障害者更生相談所,知的障害者更生相談所,精神保健福祉センター,児童相談所,婦人相談所などがある。

身体障害者更生相談所は,身体に障害のある人の更生援護の利便を目的として,身体障害者福祉法第11条に規定されており,都道府県に設置義務がある。

また知的障害者更生相談所は,知的な障害のある人の更生援護の利便を目的として,知的障害者福祉法第12条に規定されており,都道府県に設置義務がある。

精神保健福祉センターは,精神保健福祉法第6条に規定され,精神保健および精神に障害のある人の福祉に関する相談等を行うことを目的に,都道府県が設置している。

児童相談所は、児童福祉法第12条に規定されており、子どもの福祉に関する専門機関である。都道府県および政令指定都市に設置義務があり、都道府県によっては支所を設置しているところもある。

婦人相談所は、売春等を行う恐れのある女子の保護更生を目的として設置されている相談所であり、都道府県は設置義務がある。

婦人相談所は母子及び寡婦福祉法を根拠法として間違いやすいが、正しくは売春防止法であり第34条に規定されていることに注意を要したい。

3．民間サービス

① 社会福祉協議会

古来、わが国は「五人組」あるいは「講」、「結」にみられるような、地域的つながりをもってきた国家である。しかしながら交通網の発達によって従来の地域的つながりが希薄となり、また少子高齢社会の到来と家族機能の低下した現在では、近隣相互によるネットワークの重要性は増すばかりである。

そのような中、地域社会のつながりをとりまとめる役として社会福祉協議会に注目が集まっている。

社会福祉協議会は「福祉のまちづくり」の実現を目的とした活動を行っており、民間組織としての「自主性」と、福祉を市民に還元していく「公共性」の二側面からなっている。

根拠となる法律は社会福祉法であり、その第109条に市町村、第110条に都道府県の社会福祉協議会が規定されている。また都道府県の社会福祉協議会連合会として全国社会福祉協議会が設置されている（社会福祉法第111条）。

市町村社会福祉協議会は地域に根ざした機関であり、主な事業としては、① 日常生活自立支援事業（旧・地域福祉権利擁護事業）や福祉に関する総合的な相談活動、② 障害者支援サービス等、福祉サービスの企画・実施、③ 地域の福祉活動の支援や、福祉センター等の運営、などをあげることができる。また最近ではボランティアセンターを運営している協議会も多い。

また都道府県社会福祉協議会は、当該都道府県下の社会福祉協議会の取りま

とめ的な役割を担っている。主な事業としては，① 市町村社会福祉協議会の活動事業の支援，② 福祉人材センターの運営，③ 苦情解決，日常生活自立支援事業，福祉サービスに関する第三者評価事業，などである。

② **各種ボランティア組織**

阪神・淡路大震災の救援活動に全国各地から団体，個人が集い復興に尽力をしたことを契機に，「ボランティア」が市民的活動として広く浸透し，現在ではインフォーマルサービスとしての役割を担うようになった。

しかしながらボランティア団体の多くは任意団体であり活動に制約を受けざるをえない状況にあった。そこで立場を強化する観点から「特定非営利活動促進法」（通称，NPO法）が1998年に制定された。これにより任意団体であったボランティア団体が「法人」として活動することが可能となり，活動の場に広がりをみせ，新たなサービスセクションとして期待が寄せられている。

③ **各種当事者団体**

障害がある人など，なんらかの共通する問題や目的をもった個人の集まりとして当事者団体がある。その形成は自発的かつ主体的であり，自らが抱える問題を自らの視点で解決に導く，あるいは自らの意思や権利を主張する団体として組織されている。福祉サービスを受け身的に利用するのではなく，権利として行使するための活動を展開している。

代表的な当事者団体としては全日本ろうあ連盟などがある。

④ **各種協同組合**

労働者が自らの利益や権利を守ったり，情報交換を図ったりすることなどの相互扶助を目的に組織された団体として，協同組合がある。職種に応じた種々の組合があり，また組合を作る際はその職種に応じた法律が定められている。たとえば，農業協同組合は農業協同組合法，生活協同組合は消費生活協同組合法に基づいている。

自らの権利を守り，生活の安定と質の向上を目的としている面からとらえれば，これら協同組合も福祉的組織といえるだろう。

〈参考文献〉
福祉士養成講座編集委員会編『社会福祉原論（第4版）』中央法規出版，2006年
福祉臨床シリーズ編集委員会編『社会福祉原論』弘文堂，2006年
竹原健二編『現代社会福祉学』学文社，2006年
野口勝己ほか編『社会福祉論』建帛社，2007年

〈必読文献〉
・ヴォルフェンスベルガー（中園康夫ほか訳）『ノーマリゼーション』学苑社，1982年
　「あたりまえの生活」を実現するための思想として，またその原理としてノーマリゼーションを論じ，「望ましい社会」を実現するための方法について論じている。
・高谷清『透明な鎖』大月書店，2003年
　障害者虐待のルポタージュを通して，彼らを縛り付ける「透明な鎖」を浮き彫りにしている。社会にある矛盾や，福祉のあり方を問うている。
・横塚晃一『母よ！　殺すな』生活書院，2007年
　すべての人間が平等である社会を作り上げることがいかに困難を極めるのか，しかしそれは目指すべき命題であることを訴えている。

〈もっと学習したい人のために〉
・古川孝順『社会福祉学の方法』有斐閣，2004年
　社会福祉学の固有性やその独自性について論じている。「社会福祉」を独立した学問として構築しようと試みている名著である。
・福岡寿『地域と施設のあいだで考えた』ぶどう社，2000年
　「施設生活」「地域生活」という二元的に福祉サービスをとらえるのではなく，その「あいだ」を繋ぐ「福祉サービス」の重要性をわかりやすく解説している。
・日本社会福祉学会編『社会福祉学研究の50年』ミネルヴァ書房，2004年
　「日本社会福祉学会」50年の歴史を振り返り，過去の福祉学の積み重ねを知ることができる。今後の福祉学の進む方向についても多少言及している。

第7章　社会福祉援助技術

　社会福祉援助技術という用語は，1987年に制定された「社会福祉士及び介護福祉士法」の施行に際して初めて用いられるようになったもので，ソーシャルワークと同義語である。

第1節　社会福祉援助技術の概念・視点・範囲

1．社会福祉援助技術の概念

　社会福祉援助技術とは，社会福祉の理念や目標を実践するための方法である。「社会福祉士及び介護福祉士法」では社会福祉士の行う仕事，すなわち，社会福祉援助技術を「専門的知識及び技術をもって，身体上，若しくは精神上の障害があること又は環境上の理由により，日常生活を営むのに支障がある者の福祉に関する相談に応じ，助言，指導その他の援助を行う」と規定し，社会福祉援助技術の概念を明確にしている。このことをさらに説明して国際ソーシャルワーカー連盟は，「ソーシャルワークにおける倫理―原理に関する声明」（2000年7月）の中で，社会福祉援助技術の概念を，「ソーシャルワーク専門職は，人間の福利（ウェルビーイング）の増進を目指して，社会の変革を進め，人間関係における問題解決を図り，人びとのエンパワーメントと解放を促していく。ソーシャルワークは，人間の行動と社会システムに関する理論を利用して，人びとが，その環境と相互に影響し合う接点に介入する」と定義し，日本ソーシャルワーカー協会も「ソーシャルワーカーの倫理綱領」の前文で，同様に認識している。

2. 社会福祉援助技術の視点

社会福祉援助技術の視点とは，利用者の生活問題をどのように理解し，どのように取り組んでいくのかということを意味する。岡村重夫は社会福祉援助の特色として，全体性の原理，主体性の原理，社会性の原理，現実性の原理をあげている[1]。これは，社会生活の基本的欲求の不充足によって利用者の生活問題が生じるので，社会生活の基本的欲求を全体的にとらえ，利用者が制度との間にとり結ぶ社会関係に焦点を当て，利用者が主体的に自らの問題の解決ができるように，社会的方策として援助するということである。また，生態学的生活モデルの立場に立つジャーメインらは，人間は，環境との相互作用の中で適合水準を維持し，向上させるために自分自身を，また，環境を，あるいはその両方を変化させて生活しているが，さまざまな要因がその適合水準を脅かすとき，それらは生活ストレスとなるとする。生活モデル実践の目的は，利用者の生活ストレスを低減させること，すなわち，サービス利用者とその環境との間の適合の程度を高めることであり，文化的・歴史的な文脈や時間に配慮しながら，人間の多様性，環境の多様性，人間と環境の相互作用，人間のもつ肯定的な特質を重要視している[2]。これらからも理解できるように，社会福祉援助技術の視点は，取り上げる問題は生活上の困難であること，人間の主体性を尊重すること，利用者と援助者は問題を解決するためのパートナーであると認識すること，人間と環境の相互作用に焦点を当て，利用者にも，環境にも働きかけることにあるといえるだろう。

3. 社会福祉援助技術の範囲

社会福祉援助技術の範囲は，必ずしも一定の基準によって定められているわけではない。たとえば，児童相談所での社会福祉援助技術や児童養護施設での社会福祉援助技術のように社会福祉援助技術を実践する援助者の所属する組織によって区分したり，児童社会福祉援助技術や老人社会福祉援助技術のように利用者の特性によって区分したり，医療社会福祉援助技術や公的扶助社会福祉

援助技術のようにサービス利用者のもつ問題によって区分したりする。また，ミクロレベル・メゾレベル・マクロレベル社会福祉援助技術のように援助対象の区域によって区分したり，直接的社会福祉援助技術や間接的社会福祉援助技術のように援助方法によって区分することもある。

第2節 社会福祉援助技術の類型

社会福祉援助技術はさまざまな場面で実践されているが，援助者が根拠とする理論によって使用されるモデルやアプローチは異なる。アプローチとは「特定の構成要素，決定因子，もしくは特定の理論上の視点によって対象を認識し，それをもとに作成された方法，技術を用いて，クライエントの問題解決を目指す一連の体系的な実践過程のこと」[3]であり，モデルとは「一つの独立した理論に基礎をおくべきではなく，特定の状況に対応する。複数の理論によるそれぞれの方向づけが協調することを許容すべきである。ソーシャルワーク実践モデルは，現在用いられている単独のいかなる理論的方向づけとも，明快に異なるべきである」[4]とされている。ここでは代表的なモデルやアプローチについて以下のように整理した[5]。

- 小範囲理論（療法）
- 中範囲理論（アプローチ……人間・集団・その特性に関する理論を根拠として，ある特定の因子や要素に焦点をおく）
  - 〈医学モデル／背景：理論〉① 心理・社会的アプローチ，② 問題解決アプローチ，③ 家族療法アプローチ，④ 成人会化アプローチ，⑤ クライエント中心アプローチ，⑥ 社会構成主義アプローチ，⑦ 機能主義アプローチ，⑧ 行動変容アプローチ，⑨ 危機介入アプローチ，⑩ 課題中心アプローチ，⑪ 認知アプローチ，⑫ コミュニケーション・アプローチ
- 広範囲理論（複眼的視点から実体的に現象・事象を把握する）
  - 〈生活モデル／背景：理論〉ジェネラリスト・アプローチ
  - 〈背景：思想・理念〉① アドボカシーアプローチ，② 実在主義アプローチ，③ コンピテンスアプローチ，④ エンパワーメント・アプローチ

第3節 社会福祉援助の方法

1．社会福祉援助技術の共通基盤と体系

（1）社会福祉援助技術の共通基盤

社会福祉援助技術の共通基盤を求める動きは，ミルフォード会議に始まっている。この会議では，ケースワーカーがどこで働こうとも取り扱う問題とケースワーカーに必要な基本的事項は同じであるという事実を確認し，「ソーシャルワークは特有なものの集合体ではなく，統一されたひとつの専門職である」と認識された。その後のソーシャルワークの発展の過程の中で，バートレット（Bartlett, H. M.）はソーシャルワーク実践の共通基盤として価値，目的，知識，方法を取り上げ[6]，その関係を整理した。また，太田義弘はソーシャルワークの実践パラダイムを考察する中で，ソーシャルワークの基本的な特徴を8項目に分類している[7]。これはソーシャルワーク（社会福祉援助技術）に共通した独自性とも理解することができ，その内容は，① 視点，② 焦点，③ 目的，④ 手段，⑤ 方法，⑥ 運動，⑦ 過程，⑧ 特性である。

このように社会福祉援助技術の共通基盤が重要視されるのは，それが科学に裏付けられた専門的援助方法として認知され，さらに発展することを目指すためである。

（2）社会福祉援助技術の体系

社会福祉援助技術では，さまざまな援助技術を必要に応じて用いる。従来はひとつの援助技術に熟達した援助者が専門的に実践していたが，社会福祉援助技術の統合化の流れのなかで，援助者はこれらの援助技術を個別に活用するのではなく，必要に応じて互いに組み合わせて活用したり，それぞれの援助技術に熟達した援助者が協働して実践することが求められている。

2. 直接援助技術

　直接援助技術は，利用者の生活問題を緩和したり，解決するために利用者に直接働きかける方法である。直接援助技術には，個人や家族など「個」を対象とする個別援助技術と「集団」を対象とする集団援助技術がある。

(1) 個別援助技術（ケースワーク）

　古くは，リッチモンド（Richmond, M. E.）が，「ソーシャル・ケース・ワークは，意図的に個人と環境との関係を個々に応じて総合的に調整しながら，パーソナリティの発展をはかろうとするさまざまな過程からなるものである」[8]と定義し，最近ではジャーメインらが，利用者あるいはその家族の生活困難はその生活環境との相互関係の中で生じているふさわしくない適合と認識して，ふさわしい適合を作り出すために個人の対処能力を高めたり，またその生活環境の応答性を高めることにより問題の解決を図ろうとする過程であると示す[9]ように，ケースワークは個人・家族の抱える生活問題を解決するために，個人・家族とその環境の関係がうまく機能するように援助する一連の活動だといえる。ケースワークは，開始，アセスメント，計画作成，計画実施，モニタリング，フィードバック，評価，アフターケアの過程を経て展開し，その展開過程において援助者に必要な基本的な態度としてバイステックの7原則[10]がある。それは，クライエントを個人としてとらえる，クライエントの感情表現を大切にする，援助者は自分の感情を自覚して吟味する，受けとめる，クライエントを一方的に非難しない，クライエントの自己決定を促して尊重する，秘密を保持して信頼感を醸成することである。この原則は利用者を尊重し，利用者の成長への可能性を前提として導き出されたものである。

(2) 集団援助技術（グループワーク）

　コノプカ（Konopka, G.）は，「ソーシャル・グループワークとは社会事業の一つの方法であり，意図的なグループで経験を通じて個人の社会的に機能する

力を高め、また個人、集団、地域社会の諸問題により効果的に対処し得るよう、人々を援助するものである」[11]と定義している。トレッカー（Trecker, H. B.）は、「ソーシャル・グループ・ワークは、社会事業の一つの方法であり、それを通して、地域社会の各種の団体の場にある多くのグループに属する各人が、プログラム活動のなかで、彼らの相互作用を導くワーカーによって助けられ、彼らのニードと能力に応じて、他の人々と結びつき成長の機会を経験するのであり、その目指すところは、各人、グループ、及び地域社会の成長と発達にある」[12]と説明しているように、ソーシャル・グループワークとは、集団の特質や影響力を利用して、グループメンバーの社会的に適応する力を高めたり、また、個人や集団、地域社会に共通するさまざまな問題に対処することができるように援助する方法であるといえる。グループワークの過程は、その目的によって異なっている。グループワークには、大別すると「社会的目標モデル」「治療的モデル」「相互作用モデル」があるが、たとえば「治療的モデル」（ヴィンター：Vinter, R.）では、受理の段階、診断と処遇の段階、集団の構成と形成の段階、集団の発達と処遇の段階、評価と終結の段階の過程を、また、「相互作用モデル」（シュワルツ：Schwartz, W.）では、準備期、開始期、作業期、終結・移行期の過程を経る[13]。この過程で援助者に求められる基本的な援助態度もモデルによって異なり、コノプカ（「治療モデル」）は、集団内での個人の個別化、集団の個別化、受容、ワーカーとメンバーの意図的な援助関係、集団の協力関係の促進、必要に応じたグループ過程の変更、メンバーの協力に応じた参加、問題解決過程へのメンバー自身の参加、葛藤解決の経験、多くの新しい経験の機会、診断的評価に基づく制限の使用、意図的なプログラムの活用、過程の継続的評価、ワーカーの自己活用という14の原則[14]を示し、トレッカー（「社会的目標モデル」）はソーシャルワークの価値観の原理、人間的ニードの原理、文化的な場の原理、計画的グループ形成の原理、特定目的の原理、意図的なワーカー—グループ関係の原理、絶えざる個別化の原理、導かれたグループ相互作用の原理、民主的なグループ自己決定の原理、融通性をもつ機能的組織の原理、漸進的プログラム経験の原理、諸施設・資源の利用の原理、評価

の原理を示している[15]。

3．間接援助技術

　社会福祉援助は，サービス利用者の福祉問題を解決するために環境を調整し，社会資源を利用するところに特質があるが，間接援助技術はその社会資源を作り出し，あるいは改善して，問題の解決を間接的に援助するための方法である。

(1) 地域援助技術（コミュニティワーク）

　コミュニティワークとは，援助者が地域住民の福祉問題を解決するための計画を地域住民とともに立て，必要な社会資源を調整し，作り出し，改善することによって地域社会の環境の強化を図るよう援助する方法であり，従来のコミュニティ・オーガニゼーションを包含している。コミュニティ・オーガニゼーションを，ロス（Ross, M. G.）は，「地域社会が自ら，そのニードと目標を発見し，それらに順位をつけて分類する。そしてそれを達成する確信と意志を開発し，必要な資源を内部・外部に求めて実際行動を起こす。このように地域社会が団結・協力して実行する態度を養い育てる過程」[16]と定義し，ブリスコ（Briscoe, C.）は，コミュニティワークを「人々の自然環境と組織的環境が人々の福祉を高めたり，妨げたりする点に焦点をあて，それによって同じ地域社会に生活する個人や集団の相互作用を増進させようとする一つの方法である」[17]と定義している。コミュニティワークの過程は，開始，アセスメント，計画の策定，計画の実行，モニタリング，評価という段階を経て展開する。評価は目標の達成度（タスクゴール）や地域住民や関係機関の参加度（プロセスゴール）によってなされる。これらの過程で要求される援助者の基本的な心構えとして，ロスは，地域住民による自己決定，コミュニティのペースでの活動，コミュニティの中から形成された計画，コミュニティの能力の増加，地域住民の改革への意欲の開発を提示している[18]。

(2) 社会福祉調査法（ソーシャルワークリサーチ）

社会福祉調査法とは，科学的手法を利用して社会福祉の問題を明確にする方法である。社会福祉の問題とは，「人間の行動や性格，人間が直面している問題，社会政策，組織，地域などに関する問題，新しい処遇方法や，社会福祉サービスを開発するための問題，処遇や社会福祉サービスの特色，有効性に関する問題，ソーシャルワーカーに関する問題」[19]である。社会福祉調査はこれらの問題の現実とその対策の必要性や重要性を具体的に示すことによって，効果的な社会福祉サービスを提供するための基礎資料を提供する。社会調査は，一般的に，情報収集，問題の明確化と決定，調査計画と準備，計画の実施（現地調査），調査結果の集計と分析，調査報告書の作成という過程（手順）で行われる。社会調査には量的調査と質的調査があり，社会福祉調査を実施する場合には，これらの特質を考慮し，目的に応じて方法を選択する必要がある。

(3) 社会福祉運営管理（ソーシャル・ウェルフェア・アドミニストレーション）

社会福祉運営管理とは，社会福祉機関や団体などの社会福祉の組織が利用者に提供するサービスの質を高め，利用者の生活ニーズに効果的に，効率的に応じることができるように組織を調整し，修正して運営管理をする方法である。組織の運営管理は，組織側からすると必要なサービスを利用者や地域住民に提供するという社会的目的を達成するために行うが，利用者側からすると生活ニーズを充足するための過程でもあるので，組織の目的と利用者の目的の適合度が重要で，このことは組織の目標や基本方針に重大な影響を与える。社会福祉運営管理の過程は，情報収集，組織の目標や基本方針の設定，目標を達成するための計画作成，計画の実施，評価などの段階を経て，フィードバックを繰り返しながら展開する。この過程を具体的に進めるには，利用者，施設管理者，施設職員が一体となってサービスを展開する体制を作り，組織を管理すること，また，長期的な視点に立った人事管理と，健全な財政運営を行うための財務管理の整備をすることが重要となる。

(4) 社会活動法（ソーシャルアクション）

　社会活動法とは，地域住民の福祉問題を解決するために必要な政策，制度，サービスの改革や改善を求めて議会や行政機関，企業や団体に対して関係者が組織的に陳情，請願，団体交渉，裁判闘争，世論の喚起などを通じて圧力をかける方法をいう。社会運動との差異は，社会運動が社会体制の変革を目的にしているのに対して，社会活動法は社会改良的な活動であり，具体的な福祉問題の解決を目指す点にある。社会活動法の過程は開始，アセスメント，活動目標の明確化と活動計画の作成，活動計画の実施，モニタリング，評価である。社会活動法の例として，古くは救護法制定実施促進運動，最近では豊島産業廃棄物処理場撤廃運動等がある。

(5) 社会福祉計画法（ソーシャル・ウェルフェア・プランニング）

　社会福祉計画法とは，社会福祉の向上を目的とし，これを実現するために行政や団体が主体となり，当事者や住民の意見を反映させながら社会福祉の理念に基づいて総合的に先見性をもって社会福祉政策や事業方針を策定し，計画，実施，評価に至るまでの過程をいう。社会福祉計画法を利用した例として「今後5か年間の高齢者保健福祉施策の方向」（ゴールドプラン21）「少子化社会対策大綱に基づく重点施策の具体的実施計画について」（子ども・子育て応援プラン）などがある。

4．関連援助技術

(1) ネットワーキング

　ネットワークとは，目標あるいは価値を共有している人びとの間に存在する人間的な連携のことである。社会福祉では，何らかの生活問題を抱える個人を支援するために作られる社会的支援ネットワークの意味合いが強い。社会的支援ネットワークには，住民レベルで形成されるネットワーク，当事者組織や家族会などの団体レベルのネットワーク，公的機関レベルのネットワークがある。ネットワーキングとは，このようなネットワークを作り上げる，また，個人と

ネットワーク，ネットワークとネットワークを結びつけて新たなネットワークを作る活動のことである。すなわち，個人，地域住民，団体，組織，機関をフォーマルにあるいはインフォーマルに結びつけ，連携・提携・協力体制づくりなどを通じて社会的支援関係を組織化する過程である。在宅福祉・福祉供給主体の多元化の流れの中で，ネットワーキングは今後，重要な援助技術になるだろう。

(2) ケアマネジメント

ケアマネジメントについて，白澤政和らは「複雑で，重複した問題や障害をもつクライエントが適時に適切な方法で必要とするサービスを利用できるよう保証することを試みるサービス提供の一方法」[20]と定義し，副田あけみは「社会福祉的なニーズをもち多様なサービス・資源の利用を継続的に必要とする人々を対象とした，サービス・資源の仲介調整を中核とする地域生活支援の方法・技術」だと述べている[21]。いずれにしても，ケアマネジメントはさまざまな生活問題に直面している利用者が必要とするサービスを効率的，効果的，統合的に調整し提供する方法であるが，その目的は利用者の生活する権利を擁護するとともに，費用対効果に配慮して効率的にサービスを供給し，費用を抑制することである。ケアマネジメントがソーシャルワークと異なる点は，サービスの効率性や費用対効果を重視する点，援助者の活動の中心が資源の調整である点，ソーシャルワーカー以外の職種でも実施できる点である。ケアマネジメントの過程は，ニーズの把握，アセスメント，計画の作成（サービス利用計画），計画の実施，モニタリング，評価の段階を通じてなされる。わが国の介護保険制度のもとで行われるケアマネジャーのケアマネジメントは，利用する社会資源が介護保険制度のもとで実施されているサービスに限定されており，一般的なケアマネジメントでの社会資源とは異なるので注意が必要である。

(3) カウンセリング

カウンセリングとは，サービス利用者のもつ問題や目指している課題を解決

するために臨床家が臨床心理学の理論と技能を用いて行う援助技術であり，心理的な適応上の問題に対する援助過程をいう。ケースワークは，カウンセリングや心理療法の理論や技法を取り入れて発展してきたので，類似している点が多いが，明確な相違点は，ケースワークが生活上の問題にかかわり，社会資源を利用し，またその人の環境の調整，改善，開発することによって問題の解決を図るのに対して，カウンセリングは，主に心理的な適応上の問題にかかわり，コミュニケーションを通じて問題の解決を図ろうとするところである。用いられる方法は，その根拠とする理論によって異なる。代表的なカウンセリング理論のひとつにカール・ロジャース（Rogers, C.）による人間中心理論がある。この理論は，人間は本質的に成長する可能性を秘めた存在であるという前提に立ち，カウンセラーとの受容的・肯定的な関係の中で，クライエントが自ら問題を解決するよう援助するというものである。

(4) スーパービジョン

　スーパービジョンとは，熟練した援助者や専門家が，未熟な援助者や学生などに対して援助者として必要な能力を養い，向上させるために行う教育・訓練の方法であり，また，経験の浅い未熟な援助者や学生などが利用者に提供するサービスの質を安定させ，保証をするための組織による援助方法でもある。スーパービジョンの過程には，組織がその社会的責任を遂行するための管理的機能，援助者としての基本的態度・知識・技能を学習させる教育機能，スーパーバイジーを支援する支持的機能が含まれている。教育や訓練，援助をする指導者（スーパーバイザー）は，指導を受ける個人や集団（スーパーバイジー）を管理・教育し，スーパービジョンの結果に一定の責任を負っている。スーパービジョンの方法には，個人スーパービジョン，グループスーパービジョン，ピアスーパービジョンなどがある。

(5) コンサルテーション

　コンサルテーションとは，援助者を支援する方法のひとつである。ある問題

に対処するために自らの専門領域以外の専門的知識や技能が必要になった専門家（援助者）と，その問題に対処できる専門的知識や技能をもった専門家の間でなされる相談，助言の過程のことである。スーパービジョンとは異なり，助言をする専門家（コンサルタント）と相談し，助言を受ける専門家（コンサルティー）の間には，指導・管理という関係はない。双方が専門家として対等であり，助言を受けてもそれを活用するかどうかはコンサルティーが判断をする。援助者（ソーシャルワーカー）がコンサルティーとなり，医者，心理療法家，弁護士などから助言を受けることもあるが，逆に，社会福祉のコンサルタント（専門家）として助言をすることもある。

第4節 社会福祉援助における福祉資源

1．社会福祉援助における福祉資源の必要性と位置づけ

社会福祉援助は，福祉資源を利用する点に独自性がある。社会福祉援助を実践しようとするとき，福祉資源を利用しなければ解決できない問題がある。岡村重夫は，人間の社会生活の基本的欲求を充足するための社会制度を重要視し，ジャーメインらの生活モデルでは，利用者のニーズと環境の不適合が生じさせる生活問題の解決には，利用者の適応能力を高める援助とともに，人間・自然・社会環境の応答性を高めるように働きかける。このように福祉資源とは，福祉ニーズを充足するために利用・活用される制度や環境のことであり，利用者の必要に応じて相互関係を変化させながら利用者の生活を支援している。

2．福祉資源の内容

利用者が生活問題を解決しようとする時に利用・活用できる環境を社会資源，または，福祉資源という。福祉資源には，一般的に物的資源，人的資源，制度的資源が含まれるが，視野を広げると人間を取り巻く自然環境，人間環境，社会的環境自体も福祉資源だと考えられる。福祉資源の利用・活用には，福祉資源自体があること，利用しやすいこと（手続き・料金・時間・アクセス等），

必要な時に必要な量と質のサービスが得られること，選択できること，利用に偏見が伴わないことなどが重要な要件となる。

第5節　社会福祉援助技術の価値と倫理

1．社会福祉援助技術の価値と倫理

　社会福祉援助実践は，社会福祉の目的を実現するための実践であるので，目指す価値は社会福祉の価値と同一である。それでは社会福祉の価値とは何か。このことについてブトゥリム（Butrym, Z. T.）は，ソーシャルワークの価値前提のひとつに人間尊重をあげ[22]，岡村重夫も当事者を援助する際，当事者の主体性を重視するのは人間の存在を尊重するからだと述べているように[23]，社会福祉は「人間尊重」という価値を基盤に据えている。この価値から社会正義，平等などという概念が生まれ，生活の主体者，ノーマライゼーション，インフォームド・チョイス，バイステックの7原則などに広がっていく。

　デジタル大辞泉（小学館）によれば，倫理とは，「人として守り行うべき道，善悪，正邪の判断において普遍的な基準となるもの」とある。この「人」を，「専門職」に置き換えれば，専門職として行うべき行動の判断基準となる。したがって，社会福祉の援助者にとっての倫理とは，人間尊重という社会福祉の価値を実現するために援助者としてとるべき行動の判断基準だといえる。岡本民夫は，「社会福祉の援助方法であるソーシャルワークは，ある目的や目標を達成するためのあくまでも一連の道具で，科学としての精度を高めたとしても，手段としての域を越えるものではない」[24]と述べ，方法を駆使する援助者の判断の重要性を強調している。

2．倫理綱領

　専門職集団がもつ倫理綱領は，専門職集団が専門職としてとるべき行動の判断基準を公に表明したものであり，専門職集団と一般社会との約束書である。これによって，利用者は専門職者を信用する。日本で，日本ソーシャルワーカ

一協会が「ソーシャルワーカーの倫理綱領」を宣言したのは1986年である。2005年に、この倫理綱領は改定され、その前文で、すべての人が人間としての尊厳を有し、価値ある存在であり、平等であることを認識し、平和を擁護し、人権と社会正義の原則にのっとり、サービス利用者本位の質の高い福祉サービスの開発と提供に努め、社会福祉の推進とサービス利用者の自己実現を目指すと明言している。

第6節　社会福祉援助技術の過程

1．医学モデルから生活モデルへの移行

　社会福祉援助技術の過程とは、援助者と利用者（個人・グループのメンバー・地域住民）が利用者の直面している社会福祉の問題を解決するためにたどる道筋のことである。社会福祉の援助にはさまざまな方法があるが、どの方法にも援助過程が存在している。社会福祉援助技術が応用科学としての体系化を目指して以来、病理を治療するという医学モデルを枠組みとした調査—診断—治療（処遇）の過程が一般的に用いられてきた。しかし、それに対して生物科学からシステム理論や生態学の理論を導入した、これまでの援助技術を下位概念とした「生活モデル」が提示された。このモデルの提示によってこれまでの医学モデルの枠組みが転換され、新たな援助観のもとで、援助過程も変更された。そこで、ここではジャーメインらに従い[25]、援助過程を、初期〔① 開始、② アセスメント〕、進行期〔③ 援助計画の作成、④ 援助計画の実施、⑤ モニタリングとフィードバッグ〕、終結期〔⑥ 評価、⑦ フォローアップ〕の局面に区分し、個人に対する援助を中心に説明する。

2．初期：開始

　初期とは、援助者とサービス利用者が出会い、サービス利用者のもつ福祉問題を解決するための最初の局面である。上記の、① 開始、② アセスメントがこれに該当する。援助者は最初の面接前にサービスを利用しようとする人の客

観的情報や文化的意味に配慮して面接に備え，また，面接時には共感を示し，受容的で支持的環境をつくり，利用者の主観的な現実を理解する。利用者と援助者はストレッサーを特定して，提供できるサービスや手続きについての説明をし，利用者からの質問に応じ話し合う。そして，利用者のマイナス面だけでなく，強さ・力・潜在的能力などに注意を払いながら，利用者と環境の相互作用について共同して評価し，次のステップ，仮のゴール，優先順位，共同の課題と責任について明確に初期の合意をする。

3．進行期：目標に向かう援助

　進行期は，ソーシャルワーク社会福祉援助技術の中心的な実践過程であり，利用者が自ら問題解決に取り組めるように，側面的に援助する局面である。ここには上記の，③ 援助計画の作成，④ 援助計画の実施，⑤ モニタリングとフィードバッグの過程が該当する。初期のアセスメントにおいて合意をした情報をもとに援助の目標（焦点）と方向性を定め，実行すべき仕事を決めて課題達成のための計画を作る。これを実行するために援助者は利用者の生活問題への理解を確認し，利用者の強さを利用して不安や防衛を低減させたり，できるだけ成功の機会となる課題を選び，自尊心を高め，適応能力や問題解決能力を強化しながらより複雑な課題に取り組むように援助したり，環境（社会資源）の応答性を高めるように取り組むことが有用である。利用者の不安やアンビバレントな感情，食い違いや回避，関係者相互の見せかけ上の合意，課題の達成度，新たな事態の出現などについて利用者と話し合いながら進める。

4．終結期：共同作業と援助関係を終わらせる

　終結期は，上記の，⑥ 評価，⑦ フォローアップに該当する過程である。終結とは，これまで注意深く計画された共同作業と援助関係を打ち切ることを意味する。援助者は利用者の終結についての積極的な気持ちと否定的な思考や感情の表出を促し，表面化させ，共感する。そして，利用者が自分で成果を評価し，引き続き何らかの支援（たとえば，他機関への送致や移送）を必要とし

ているのかどうかを検討したり，将来の計画に発展させたり，あるいは援助を終結にするかについて決定するよう援助し，その決定に基づいて計画的に援助を進める。援助を継続する場合には，新たな援助の始まりを想定して取り組む。終結した場合には，一定期間，利用者の生活状況を把握し，サービス利用以前に比較して環境との適合度が向上したかどうかを確認する。これは引き続きサービス提供機関が利用者に関心をもち続けているということを表すものである。

第7節　社会福祉援助技術の課題

　新たな援助モデルのもとで，社会福祉援助技術は従来の枠を越えて自由に組み合わせを生み出しながら，ミクロ・メゾレベルからマクロレベルへとつながっていくことが予想されている。このような状況の中で，課題のひとつはモデルを実践する援助者を養成するための教育システムを作り直すことである。専門性の高い援助者を養成するための教育内容，教育方法の検討，および現任者への再学習機会の解放が必要である。課題の2つめは，専門職として実施した福祉実践の効果測定とそれに連動した実践効果への社会的評価の公表についての検討である。これによって，援助者の専門職としてのアイデンティティを確立することができ，また専門職としての社会的承認が得られやすくなるだろう。

〈注〉
1) 岡村重夫『社会福祉原論』全国社会福祉協議会，2000年，pp.68-103
2) Germain, C. B. & A. Gitterman, *The Lifemodel of Socialwork Practice*, 2nd ed., Columbia University Press, 1996, pp. 1-25.
3) 太田義弘・秋山薊二編著『ジェネラル・ソーシャルワーク』光生館，2000年，p. 52
4) 仲村優一・窪田暁子・岡本民夫・太田義弘編『戦後社会福祉の総括と21世紀への展望Ⅳ─実践方法と援助技術』ドメス出版，2002年，p. 170
5) 同上書，p. 175の図を元にしている．
6) バートレット，H.（小松源助訳）『社会福祉実践の共通基盤』ミネルヴァ書房，1978年
7) 太田義弘・秋山薊二編著，前掲書，p. 13
8) リッチモンド，M.（小松源助訳）『ソーシャル・ケースワークとは何か』中央

法規出版，1991年，p. 57
9）Germain, C. B. & A. Gitterman, op. cit., pp. 1-25
10）バイステック，F.（尾崎新・福田俊子・原田和幸訳）『ケースワークの原則』誠信書房，1996年，p. 27
11）コノプカ，G.（前田ケイ訳）『ソーシャル・グループワーク』全国社会福祉協議会，1967年，p. 27
12）トレッカー，H.（永井三郎訳）『ソーシァル・グループ・ワーク―原理と実際―』日本YMCA同盟出版，1978年，p. 8
13）岡本民夫監修，久保紘章・佐藤豊道・川廷宗之編著『社会福祉援助技術論（下）』川島書店，2004年，p. 86
14）コノプカ，G.（前田ケイ訳），前掲書，pp. 231-236
15）トレッカー，H.（永井三郎訳），前掲書，pp. 312-328
16）ロス，M.（岡村重夫訳）『コミュニティ・オーガニゼーション』全国社会福祉協議会，1968年，p. 42
17）佐藤豊道「社会福祉援助の方法」社会福祉士養成講座編集委員会編『社会福祉原論』中央法規出版，2006年，pp. 161-162
18）ロス，M.（岡村重夫訳），前掲書，pp. 402-450
19）岡田進一「社会福祉調査」京極高宣監修『現代福祉学レキシコン』雄山閣出版社，1993年，p. 194．原文中の「調査」を筆者が「問題」に変更した．
20）ローズ，S. M.（白澤政和ほか監訳）『ケースマネジメントと社会福祉』ミネルヴァ書房，1997年，p. 17
21）副田あけみ『社会福祉援助技術論』誠信書房，2005年，p. 162
22）ブトゥリム，Z. T.（川田誉音訳）『ソーシャルワークとは何か：その本質と機能』川島書店，1986年，pp. 59-66
23）岡村重夫『社会福祉原論』全国社会福祉協議会，2000年，p. 138
24）岡本民夫監修，久保紘章・佐藤豊道・川廷宗之編著『社会福祉援助技術論（上）』川島書店，2004年，p. 94
25）Germain, C. B. & A. Gitterman, *The Life Model of Social work Practice*, 2nd ed., Columbia University Press, 1996, pp. 25-62.

〈必読文献〉
・バイステック，F.（尾崎新・福田俊子・原田和幸訳）『ケースワークの原則』誠信書房，1996年
　ケースワークの魂ともいえるクライエントとの専門的人間関係を築くための基本的態度を7つの原則として提示している．この原則は，ケースワークだけにとどまらず，すべてのソーシャルワーク実践者に共通して求められるもので，

人間尊重の価値から導き出されている。
・トール, C.（小松源助訳）『コモン・ヒューマン・ニーズ』中央法規出版, 1990年
　　この本は, 公的扶助の援助について著されてはいるが, すべての分野にわたるソーシャルワーク実践の基本を示した古典として評価されている。ソーシャルワーカーの不可欠な知識として人間行動の根本的動機づけと人間に共通する欲求の関連を取り上げ, 異なる年齢や生活状態における欲求充足と適応の重要性を説明している。
・副田あけみ『社会福祉援助技術論—ジェネラリスト・アプローチの視点から』誠信書房, 2005年
　　ソーシャルワーク実践に必要な価値, 知識, 技術についてジェネラリスト・アプローチの視点からわかりやすく説明している。初心者には事例が示されているので, ソーシャルワーク実践の全体像がとらえやすい。

〈もっと学習したい人のために〉
・仲村優一・窪田暁子・岡本民夫・太田義弘編『戦後社会福祉の総括と21世紀への展望Ⅳ—実践方法と援助技術—』ドメス出版, 2002年
　　日本社会福祉学会の設立50年を記念し, 戦後の社会福祉の総括をし, 21世紀の社会福祉を展望することを意図した講座の第4巻である。戦後大きく変化してきた社会福祉の方法や技術を総括しており, 現在のソーシャルワークの立つ位置が確認できる。
・岡本民夫監修, 久保紘章・佐藤豊道・川延宗之編著『社会福祉援助技術論（上）（下）』川島書店, 2004年
　　（上）では, 社会福祉援助技術の共通基盤についてが, （下）では, 社会福祉援助技術の体系, 社会福祉援助技術とその理論についてが, 詳細に書かれている。社会福祉援助技術の全体像を理解するための適書である。

第8章　社会福祉の課題

第1節　はじめに

　社会福祉基礎構造改革により，従来の措置制度から契約制度に変質した。そして，一部の分野において措置制度を残しつつも，基本的に社会福祉において，契約制度が定着した。そして，2005年10月に障害のある人の自立支援法（障害者自立支援法）が成立した。この障害のある人の自立支援法は，障害のある人が人間らしい健康で文化的な最低限度の生活を営んでいくために，介護給付等を必要とし利用したいと考える人本人（本人が18歳未満の場合はその保護者）が市町村に支給申請を行う。申請が受理され，障害程度区分認定の結果が通知された後，あらためて利用者のサービス利用意向が聴取される。これらの手続きを経て介護給付の支給決定が行われる。介護給付の決定の後，都道府県知事の指定を受けた施設・事業者とサービス利用の契約を結ぶ。そして，当該障害者が指定施設・事業者からサービスの提供を受けた場合に，サービス費用の1割の応益負担を課すなど問題の多い法制度である（竹原健二「障害のある人の自立支援法の矛盾と課題」『草の根福祉』第39号，社会福祉研究センター，2007年参照）。それゆえ，早急に抜本的改善を図る必要がある。

　そして，わが国においては社会福祉基礎構造改革の名のもとに，社会福祉予算の削減，社会福祉事務権限の地方移管，脱規制化，社会福祉サービスの地域化・民営化・市場化が推進されている。

　本章では，以上の点を留意しながら，(1) 社会福祉の利用者の権利保障の課題，(2) 社会福祉の主権化・地域化の課題，(3) 社会福祉関連領域との連携の課題について述べていく。

第2節　社会福祉の課題

1．社会福祉の利用者の権利保障の課題[1]

　ここでは，社会福祉の利用者の権利とは何か，社会福祉の利用者はどのような権利を有するか，あるいは有すべきか，そして権利の実効性を確保する手段はどうあるべきかといった課題を述べていく。なぜならば，社会福祉事業から「社会福祉法への改正による基本的な問題点のひとつとして，この改革が利用者の権利性を明確にし，選択や自己決定を保障するものとされながら，そしてそのための権利擁護の諸制度を創設したとされながら，社会福祉法上の規定として，福祉サービス利用者の権利性を明確に定めた規定が一切ないという根本的欠陥がある」[2] からである。

(1) 制度の体系

　社会福祉の利用者の権利とは，利用者が生活問題を担った場合に，人間らしい健康で文化的な生活を実現していく生存権的平等の権利であり，権利の内容からみれば，社会福祉サービスを請求する実体的権利，手続的権利および救済争訟の権利を中心として，これと関連する諸権利の総称である。つまり，その権利内容を大別すれば，実体的給付請求権（① 適切な基準を満たしたサービスを請求する権利，② 処遇過程で虐待，プライバシー侵害等を受けない自由権，③ 一定の条件下でサービス費用の負担義務の免除を受ける権利等の要素を含む），手続的権利（① 情報を受ける権利，② 生活問題の判定過程における手続的権利，③ 福祉サービスの決定過程における手続的権利，④ 処遇過程における手続的権利），救済争訟権（① 救済争訟権はインフォーマルな救済，② 行政部内の再審査および司法的救済を求める権利の各要素を含む）に分けられる。

(2) 社会福祉の利用者の権利を念頭においた社会福祉サービスの原則

　社会福祉の利用者が自立（自律）を達成し維持するためには，社会福祉の利用者の基本的権利を尊重し，次のような点に留意しなければならない。留意の第1点は，社会福祉の利用者によるコントロールを保障することである。つまり，社会福祉の利用者は自分自身の生活に責任をもつことができ，またこれを奨励されるべきである。選択肢の中から社会福祉サービスを選ぶこと，日課やライフスタイルを自己決定すること，自由と自立（自律）を維持するため，ある程度の危険を引き受けること等である。さらに具体的に次のような基準が求められる。① 社会福祉の利用者が設定した基準や特定したもの（たとえば，食事時間や入浴時間等）に合わせた社会福祉サービス業務を行うこと，② 起床時間など社会福祉の利用者に適した時間に業務を行うこと，③ 可能な場合，社会福祉の利用者がヘルパー等を選択ないし雇用すること，④ 起こし方や導き方等は，社会福祉の利用者がヘルパー等に与えるアドバイスによること，⑤ 自分の世話は一定程度自分でしたいという希望を尊重し，これを支援[3]すること，⑥ 支援を拒否する社会福祉の利用者の権利を尊重すること，⑦ 社会福祉サービス業務の終了後に社会福祉の利用者の満足度を確認すること等である。

　第2点は，社会福祉の利用者の個人としての尊重である（憲法第13条）。つまり，社会福祉サービスは，社会福祉の利用者の尊厳性と価値に対する尊重を明らかにするような方法で提供されるべきである。具体的には次のような点が基準となる。① 直接に身体に接触して行う社会福祉サービスでは，優しさと気配りを保障すること，② 社会福祉の利用者が一人でトイレ等を使用する際は，プライバシーを尊重すること，③ 過度のなれなれしさを避け，社会福祉の利用者の希望する名前を用いること，④ 年齢，虚弱もしくは障害にかかわらず，社会福祉の利用者を保護される受動者としてとらえるのではなく，生活主体者としてとらえていくこと，⑤ 社会福祉の利用者個人に関する情報を保護すること，⑥ 社会福祉の利用者の社交および趣味を尊重すること，⑦ 社会福祉の利用者の宗教・文化・言語に関する要求や選択を尊重すること等である。

第3点は，社会福祉の利用者の家庭環境の尊重である。つまり，社会福祉サービスは，社会福祉の利用者の家庭や持物に対する尊重を明らかにするような方法で提供されるべきである。具体的には次のような点が尊重される。① 社会福祉施設で何がなされるかを社会福祉の利用者が決定する権利を有すること，② 社会福祉の利用者の持物，書類等のプライバシーを尊重すること，③ 社会福祉の利用者の許可もしくは承認なく，通常の位置から家具，持物等を動かすのは最小限にすること，④ 社会福祉の利用者にとって特別の価値もしくは重要性のある持物に対して特別の注意を払うこと，⑤ 社会福祉の利用者もしくは親族や後見人等の指示によってのみ，金銭を扱い，現金と領収書を記録しておくこと等である。

(3) 権利の実効性の課題

　前述の社会福祉サービスの権利性を確保し，実効性のあるものにしていくためには一定の仕組みが欠かせない。社会福祉サービスには，露骨な権利侵害の形をとらない虐待もあり，また行政処分や裁判訴訟にならない福祉行為についての苦情もある。事後的救済の重要性もさることながら，虐待や権利侵害の発生を事前に予防することも肝要である。このような諸条件を踏まえ，権利保障の実効性を確保するためには，次の3つの仕組みを確立することが課題である。
　社会福祉サービス基準[4]を満たすように社会福祉サービス団体・機関の管理運営基準は，① 社会福祉労働者の質，② 社会福祉の利用者の管理運営への参加，③ 実施団体・機関や社会福祉労働者による虐待からの社会福祉の利用者の保護等がある。

① 社会福祉労働者の質

　ホームヘルパー等は社会福祉サービス団体・機関の定める目的と社会福祉サービス基準にしたがって，在宅での自立（自律）生活を支援する責務を負う。社会福祉サービス団体・機関はホームヘルパーがこの責務を果たせるよう社会福祉労働者の質に関する次の基準を満たすべきである。つまり，イ．社会福祉サービス団体・機関の目的と基準をホームヘルパーに理解させること，ロ．ホ

ームヘルパー用の社会福祉の利用者の権利要綱を作成すること，ハ．社会福祉の利用者の財産保護の手引（金銭，贈り物，遺贈，貴重品の扱い等），プライバシー保護に関する手引および虐待のおそれがあるとき，取るべき行動の手引を作成すること，ニ．ホームヘルパーの研修と昇進を制度化すること，ホ．公正な雇用条件（給与，諸手当等）等を定めることである．

② 社会福祉の利用者の管理運営への参加

社会福祉の利用者の要求・要望が社会福祉サービスに反映されるように，社会福祉サービスのプランニングからモニターまで管理運営のすべての段階で社会福祉の利用者を参加させることである．つまり，イ．社会福祉サービス実施の全体的計画への参加，ロ．個々の社会福祉の利用者に対する社会福祉サービス実施計画への参加，ハ．インフォーマルな社会福祉サービス評価と社会福祉サービスへのフィードバック過程への参加および社会福祉サービス機関の管理運営委員会に社会福祉の利用者側委員として参加させること等である．

③ 社会福祉サービス団体・機関による虐待からの保護

社会福祉の利用者は，従事者による支援過誤や虐待を受ける可能性がある．そして虐待の例として，合意したとおりに支援を行わないとか，持物の無断使用，盗み，身体的・心理的あるいは経済的な虐待ないし脅迫まで多様である．

こうした虐待を防止していくためには，個々の社会福祉サービス計画書ないし契約書の中に，次のように明示される必要がある．つまり，イ．社会福祉労働者として雇用する前に身元の照会と適性のチェック，ロ．社会福祉の利用者と社会福祉労働者で合意した業務と予定表を明示した社会福祉サービス計画書ないし契約書の定期的な点検，ハ．実行した業務の記録，ニ．守秘義務やプライバシーおよび個人情報の保護に関する社会福祉サービス団体・機関の基本方針の実行，ホ．社会福祉の利用者の社会福祉サービス記録へのアクセス権の保障，ヘ．社会福祉の利用者の権利を制限する場合，関係当事者間の書面による同意の保障，ト．苦情処理に関する社会福祉サービス団体・機関の基本方針とその情報の提供等である．

さらに，社会福祉サービスにおける権利の実効性の確保の方法としては，裁

判による救済がある。しかし裁判による救済には，相当の気力と資力と時間を要する場合が多い。また，行政不服申立ては簡易迅速な救済手続であるが，行政処分の形をとらない介護行為の苦情解決には役立たない。それゆえ，前述の救済以外に，苦情処理手続やオンブズマン制度を福祉利用者の不利益や苦情を解決する手続きとして導入していくことが重要であるし，社会福祉サービスにおける権利の実効性の確保は，今後の社会福祉サービスの最重要課題でもある。

2．社会福祉の地方主権化の確立の課題[5]

ここでは，社会福祉の地方主権化の動向を踏まえながら，社会福祉の地方主権化とは何か，そして，その地方主権化の内容と課題を述べていく。

(1) 社会福祉の地方主権化とは何か

わが国の社会福祉の地方主権化は，第二次世界大戦後の社会福祉改革の中で，社会福祉をまず国の責務として位置づけ，その後に，それに関わる事務の具体的な実施についてこれを確立して，再出発した。しかし，1985年から1986年にかけて本格化した80年代改革の中で国の補助金の削減と機関委任事務の団体委任事務化が推進され，さらに90年の福祉八法改正によって市区町村への権限委譲が実施された。

このように社会福祉の地方主権化は，国家レベルに集中している権限と財源の地方自治体への委譲が，地方主権化論の中核をなし，その延長に市民参加・住民自治が論及されている。そして，社会福祉の地方主権化は，① 社会福祉行政のあり方の是正（社会福祉行政そのものの役割を見直すことを前提として，国と地方自治体の適切な役割分担を図ることが前提とされなければならない），② 国と地方自治体の事務再配分（社会福祉行政の役割を国と地方自治体とでどのように分担するか），③ 地方自治体の自主性・自律性の強化（国から地方自治体への権限委譲，国の関与の是正等を進め，地方自治体の自主性・自律性を強化する），④ 国が保有している財源の一部を地方自治体に委譲していく等が課題である。

(2) 地方自治体の財源の充実の課題

　社会福祉における地方主権化は，地域の自主性や多様性を尊重し，福祉利用者の生命と生活に深く関わる社会福祉政策を自ら決定し実施しうるメカニズムを創ることに意義があるならば，この意義を実現していくためにも地方自治体の財源の充実は最重要課題でもある。とするならば，地方自治体が財源をどのように調達するかが重要な課題となってくる。少なくとも，次のような提案は妥当であろう[6]。

　たとえば，比例税率で課税される比例所得税を，地方税体系の基幹税に据えることは日本では容易である。つまり，個人住民税を10%の比例税にした結果をシミュレーションしてみると，国税の所得税から地方税の個人住民税に3兆円の税源委譲が実現する（2007年度に3兆円の税源委譲が実現した）。しかし，地方税体系としては，比例的所得税を基幹税とするだけでは不十分である。というのは，比例的所得税では，所得を受け取った地域でしか課税できないし，他の地域社会に居住している人びとで，その地域社会で事業を営む人びと，あるいは事業所に働きに来る人びとにも課税できないので不十分である。ところが，むしろ居住者よりも事業活動をしている人びとや働いている人びとの方が，地域社会の公共サービスを多く利用している。

　そこで所得の分配地で分配された所得に比例的に課税するだけでなく，所得の生産局面で発生した所得に比例的に課税する必要がでてくる。日本ではすでに所得の生産局面で課税する地方税として事業税が存在しているので，事業税を所得型付加価値税（IVA「所得型付加価値税」＝C「消費」＋I「投資」－D「減価償却費」＝GNP「国民総生産」－D＝NNP「国民純生産」＝W「賃金＋利子＋地代」＋P「利潤」）に改めることによる「事業税の外形標準化」として実現する。事業税を所得型付加価値税に改めれば，事業税が事業活動に応じた課税となる。そうなると地方自治体は，公共サービスによって地域社会の事業活動を活発化すればするほど，安定的な財源が確保できる（逆に安定的な財源が確保できれば，地方自治体は地域社会の事業活動を活発化させる公共サービスも増大させることができる）。

さらに地方税体系は，こうした所得の生産局面で比例的に課税される地方税を追加しただけでも不十分である。というのは，所得の生産局面での課税では，その地域社会で生産活動を行う人びとにしか課税されないからである。地域社会には生産活動だけでなく，観光地や別荘地にみられるように，消費活動を行いに来る人びとも地域社会の公共サービスを利用しているので，消費に比例した負担を拡充することが必要である（日本では，現在，こうした地方税としての地方消費税が存在しているので，この地方消費税のウエイトを拡充することが必要である）。

　このように地方税では所得循環の生産・分配・消費という3つの局面でバランスをとって課税する必要があり，こうした地方税体系を構築していくことが公費負担方式の介護福祉の推進には必要であり課題でもある。そして，こうした地方税体系でもってしても，健康で文化的な最低限度の社会福祉の推進の財政に地方自治体間の格差が発生した場合，国の地方交付税によって是正していくことが必要になってくる。

　以上の課題を達成していくことは，新自由主義的な考え方に基づく社会福祉，つまり公的責任の縮小，公的な障害のある人の社会福祉の解体と民営化・営利化（商品化）という方向に向かう現在の障害のある人の社会福祉を転換させ，公的責任と公費負担方式による福祉利用者のための社会福祉を実現することにもなる。そして，こうした福祉利用者のための社会福祉の実現においては，社会科学的な社会福祉研究の重要性はいうまでもないが，さらに重要なのはそれぞれの地域社会において，福祉利用者の当事者も含めた社会福祉関係者の主体的運動によってつくっていくことである。

3．社会福祉と関連領域との連携の課題[7]

　福祉利用者の全体性を視野に入れた社会福祉は，社会福祉の対応だけでは不十分である。つまり，社会福祉以外の関連領域（医療・保健，雇用，教育，住宅等）との連携が重要であり，その連携をどのように促進していくかが課題でもある。

(1) 社会福祉と関連領域との連携とは何か

　社会福祉の関連領域としては，医療・保健，雇用，教育，住宅等があげられるが，これらは，国民一人ひとりが「健康で文化的な最低限度の生活」を営むために不可欠である。つまり，これらの関連領域は単に社会福祉の周辺から間接的に生活保障を支援するだけではなく，社会福祉の前提条件として機能していると考える。そしてそれは，生活上の要求が単一制度の対処だけでは十分に満たされないほど多様化・複合化してきていることを意味する。

　たとえば，ある在宅の重度障害のある人の生活上の要求に対応する社会資源として何が必要となるかをみると，まず適切な医療を受けるためには，専門的医療サービス，訪問看護サービス，医療費保障，通院支援，医療相談等が必要とされる。次に安定した生活を送るためには，生計保障，日常生活サービス，介護，家事サービス，住宅関係サービス，職業サービス，教育，生活設計相談等が必要である。このように現実の社会生活上の要求は，縦割りの個別施策がばらばらに対応することを許さないのである。そして，さらには総合的サービスの提供が不可欠となっている。

　こうした点から考えると，社会福祉と関連領域との連携は，社会福祉と関連領域の各専門職ないしは各団体・機関がある共通の目標に向けてお互いに協力しながら業務を遂行していくことを意味する。

(2) 社会福祉と関連領域との連携の構成要素とその内容

　社会福祉と関連領域との連携の構成要素とその内容は，次のように整理することができる。

① 社会福祉と関連領域の連携における知識・能力の向上

　知識・能力の向上は，社会福祉と関連領域との連携をより確実なものにするためには重要である。まずそれぞれの専門職者が連携の必要性についての意義やもつべき意識および価値観を認識し，連携に対する意欲や動機を高めることが必要である。そのための各種の定期的な研修活動の場において，連携を視野に入れた支援方法論や基礎的な事例検討を実施することが望ましい。

次に支援を行う際，連携遂行に必要と想定される地域の社会資源に関する情報収集も行わなければならない。たとえば，社会福祉施設の入所状況，他団体・機関との交渉担当者の確認および顔合わせ，連絡手段の確認等である。
　また専門職者が勤務する団体・機関内においても，連携に対する意見の一致を図っておくことが望ましい。というのは，専門職者の一人だけが連携の意識が高まっても，同僚や上司や部下にその認識が欠け，理解が得られなければ，連携は円滑に進まないからである。

② 日常的な支援業務における社会福祉と関連領域との連携の具体的手段

　現実に社会福祉の利用者に介入した後に行われる関連領域の連携の具体的手段については，連絡（連絡とは，社会福祉の利用者に関する何らかの情報があり，その内容に応じて適切な団体・機関等に情報を伝達すること，および伝達されることを意味する），送致（送致とは，社会福祉の利用者に関する自団体・自機関の裁量権あるいは社会福祉の利用者の要求が自団体・自機関ではなく他団体・他機関にある場合などに，その対応を他団体・他機関に移管することを意味する），交渉（交渉とは，社会福祉の利用者への支援に必要とされる何らかの権限が自団体・自機関ではなく他団体・他機関等に所在している場合，その承諾の獲得をめぐって他団体・他機関の担当者と協議することを意味する），同行訪問（同行訪問とは，社会福祉の利用者の支援に必要とされる各種の情報を把握するために，他団体・他機関，他職種の専門職者とともに社会福祉の利用者の家庭を訪問したり，あるいは社会福祉の利用者が入所している社会福祉施設などの生活の場を訪問することを意味する），カンファレンス（カンファレンスとは，他団体・他機関，他職種の専門職者が集まり，処遇困難事例を検討したり，社会福祉の利用者の支援に関わる情報交換等を行うことを意味する）等がある。

③ 他職種との関係性

　連携は他職種間と何らかの関係をもちながら行われるが，専門職間の連携の強弱に影響を与えると考えられる要因については，次のようなものがある。

イ．専門職間の目標の一致または合意

　現実には関連領域における支援方法論が，社会福祉領域におけるそれらとは異なる場合が多い。つまり，それぞれの関連領域では，独自の支援方法論をもっている。したがって，社会福祉領域の職種側が，関連領域の支援方法論のすべてを理解するのは容易ではない。それゆえ，関連領域との連携を行っていくためには，まず社会福祉の利用者に対する支援の目標を一致させる必要がある。その上で，それぞれの関連領域がお互いの領域を認め合いながら，各自の専門性を発揮できるように役割分担を行っていくことが望ましい。

ロ．連携に対する意欲や動機の保有

　関連領域との職種間の連携においては，連携に対する意欲や動機の保有が必要である。というのは，関連領域と連携して社会福祉の利用者に十分なサービスを提供していくという意欲と連携を行おうとする動機の強さは，サービス改善に繋がるものである。

ハ．他職種に対する理解と説明

　これは他の専門職がどのような支援を行っているかを理解することと，自らの専門職がどのような支援を行うことができるのかを他の専門職に説明することを意味する。つまり，他の専門職がどのような支援を行っているかを理解することは，その支援に程良く適合する自らの支援の方向性を明らかにすることができ，サービスの重複を妨げながら適切な支援を行うことができることを意味している。そして，自分がどのような支援を行っているか，またその役割を他の専門職に説明することは，専門職としての自らの地位を一定に保持していくためにも必要である。

ニ．専門職間の信頼関係の保持

　関連領域との連携においては，専門職間の信頼関係（一定の距離を保ちながら，それぞれの専門職の役割を認識し，専門職個人を尊重しながら強固なパートナーシップを保つことを意味する）は特に重要である。この点は，前述の要因を基礎的に支えるものとして欠かすことができない。というのは，信頼関係がつくられている専門職間では，サービス提供におけるお互いの役割や位置が

明確であるため，判断や役割分担が迅速である。

　ホ．情報の共有

　関連領域との連携を円滑に行っていくためには，社会福祉の利用者の支援に関する情報を共有する必要がある。というのは，社会福祉の利用者の心身の状況および生活の状況は常に変化する。そして，支援が開始されるとその変化の度合いは顕著になる。このような状況の変化を専門職間で常に共有しておくことによって，今後の地域福祉計画および地域福祉活動計画等の見直し等をカンファレンスで進めることが容易になるのである。

　以上，社会福祉と関連領域との連携の構成要素とその内容を整理してきたが，特に課題としてあげるとすれば，当事者（社会福祉の利用者）を連携にどのように参加させるかである。というのは総合的なサービスを受けるのは，当事者であり，その意味ではどのようなサービスが自立（自律）生活にとって必要であるかを認識しているのは当事者ではなかろうか。また，サービス調整のための連携のやりとりの中で，当事者の声が反映されず，そして，カンファレンスに当事者が参加することがほとんどないのが現状ではなかろうか。障害のある人の社会福祉の利用者の自己選択・自己決定によるサービスの発展を図っていくためには，障害のある人の社会福祉の利用者主体との連携をどのように図っていくかが重要な課題であると思われる。

〈注〉
1) 河野正輝「社会福祉の課題（1）」古川孝順ほか編『社会福祉概論』有斐閣，1995年，pp. 217-236を参考にする。
2) 日本弁護士連合会高齢者・障害者の権利に関する委員会編『契約型福祉社会と権利擁護のあり方を考える』あけび書房，2004年，p. 33。
3) 本章では，援助と支援の意味の違いを考慮して，支援の言葉を使用する。つまり，援助という概念には，福祉の利用者（当事者）を物事の中心に据えたとき，援助者側からの一方的で上から福祉の利用者を見下す上下関係としての「たすけ（援け・助け）」の構造がある。一方，支援という概念には，利用者の意思を尊重し支える，その上で協力を行うという，福祉の利用者主体の考え方が内在しているからである。ビル・ウォーレル（河東田博・その他訳）

『ピープル・ファースト:支援者のための手引き』現代書館, 1996年, p. 92
4) イギリスでは, 保健省指導監査局が地方自治体社会サービス部および福祉利用者のために, 在宅支援サービス基準を設けている (Social Services Inspectorate, Department of Health, *Inspecting for Quality ; Developing Quality Standards for Home Support Services*, HMSO, 1993.)
5) 松原一郎「社会福祉の課題 (2)」古川ほか編, 前掲書, pp. 237-250を参考にする。
6) 神野直彦「三つの福祉政府と公的負担」神野直彦ほか編『福祉政府への提言』岩波書店, 1999年, pp. 266-314を参考にする。
7) 久保元二「保健・医療・福祉の連携についての概念整理とその課題」右田紀久恵ほか編『社会福祉援助と連携』中央法規出版, 2000年, pp. 108-123を参考にする。

〈必読文献〉
・竹原健二『障害のある人の社会福祉学』学文社, 2007年
　本書は, 社会科学の方法論によって, 障害のある人の社会福祉問題を分析し, 障害のある人の社会福祉の本質論を理論的に展開している。そして, 障害のある人の社会福祉発達史, 障害のある人の自立論, 障害のある人の労働保障論等が展開されている。
・竹原健二編著『現代地域福祉学』学文社, 2006年
　本書は, 地域福祉の本質的視点の下に, 地域福祉の対象, 戦後日本の地域福祉の発達史, 地域福祉の構成, 地域福祉の内容と推進方法, 地域福祉の推進・促進と住民組織化・主体形成, 地域福祉のマンパワー, 地域福祉の課題等が論じられている。

索　引

あ　行

ICIDH（国際障害分類）　136
ICF（国際生活機能分類）　136
ICD（国際疾病分類）　136
アイデンティティ　220
浅賀ふさ　175
朝日訴訟　22
アセスメント　165, 178, 209, 214, 218
アフターケア　209
アルマナー　175
イエーツレポート　40
医学モデル　218
育児休業，介護休業等育児又は家族介護
　を行う労働者の福祉に関する法律　129
石井十次　16
石井亮一　16
いじめ　120, 121
医療ソーシャルワーカー　167, 174
医療ソーシャルワーカー業務指針　176
医療費　168, 169
医療費削減　174
医療扶助　109
医療保険制度　142, 167, 169
医療保護施設　111
医療療養病床　144
インクルージョン　5
インテーク　178
インフォーマルケア　9
インフォームド・チョイス　217
AICP（貧民生活状態改善協会）　42
エスピン-アンデルセン，G.　187
NPO法人　162
MSW　174
エリザベス救貧法　27
エンゼルプラン　25, 122
エンパワーメント　165, 205
王命委員会　33
太田義弘　208
岡村重夫　59

岡山孤児院　16
小川滋次郎　19
オンブズマン制度　228

か　行

階級関係　54
介護福祉士　93, 96
介護扶助　109
介護保険　144, 154
介護保険制度　77, 142, 149, 150, 153,
　173
介護保険法　25, 173
介護予防　173
介護予防マネジメント　173
介護療養病床　144
開始　209
階層　54
カウンセリング　214
格差　184
餓死　105
片山潜　17
価値観　94
家庭学校　16
カンファレンス　232
関連援助技術　213
機関委任事務　83
　——の団体委任事務化　228
飢餓　184
基準及び程度の原則　108
義倉　13
機能　55
虐待　105, 118
キャノン，I. M.　175
キャボット，R.　175
救護施設　111
救護法　18, 145
救済争訟の権利　224
救貧法　27
教育扶助　109
協同組合　203

共同体　1
ギルバート法　29
キングスレー館　17
具体的権利説　69, 70
グループワーク　45, 209, 210
クレーシーレポート　40
グローバル経済　179
ケアマネジメント　214
（援助）計画（の）作成　209, 214, 218, 219
（援助）計画（の）実施　209, 214, 218, 219
契約原理の導入　82
契約制度　147, 223
ケースカンファレンス　178
ケースワーカー　208
ケースワーク　44, 209
権限委譲　228
健康保険法　167
憲法13条　225
憲法25条　6
権利の実効性　226
権利擁護　7
公課禁止　113
高額医療費制度　170
高額療養費　173
後期高齢者医療制度　144
更生施設　111
厚生年金保険　143
厚生労働省　80, 197, 199
孝橋正一　58
幸福追求権（憲法第13条）　6
高齢化　142
高齢者福祉　147
高齢者保健福祉推進十か年戦略　25, 148
国際家族年　121
国際福祉　181
国民皆保険　169
国民健康保険法　20, 168
国民年金　143
国連開発計画（UNDP）　182, 185
子育て支援エンゼルプラン　83

子育て支援対策　131
国家責任　197
コノプカ, G.　209
個別援助技術　209
コミュニティ・オーガニゼーション　45, 211
コミュニティケア　8, 37, 161
コミュニティワーク　162, 211
戸令　13
ゴールドプラン　25, 148
混合診療　166
コンサルテーション　215

さ　行

済世顧問制度　19
在宅医療　172
在宅福祉対策　149
在宅療養支援診療所　144
最低生活保障の原理　107
差押禁止　113
差別撤廃　180
サポートネットワーク　177
三位一体の改革　154
CAS（児童援護協会）　43
ジェンダー・エンパワーメント指数　186
ジェンダーの不平等　186
COS　31, 43, 174
四箇院　13
事業税　229
市場原理　200
慈善組織協会　31, 174
七分積金制度　15
失業保険法　170
児童委員組織　162
児童家庭支援センター　132
児童虐待　120, 132
児童虐待の防止等に関する法律　129
児童指導員　130
児童生活支援員　130
児童自立支援専門員　130
児童自立生活援助事業　124, 127
児童相談所　130, 201, 202

索引

児童手当法　126
児童の権利に関する条約　117
児童福祉　117
　——の事業　75
　——の理念　74
児童福祉施設　127
児童福祉法　21, 71, 74, 125, 126, 196
　——の対象　75
児童扶養手当法　126
渋沢栄一　146
シーボーム報告　37
市民参加　228
社会活動法　213
社会権　69
社会性の原理　206
社会的入院　171
社会的目標モデル　210
社会福祉運営管理　212
社会福祉援助活動　92
社会福祉援助技術　205
社会福祉基礎構造改革　3, 81, 195, 223
社会福祉協議会　7, 162, 202
社会福祉計画法　213
社会福祉士　93, 96, 113
社会福祉士及び介護福祉士法　95, 96
社会福祉事業法　71, 147
社会福祉施設緊急整備5か年計画　24
社会福祉事務権限の地方移管　223
社会福祉主事　95
社会福祉主事任用資格　95
社会福祉専門職　92
　——教育　99
社会福祉調査法　212
社会福祉と関連領域との連携　230
社会福祉の価値　217
社会福祉法　3, 81, 159, 196
社会保険　106, 153
社会保険診療報酬支払基金　170
社会保障　105
社会保障制度審議会　170
社会保障法　45
社会民主主義　187
社会事業法　146

社会的不平等　184
自由権　69
自由主義　187
住宅扶助　109
集団援助技術　209
自由放任主義　41
住民参加　84, 162
住民自治　228
就労支援　2, 141
宿所提供施設　111
授産施設　111
主体性の原理　206
恤救規則　15, 145, 196
出産扶助　109
荘園制　14
障害厚生年金　141
障害児福祉手当　141
障害者基本法　138
障害者計画　83
障害者週間　138
障害者自立支援法　78, 124, 140, 223
障害者に関する世界行動計画　138
障害者の権利宣言　139
障害者プラン-ノーマライゼーション7か年
　戦略　25
少子化　117
消費税率の拡大　88
常平倉　13
所得型付加価値税　229
所得保障　2, 141
自立支援プログラム　116
自立助長の指導　65
新エンゼルプラン　122
新救貧法　30
人権尊重　186
人権に関する国際規約　117
人権の確立と擁護　180
申請保護の原則　108
身体障害者更生相談所　201
身体障害者福祉法　21, 71, 78, 134, 196
身体に障害のある人　138
新保守主義　38
スチュアート, M.　175

スーパービジョン　102, 215
スペンサー, H.　41
世界恐慌　34
生活困難　1
生活習慣病　157
生活主体者　62, 64
生活手段　55
生活ストレス　206
生活扶助　109
生活保護　2
　——の原理　72
生活保護受給者等就労支援事業　116
生活保護制度　106
生活保護法　20, 71, 72, 196
生活モデル　218
　——実践　206
生活問題　157, 177
生活要求　100
生活リズム　119
生業扶助　109
政治的自由　186
精神薄弱者福祉法　23, 71, 134, 139, 196
精神保健福祉士　98, 113
精神保健福祉センター　201
精神保健福祉法（精神保健及び精神障害者福祉に関する法律）　79, 139
生存権　6, 134, 166, 180, 197
　——的平等　224
生存権・発達権　117
生存権保障　106
成年後見制度　154
政府管掌健康保険　168
世界人権宣言　5, 117
世帯単位の原則　109
セツルメント　32, 43
セーフティーネット　195
全国社会福祉協議会　146
潜在能力　53, 56
全体性の原理　206
専門職者　231
相互扶助　13
葬祭扶助　109

ソーシャルアクション　213
ソーシャル・ウェルフェア・アドミニストレーション　212
ソーシャル・ウェルフェア・プランニング　213
ソーシャルワーク　205
　——モデル　212
措置　200
措置制度　81, 123, 147, 223

た 行

第一次世界大戦　34
タウンゼント, P.　105
滝乃川学園　16
タスクゴール　211
脱階層化　188
脱家族化　188
脱規制化　223
脱商品化　188
地域援助技術　211
地域格差　163
地域自立生活支援　3
地域福祉　158
地域福祉活動計画　234
地域福祉計画　9, 200, 234
地域福祉権利擁護事業　154, 202
地域包括支援センター　7, 25, 173
地域保険法　174
知的障害者更生相談所　201
知的障害者福祉法　72, 79, 134, 139
知的な障害をもつ人　38
地方交付税　230
地方自治体　161, 199
地方社会福祉審議会　80
地方消費税　230
地方分権　160
中央慈善協会　16
中央集権　160
抽象的権利説　6, 69, 70
抽象的人間労働力　53
超少子高齢社会　123
治療モデル　210
通所施設　161

定年延長　143
デジタル・デバイド　180
手続的権利　224
デニソン, E.　31
トインビーホール　32
東京都養育院　146
当事者　234
当事者団体　203
特定非営利活動促進法　162
特別児童扶養手当　141
特別児童扶養手当等の支給に関する法律　126
特別障害者給付金　141
特別障害者手当　141
都道府県地域福祉支援計画　199
留岡幸助　16
トレッカー, H.B.　210

な行

ナショナル・ミニマム　35
ニイリエ, B.　4
ニーズの把握　214
日常生活自立支援事業　154, 202
ニート　5
ニード論　60
日本型福祉社会　24
ニューディール政策　44
ニューヨーク救貧院　40
ニューヨーク州郡救貧法　41
人間開発指標（HDI）　185, 186
人間の安全保障　182
人足寄場　15
認知症高齢者　145
ネットワーキング　213
ネットワーク　213
年金制度　153
ノーマライゼーション　4, 124, 163, 180, 217
ノーマライゼーション原理　142

は行

パートナーシップ　233
バイステックの7原則　209, 217

発達障害者支援法　134, 140
バートレット, H.M.　208
バーネット, S.　32
林市蔵　19
ハリントン, M.　46
バンク－ミケルセン, N.E.　142
必要即応の原則　108
評価　209, 214, 218
比例所得税　229
フィードバック　209, 218, 219
フォローアップ　218
福祉国家　9
福祉事務所　81, 111, 201
福祉社会　9
福祉見直し　24
福祉目的税　88
福祉利用者　51
福祉臨床的労働及び実践　51, 52
福祉六法　197
婦人相談所　201, 202
ブース, C.　33
ブトゥリム, Z.T.　217
不服申立制度　113
不利益変更の禁止　113
フリーター　5
プログラム規定説　6, 69, 70
プロセスゴール　211
ベヴァリッジ体制　35, 36
保育士　130
放課後児童健全育成事業　127
法定受託事務　82
法的権利説　69
方面委員制度　19
保健医療　166
保険システム　106
保健所　175
保健所法　174
保護の実施上の原則　74
母子及び寡婦福祉法　23, 72, 75, 126, 197
　――の対象　76
母子家庭等福祉の施策　76
母子福祉法　197

母子保健法　126
補助金の削減　228
補足性の原理　107
捕捉率　115
ホームレス　5, 105
ボランタリーアソシエーション　10
ボランタリズム　10
ボランティア　203
ボランティア団体　162

ま　行

マクロレベル　207
三浦文夫　60
ミクロレベル　207
民営化　223
民間非営利組織　162
民生委員　162
無拠出老齢年金　34
無告の窮民　145
無差別平等の原理　107
メゾレベル　207
メディア・リテラシー　180
モニタリング　209, 214, 218, 219

や　行

友愛組合　31

ゆりかごから墓場まで　35
要養護児童　132

ら　行

ラウントリー，B.S.　33
リッチモンド，M.E.　44, 209
律令国家　13
利用契約制度　123
倫理　217
倫理綱領　205, 217
レーガノミックス　47
老健施設　144
老人医療費支給制度　148, 171
老人福祉計画　77
老人福祉のサービス　77
老人福祉法　72, 76, 148, 197
　――の改正　171
老人保健施設　149, 172
老人保健法　148, 171
労働災害補償保険法　170
ロジャース，C.　215
ロス，M.G.　211

わ　行

ワイマール憲法　68

編者紹介

竹原健二（たけはら けんじ）

1950年　鹿児島県生まれ
現　職：社会福祉の現場（盲知的障害児施設，県社会福祉協議会），西日本短期大学，九州看護福祉大学を経て，現在，岐阜大学地域科学部・大学院地域科学研究科教授．吉備国際大学大学院等の非常勤講師

著　書：『福祉問題研究の手引き』（法律文化社，共著）/『身体障害者福祉教室』（筒井書房，共著）/『社会福祉ノート』（筒井書房，編者）/『障害者福祉の基礎知識』（筒井書房，単著）/『障害者の労働保障論』（櫂歌書房，単著）/『地域福祉ノート』（筒井書房，編者）/『障害者問題と社会保障論』（法律文化社，単著）/『児童福祉の基礎知識』（法律文化社，共著）/『社会福祉の基礎知識』（法律文化社，共著）/『現代地域福祉論』（法律文化社，編者）/『現代障害者福祉論』（相川書房，編者）/『保育原理』（法律文化社，編者）/『老人介護の基礎知識』（雲母書房，共著）/『21世紀と社会福祉』（櫂歌書房，共著）/『現代の社会福祉学』（小林出版，編者）/『老人福祉の基礎知識』（法律文化社，共著）/『介護と福祉システムの転換』（未来社，共著）/『福祉実践の理論』（小林出版，編者）/『社会福祉の基礎問題』（相川書房，単著）/『現代の障害者福祉学』（小林出版，編者）/『総合医療福祉論』ミネルヴァ書房，共著）/『現代の地域福祉学』（小林出版，編者）/『障害者福祉の理論的展開』（小林出版，単著）/『現代社会福祉学』（学文社，編者）/『現代障害者福祉学』（学文社，編者）/『現代福祉学の探求』（学文社，単著）/『現代地域福祉学』（学文社，編者）/『現代福祉学の展開』（学文社，単著）

連絡先：〒892-0871　鹿児島市吉野町5058-14
　　　　携帯電話：080-5210-1715

現代福祉学

2008年4月10日　第一版第一刷発行

　　　　　　　　編著者　竹　原　健　二
　　　　　　　　発行所　㈱　学　文　社
　　　　　　　　発行者　田　中　千津子

〒153-0064　東京都目黒区下目黒3-6-1
電話 03 (3715) 1501　振替 00130-9-98842

落丁・乱丁本は，本社にてお取替えします．　印刷所／㈱シナノ
定価は売上カード，カバーに表示してあります．

©Takehara Kenji Printed in Japan 2008　ISBN 978-4-7620-1790-2　検印省略